Thilo Baum

Komm zum Punkt!
So drücken Sie sich klar aus

W0171653

Relevanz
—— Der Verlag ——

Der Kommunikationswissenschaftler und Journalist THILO BAUM, geboren 1970, hilft Unternehmen dabei, sich klar auszudrücken. Mit seiner Hilfe gelingen relevante Botschaften, griffige Überschriften, spannende Pressemitteilungen – und auch die interne Kommunikation wird besser. Dabei ist es gleich, ob wir sprechen oder schreiben: »Ein Schachtelsatz ist weder geschrieben noch gesprochen gut«, sagt Baum. Der Autor setzt sich für eine Sprache ein, die mehr ist als nur richtig: »Die Schule hat uns beigebracht, ein guter Text sei fehlerfrei und wirke intellektuell«, sagt Baum. »Doch bevor wir einen Text korrigieren, sollte er gut sein.« Zahlreiche Unternehmen laden Thilo Baum zu Vorträgen ein, in denen er das Handwerkszeug des klaren Ausdrucks vermittelt, sodass Unternehmen ihre Produkte aus Kundensicht beschreiben statt nur aus ihrer Sicht als Anbieter. Zuvor arbeitete Thilo Baum als Journalist und Redakteur für die Boulevardzeitungen *B.Z.* und *Berliner Kurier* und unterrichtete an der Berliner Journalistenschule »Klara«.

www.thilo-baum.de

Komm zum Punkt!
So drücken Sie sich klar aus

ISBN 978-3-00-053051-7

© 2016 by Thilo Baum

Umschlaggestaltung, Illustration: medienlabor GmbH
Lektorat: Frank Eckert, Berlin
Verlag: Relevanz – Der Verlag
4., überarbeitete Auflage, Heiligengrabe 2016
Printed in Germany

1. Auflage Eichborn 2009
2. Auflage Eichborn 2010
3. Auflage STARK 2011

Inhalt

Vorwort zur vierten Auflage

Es ist mir eine große Freude, dass Sie dieses Buch vor sich haben. »Komm zum Punkt!« erscheint mir nötiger denn je. Nicht nur, weil unsere Sprache immer mehr den Bach runterzugehen scheint. Sondern vor allem auch, weil die Unternehmenskommunikation auf mich immer seltsamer wirkt. Oft weiß ich nicht, was Unternehmen und andere Organisationen wollen, wenn ich ihre Texte lese.

Ein Ingenieur schreibt eine E-Mail an eine Behörde, in der es um eine baufällige Brücke geht. Die Behörde braucht schnell eine Ansage, da die Presse wartet. Der Ingenieur will eine Behelfsbrücke vorschlagen, rückt damit aber erst im siebten Absatz heraus. In den sechs Absätzen davor erklärt er die Statik der alten Brücke. Warum? Eine Bäckereikette wirbt auf einem Flyer mit dem Spruch: »Das elfte Brot gratis unserer handausgehobenen Brote geht weiter.« Hä? Wer hat sich da was gedacht? Eine Behörde schreibt: »Im Zusammenhang mit der Inanspruchnahme einer Teilzeitbeschäftigung sehen die gesetzlichen Bestimmungen einen besonderen Kündigungsschutz vor« und meint damit: »Für Teilzeitbeschäftigte gilt ein besonderer Kündigungsschutz«. Warum nicht gleich einfach? Warum erst lang und kompliziert?

Dass Sprache intellektuell und originell wirken soll, dieses Verständnis hält sich hartnäckig – und darum ist ein Buch wie »Komm zum Punkt!« wichtig. Was uns allen die Kommunikation wesentlich erleichtern würde, wäre das Verständnis: Sprache muss vor allem funktionieren. Wörter müssen treffen und stimmen.

Seit die erste Auflage von »Komm zum Punkt!« erschienen war, habe ich zahlreiche Erfahrungen gesammelt – in Seminaren und Workshops, am Rande von Vorträgen und auch bei Einsätzen in Unternehmen, bei denen ich den Mitarbeitern über die Schulter geschaut habe.

Ein wichtiges Schlüsselerlebnis war dabei ein Seminar für eine Bank, in dem ich angestellten Vertriebstrainern beibringen sollte, wie sie sich klar ausdrücken. Es waren gestandene Leute, die mich als Laien belächelten – schließlich habe ich keinen Banker-Hintergrund. Aber genau deswegen, dachte ich, bin ich Zielgruppe. Und ich bat die Teilnehmer: Bitte erklärt mir kurz die Riester-Rente! Die ist immerhin eines der wichtigsten Finanzprodukte in Deutschland, dachte ich, das muss leicht sein.

Die erste Antwort lautete: Du kannst privat und beruflich riestern. Aha, dachte ich. Und fragte: Was *ist* die Riester-Rente?

Die zweite Antwort lautete: Das Vermögen ist pfändungssicher. Schön, dachte ich. Und frage: Was *ist* die Riester-Rente?

Ich überlegte: Das sind Vertriebsexperten hier vor dir. Die buchen Vertriebstrainings. Aber was bringt so ein Vertriebstraining, wenn die Teilnehmer einem Laien das Produkt nicht erklären können? Unter diesen Umständen, das war mir klar, muss der Vertrieb äußerst anstrengend sein. Welchen Sinn sollte es da haben, einen Tschacka-Trainer zu buchen, der die Truppe motiviert? Den, dass die Vertriebler dann hoch motiviert draußen nicht wissen, was sie sagen sollen?

Nach einigem Hin und Her einigten wir uns darauf, dass die Riester-Rente eine *Altersvorsorge* ist. Tatsächlich! Und wissen Sie was? Einigen im Publikum war das zu banal. Dabei ist es einfach nur Fakt. Ein Dackel ist ein Hund – ist das banal?

Im Unterschied zu anderen Formen der Altersvorsorge hat die Riester-Rente nun noch einige Eigenschaften, die zur Definition dazugehören: Sie richtet sich an Arbeitnehmer, und sie ist staatlich subventioniert. So. Das war's erst mal. Das ist der Rahmen, mit dem wir einem Kunden skizzieren können, *worum es geht*. Das ist dem Kenner der Materie mitunter zu banal – das mag sein. Aber es ist ihm nur deswegen zu banal, weil er nicht willens oder in der Lage dazu ist, die Perspektive des unwissenden Kunden einzunehmen, für den es eben *nicht banal* ist. Vielleicht ist er dazu auch einfach nur zu faul. In jedem Fall ignorieren zahlreiche Kommunikationsprofis: Bevor sich der Kunde für Details interessiert, braucht er einen Überblick. Sonst bearbeiten wir den Kunden stundenlang mit Details, bis sich irgendwann herausstellt, dass die ganze Mühe umsonst ist – wenn er beispielsweise selbstständig ist und daher eher zu »Rürup« neigt.

Nach diesem Seminar habe ich beschlossen, mein Buch »Denk mit! Erfolg durch Perspektivenwechsel« zu schreiben. Denn bevor wir lernen, wie wir uns klar ausdrücken, sollten wir die Perspektive unseres Empfängers einnehmen. »Anbei schicke ich Ihnen unser Angebot« ist schließlich das Gleiche wie »Anbei erhalten Sie unser Angebot« – nur eben aus Sicht des Empfängers formuliert. Was dieser Gedanke des Perspektivenwechsels für die Kommunikation bedeutet, finden Sie in dieser neuen Auflage in der nötigen Breite.

Am Beispiel »Riester-Rente« sehen Sie übrigens: Beim Thema Klartext geht es nicht nur ums Schriftliche, sondern auch ums Mündliche. Immer wieder versuchen manche Kunden zwar, mich aufs Schriftliche festzunageln, aber letzten

Endes gelten meine Prinzipien auch für jeden gesprochenen Satz. Worte können geschrieben und gesprochen klar oder unklar sein. Nehmen Sie das Wort »Blankokredit«: Ob Sie »Blankokredit« sagen oder schreiben – der Nicht-Experte wird vermutlich nicht das verstehen, was das Wort heißt, nämlich einen Kredit ohne Sicherheiten. Sondern er wird irgendetwas vermuten, zum Beispiel, dass er wie beim Blankoscheck die Zahl selbst eintragen kann. Die Sparkasse Attendorn-Lennestadt-Kirchhundem (sie heißt tatsächlich so) verwendet daher weise das Wort »Handschlagdarlehen«. Das verstehen die Leute – und zwar schriftlich und mündlich.

Beim Überarbeiten von »Komm zum Punkt!« habe ich die Struktur weitgehend beibehalten und einige Kapitel gestrichen, ersetzt oder neu gefasst. Ich wünsche Ihnen viel Freude beim Lesen und viel Erfolg beim Kommunizieren!

Heiligengrabe, im April 2016

Thilo Baum

Vorwort zur ersten Auflage

»Wer nichts zu sagen hat, möge schweigen.«

(frei nach Ludwig Wittgenstein, 1889–1951)

Wir produzieren immer mehr Geschwätz. Statt einfach »Mundpropaganda« zu sagen, sagen wir »Mund-zu-Mund-Propaganda« – nur weil irgendein Spaßvogel irgendwann einmal die Mundpropaganda mit der »Mund-zu-Mund-Beatmung« gekreuzt hat. Wir sagen »Milch«, wenn wir »Kaffeesahne« meinen. Auf unseren Visitenkarten stehen Positionen wie »Leiter Marketing«, und wir arbeiten im »Marketingbereich« – obwohl wir »Marketingleiter« sind, im »Marketing« arbeiten und unsere Kinder nicht in den »Schulbereich« schicken zum »Lehrer Chemie«, sondern in die »Schule« zum »Chemielehrer«. Unsere Sprache ist heute so verdreht, wie sie es noch nie war.

Mit »Sprache« meine ich vorwiegend die Sprache der Unternehmen, aber auch die Sprache von Politikern, Medien und vor allem von Fachleuten. Entwickeln Forscher ein Verfahren, um Hausschweine mit Himbeeren zu kreuzen, hören wir von einer »innovativen Technologie«, obwohl es dabei nur um eine »neue Technik« geht. Wir sagen »Sinn machen«, obwohl es »Sinn haben« heißt. Hin und wieder verzapfen wir auch einfach Unsinn: Wenn wir »nicht unweit« sagen, denken wir, wir würden »nah« sagen – wir sagen aber damit »weit weg«. Weil »unweit« eben »nah« ist und »nicht unweit« entsprechend »nicht nah«. Die Leute sagen alles Mögliche, aber nur selten das, worum es geht.

»Das merkt doch keiner!«, lautet eine typische Reaktion auf diese Form der Sprachkritik. Und da möchte ich einhaken: Doch! Wer Sprachgefühl hat, merkt es. Ich kann nur aus meiner persönlichen Erfahrung berichten: Wenn ich in einem Text einen Modernismus finde – beispielsweise »Sinn machen« oder »am Ende des Tages«, dann weiß ich, dass der Schreiber oder Sprecher nicht selbst denkt. Denn er betet eine Floskel nach. »Sinn machen« ist wörtlich aus dem Englischen übersetzt und ebenso absurd wie die »US-Administration«, die ja nun im Deutschen keine »Regierung« ist, sondern eine »Verwaltung«. Selbst das »Philosophie-Magazin« fragte 2015 auf dem Titel: »Macht meine Arbeit noch Sinn?« Es heißt aber: »*Hat* meine Arbeit noch Sinn?« Fertig.

Und es geht nicht nur mir so. Ich bin davon überzeugt: Wenn Unternehmen, Politiker und Medien nicht mehr selbst denken, sondern ihre Worte anderen nachplappern, dann merken das die Menschen. Die Folge ist klar: Wir verlieren Reichweite. Und das ohne Grund – denn nichts ist so einfach wie der einfache Ausdruck. Wir müssen dazu nur sagen und schreiben, was wir meinen. Wenn wir »Pflicht« meinen, gibt es keinen Grund, »Verpflichtung« zu sagen. Sagen wir »Verpflichtung« und meinen damit nicht den Vorgang des Verpflichtens, sind unsere Worte mehrdeutig und aufgeblasen. Eine »Grundvoraussetzung« ist eine »Voraussetzung« – der Wortteil »Grund« macht das Ganze weder höflicher noch leichter verständlich. Es ist purer Ballast! Und ich bin sicher: Wenn wir etwas zu sagen haben, müssen wir nicht mehr sagen als genau das. Wozu auch sollten wir mehr sagen, als wir sagen wollen?

Übrigens ist dieses Buch ein Rhetorikbuch – es geht hier natürlich nicht nur um die schriftliche Kommunikation, sondern auch um die mündliche. »Rhetorik« bedeutet die Kunst der Rede. Zu reden bedeutet vor allem, Wörter hörbar zu machen – erst in zweiter Linie geht es dabei um Körpersprache und Phonetik, auch wenn die meisten Rhetoriker diese Techniken behandeln und sich weniger um das kümmern, was jemand sagt. Nichts gegen Körpersprache und Stimmtraining! Aber oft scheint es mir, als würden die Leute den zweiten Schritt vor dem ersten tun: Nimmt beispielsweise ein Politiker Rhetorikunterricht, hört er sich hinterher nur selten anders an als vorher, von Atmung, Stimme, Betonung, Pausen und Satzmelodie einmal abgesehen. Der geschulte Politiker spricht in der Regel auch nach einer solchen Schulung von »finanziellen Mitteln« statt von »Geld«. Körpersprachlich und stimmlich perfekt erzählt er nach wie vor etwas von »weniger Arbeit bei vollem Lohnausgleich«, obwohl er vermutlich »weniger Arbeit bei gleichem Lohn« sagen will und der Arbeitgeber den Lohn *eben nicht* an das Weniger an Arbeit angleichen soll. An die Sprache selbst, also an die Sätze, Wörter und Silben, wagen sich nur wenige Rhetoriker heran – obwohl die Sprache der Hauptgegenstand der Rhetorik ist.

Gute Botschaften sind relevant und verständlich

Der Grund dafür dürfte die Abwesenheit redaktionellen Denkens in unserer Gesellschaft sein. Der Redakteur in der Redaktion redigiert – noch bevor der Korrektor im Korrektorat korrigiert. Redaktionelles Denken lernen wir nicht in der Schule. Erschreckend viele Menschen denken, ein Text sei gut, sobald er fehlerfrei ist. Dabei hat es wenig Sinn, einen schlechten Text zu korrigieren – aber auf die Kunst, Texte gut zu machen, verstehen wir uns einfach nicht.

Wann ist ein Text gut? In meinen Augen dann, wenn er ...

- aus Empfängersicht *relevant* ist und
- aus Empfängersicht *verständlich* ist.

Sie sehen: Es geht darum, dass wir uns am Empfänger orientieren. Erst wenn eine Botschaft für unsere Empfänger relevant ist, formulieren wir sie. Und erst dann, wenn sie richtig ist und funktioniert, geht sie ins Korrektorat.

Werden Sie also zum Sprachprofi, der redaktionell denkt! Künftig unterscheiden Sie zwischen »anscheinend« und »scheinbar« und zwischen »warum« und »wozu«. Sie erkennen sprachliches Wischiwaschi und die übliche Wichtigtuerei und entdecken dahinter sogar hin und wieder Verschleierungstaktiken. Sie lassen sich nicht mehr von perfekt gestylten und rhetorisch geschulten Leuten einseifen, die nichts zu sagen haben.

Und Sie werden sprachlich präzise und prägnant. Mit welchen Substantiven, Adjektiven und Verben formulieren wir eine Botschaft treffend? Meinen wir wirklich »altes Taschentuch« oder nicht eher »gebrauchtes Taschentuch«? Brauchen wir wirklich sieben Silben, um statt »Teil« hochtrabend »integraler Bestandteil« zu sagen? Trägt der Kollege von nebenan wirklich einen »Zopf« oder nicht vielleicht doch eher einen »Pferdeschwanz«? Sie entlarven Begriffe wie »Zukunftsinvestition« als Tendenzvokabeln, die uns etwas als schön verkaufen sollen, was im Kern lediglich eine »Investition« ist – denn in die Vergangenheit und in die Gegenwart werden wir kaum investieren.

Außerdem schulen Sie Ihr klares Denken! Geordnete Gedanken sind die Basis für geordnete Worte: Wer verknotet denkt, wird kaum einen klaren Gedanken formulieren. Deshalb geht es auch um die Frage: Wie ordnen wir unser Denken und unsere Denkmuster so, dass wir klare Gedanken ganz einfach in klare Worte fassen? Wie drücken wir komplizierte Dinge einfach aus? Wenn Sie dieses Buch gelesen haben, formulieren Sie Gedanken direkt und verständlich. Sie heben sich damit vom inflationären Sprach-Schwulst ab und verschaffen sich und Ihren Anliegen umso leichter Gehör. Es wird Ihnen gelingen, Ihre Botschaft und jeden Inhalt auf wenige knackige Wörter herunterzubrechen – und Sie überzeugen die

Leute in Sekunden, weil Sie jemand sind, der Klartext spricht. Auch Ihre Wirkung auf Menschen verbessert sich: Indem Sie konkret sagen, was Sie denken, wirken Sie glaubwürdiger, menschlicher und freundlicher. Ihre Worte wirken verbindlicher und greifbarer.

Verwenden wir eine zeitlose Sprache, die sagt, was zu sagen ist

Mir ist es übrigens gleich, ob Sie Denglisch reden und »Charts«, »Handy« und »Baby« sagen. Warum auch nicht? Wenn Ihre Zielgruppe Sie versteht, ist es doch prima. Ich habe noch nie verstanden, warum wir ein »Procedere koordinieren« und ein »Rendez-vous arrangieren« dürfen, aber nicht unsere »E-Mails checken«. Warum sind Latein und Französisch in Ordnung, Englisch aber ist pfui? Sicher: Wenn ein deutsches Wort sagt, was zu sagen ist, verwende ich es. Wenn ich »Strategie« sagen will, sage ich nicht »strategy«. Aber oft sagen eben englische Begriffe gut, was zu sagen ist – »Call-Center« oder »Shampoo« zum Beispiel. Warum sollten wir dafür krampfhaft deutsche Wörter suchen?

Und noch ein Takt vorab: Ich werde in diesem Buch nicht gendern. »Gendern« würde bedeuten, von »Leserinnen und Lesern« zu sprechen oder von »LeserInnen« – oder auch von »Leser*innen«, damit sich auch jene Frauen und Männer angesprochen fühlen, die denken, sie seien keine Frauen und Männer. Ich halte von solchem Sprach-Firlefanz wenig, und ich habe dafür sechs Gründe:

- Erstens dürfte die Gleichberechtigung von Mann und Frau sowie die Toleranz verschiedener sexueller Orientierungen in unseren Köpfen angekommen sein. Wir sind zeitgemäß.
- Zweitens geht es in diesem Buch um das Handwerk der Sprache – nicht um biologische und soziologische Phänomene wie Geschlechter und sexuelle Ausrichtungen. Als was sich jemand fühlt und mit wem er schläft, ist für dieses Buch ebenso irrelevant wie die Frage, welche Farben jemand trägt oder wie er sich ernährt. Zudem ist mir unklar, wieso die »politisch Korrekten« das Geschlecht an sich abschaffen wollen und es zugleich an jeder Stelle betonen.
- Drittens verwechseln die Gender-Aktivisten das biologische mit dem grammatikalischen Geschlecht: »Der Rock« ist ebenso wenig männlich wie »die Hose« weiblich.

- Viertens vermisse ich eben in den meisten Gender-Texten die Gleichberechtigung, die für die Vertreter der »politischen Korrektheit« angeblich so wichtig ist: Ich habe noch nirgendwo etwas von »Steuerhinterzieherinnen und Steuerhinterziehern« oder von »LadendiebInnen« gelesen.
- Fünftens: Das Gendern macht die Sprache schlicht hässlich und falsch. Binnen-Großbuchstaben wie bei »StudentInnen«, Unterstriche wie bei »Professor_innen«, Sternchen wie bei »Student*innen« und die Negierung von Geschlechtern per »x« wie bei »Professx« zeugen von einem solchen sprachlichen Unverstand und einem solchen Mangel an Sprachgefühl, dass ich mich frage, wer hier die Sprache zerstören will. Wer die Sprache liebt, geht so nicht mit ihr um.
- Sechstens: Die Genderei hat nichts mit Handwerk zu tun, sie ist pure Ideologie – und Ideologien sollten keine Handwerkskunst verändern. So etwas geschieht eigentlich nur in Diktaturen.

Wenn ich nicht gendere, bin ich damit weder frauenfeindlich noch sexistisch noch rückständig noch politisch rechts noch ein Nazi noch sonst irgendwas, was die Vertreter der »politischen Korrektheit« so gerne jenen Menschen vorwerfen, die nicht ihren wirren Gedanken folgen. Es gibt keinen Anlass für einen »Aufschrei«. Ich diskriminiere auch niemanden, wenn ich ihn grammatisch nicht erwähne. Ich bin lediglich ein Handwerker und wende das Handwerk der Sprache richtig an. Insofern sind natürlich mit »Lesern« alle Menschen gemeint, die dieses Buch lesen.

Kurz: Ich verwende insgesamt eine möglichst zeitlose Sprache ohne Trends – ideologiefrei, menschlich, ohne moralische Vorschriften und ohne den absurden Vorwurf, man sei nur dann ein guter Mensch, wenn man eine bestimmte Sprache verwende. Die Sprache ist ein wundervolles Werkzeug, und ich vertrete einen liberalen Umgang damit. Dieses Verständnis von Sprache will ich in Ihnen wecken.

Der Philosoph Arthur Schopenhauer hat es ganz einfach formuliert: »Gebrauche gewöhnliche Worte für außergewöhnliche Dinge!« Ist es nicht ein wunderbar schlichtes und klares Rezept? Bitte tun Sie es nicht umgekehrt: Wer seine Sprache aufbläst, um Banalitäten zu erzählen, labert – das gilt für Denglisch, wenn es der Wichtigtuerei dient, und es gilt fürs Gendern, das einer Weltanschauung dient. Und Schwätzer lassen sich nicht mit noch mehr Geschwätz übertönen – nur mit Substanz. Also sagen Sie, was Sie denken, damit alle verstehen, was Sie meinen!

Klartext als Teil der Rhetorik

**Über Redenschwinger, unklare Rhetoriker und darüber, dass
wirklich gute Rhetorik die Menschen zur Prägnanz animiert.**

Kennen Sie diese Leute, die mit langatmigen Reden vor der Büffet-Eröffnung die
Geduld ihrer Zuhörer überspannen? Da verzichtet eine ehrenwerte Gesellschaft
ausgehungerter Leute schon aufs Abendessen – und der Mensch am Pult erzählt
und erzählt. Irgendwann scheint er zum Schluss zu kommen – aber nein, leider
doch nicht. Er spricht weiter. Und weiter. Und da ist dieses Gefühl. Dieses Gefühl,
dass dieser Mensch da vorne allen Ernstes glaubt, eine gute Rede zu halten.
Obwohl er Hunderten von Menschen damit auf die Nerven geht. Und wir fragen
uns: Wie kann es sein, dass jemand nicht merkt, wie sehr er die Leute quält?

Oder kennen Sie diese Leute, deren Redefluss so unerbittlich kompliziert
und langatmig ist, dass man einfach nicht zu Wort kommt? Kennen Sie diese
Endlos-Sprecher, bei denen Sie einfach keine Pause für einen Cut finden? Der
Horror für jeden Radio- oder Fernsehjournalisten! Weil Unterbrechen als unhöflich
gilt, lassen wir den Sprecher weiterreden – und der meint, die Umleitungen in
seinem verquasten Denken seien Ausdruck von Klugheit. Wir erdulden unverdau-
liche Wortungetüme, zusammengestrickt zu wirren Sätzen voller Abschweifungen.
Zwischen den Zeilen erahnen wir, dass wir es mit einem tollen Hecht zu tun haben
müssen, der einzig eines richtig kann: wichtigtun. Und wir denken uns: Sprecher,
hör die Signale! Halt endlich mal den Mund und geh auf Empfang!

Oder kennen Sie die Leute, die sich einfach nicht klar ausdrücken? Redner,
die toll dastehen – Kleidung, Haltung Körpersprache und Stimme perfekt, aber am
Ende fragen wir uns: Was hat er denn nun gesagt? Oder Leute, die sogar Unsinn
erzählen? In deren Worten Informationen fehlen und Behauptungen falsch sind?

Rhetorik als die Kunst, sich zu inszenieren?

Für viele Menschen bedeutet »Rhetorik« die Kunst, ständig auf Sendung zu sein
und ihren Auftritt möglichst eindrucksvoll zu inszenieren – am besten mit
wuchtigen Worten und großen Gesten. Für die »Kunst der Rede« genügt vielen

Menschen das, was übliche Rhetorikseminare als Schulung anbieten: stehen, atmen, gehen, selbstbewusst vor Publikum wirken, selbstbewusst im Meeting wirken, die richtigen Gesten und die passende Mimik einsetzen – alles praktisch. Nur *was* wir sagen und *mit welchen Worten* wir es sagen, spielt dabei nur selten eine Rolle. Warum nicht? Sollte nicht unsere Botschaft erst einmal klar sein, bevor wir sie inszenieren? Wie wäre es also, wenn wir uns beim Thema Rhetorik in erster Linie nicht mit Theater befassen, sondern mit Inhalt?

Ob wir uns sprechende Politiker anschauen, Wissenschaftler, Juristen, Ingenieure, Wirtschaftsprüfer oder sonstige Fachleute: Das größte Problem ist nicht das Auftreten. Das größte Problem ist, dass wir meistens kein Wort verstehen. Die Leute reden um den heißen Brei herum und kommen nicht zum Punkt. Sie schwafeln ohne Struktur und bringen ihre Hauptbotschaft nicht klar rüber. Kurz: Die Leute denken, sie könnten sprechen. So wie sie denken, sie könnten schreiben. Dass wir das Schreiben in der Schule gelernt haben, ist einer der größten Irrtümer der Gegenwart – die Schule bringt uns lediglich bei, dass unsere Texte fehlerfrei sein und möglichst anspruchsvoll klingen sollen. Der klare Ausdruck ist ein Profi-Handwerk, das wir viel zu geringschätzen.

Klartext-Tipp 1:

Wenn Sie besser sprechen wollen, sollten Sie Rhetorik als das sehen, was sie ist: als die Kunst zu sprechen. Rhetorik ist nicht die Kunst, wortreich nichts zu sagen oder die Menschen mit Wortgewalt zu erschlagen.

Dabei ist die Sprache elementar in der Rhetorik. Sprache bedeutet zu überlegen: Welche Wörter wählen wir? Sind sie klar und treffend? Wie bilden wir Sätze? Sagen wir aktiv, dass wir »auf die Zukunft setzen«, oder passiv, dass »auf die Zukunft gesetzt werden soll«? Nutzen wir Verben und »beantragen einen Zuschuss«, oder ist unsere Sprache substantivlastig und störrisch, und wir »führen die Beantragung einer Bezuschussung durch«? Beschreiben wir unsere Gedanken abstrakt und schenken jemandem »Blumen« zum Geburtstag, oder sind wir konkret und schenken »zwanzig rote Rosen«? Sagen wir, worum es geht, oder lavieren wir herum?

All das ist Rhetorik – auch wenn wir davon in kaum einem Rhetorikkurs etwas erfahren. Klassischerweise finden wir derlei Inhalte in Schreibschulen, bestenfalls in einer Journalistenschule. Als spielten diese Gedanken nur beim Schreiben ein Rolle! Doch wieso diese Beschränkung aufs Geschriebene? Ein substantivlastiger Schachtelsatz im Passiv ist immer schwer zu verstehen – ob wir ihn schreiben oder sprechen. Wenn »Rhetorik« die »Redekunst« ist, dann frage ich mich, wieso die Regeln klarer Texte in der Rhetorik so eine untergeordnete Rolle spielen. Sollen die Leute klar schreiben, aber verschwurbelt reden? Ich wüsste nicht, wieso. Deshalb trete ich für ein neues Verständnis von Rhetorik ein: »Rhetorik« als die Kunst, mit Sprache umzugehen – also auch mit Sätzen, Wörtern, Silben. Es geht um Klartext.

Klartext bedeutet, in die Mitte der Zielscheibe zu treffen

»Klartext« klingt natürlich erst mal hart – da sagt jemand schnörkellos, was er denkt. Doch ganz so hart ist es nicht. Lassen Sie sich zu einem wichtigen Gedanken verführen: »Klartext« bedeutet, dass wir sagen, was wir sagen wollen. »Unklar« ist es, wenn wir etwas anderes sagen als das, was wir sagen wollen. Das ist das Prinzip.

Wenn wir nun etwas Freundliches sagen wollen und dazu freundliche Worte wählen, so ist das »Klartext«. Denn wir sagen, was wir sagen wollen. Sehen Sie, was ich meine? »Klartext« bedeutet nicht, schroff zu sein. Es bedeutet zu sagen, was wir meinen. Wir wollen mit unserer Wortwahl und unserem Ausdruck sozusagen in die Mitte der Zielscheibe treffen und nicht irgendwo an den Rand. Die Formulierung »gestörtes Vertrauensverhältnis« beispielsweise steht nicht in der Mitte der Zielscheibe. In der Mitte der Zielscheibe steht »gestörtes Vertrauen«, denn das »Verhältnis« ist bereits im »Vertrauen« enthalten. Wird die Formulierung dadurch schroff? Nein. Sie wird klar. Wenn wir aus einem »operativen Eingriff« eine »Operation« machen und aus einem »Heilungsprozess« eine »Heilung«, wird unsere Sprache nicht unhöflich – und übrigens auch nicht wissenschaftlich ungenau. Sie wird nur klar und prägnant.

»Klartext« bedeutet, dass wir nicht von einem »hessischen Innenminister« sprechen oder schreiben, wenn wir den »Innenminister Hessens« meinen – der ja

> ### Klartext-Tipp 2:
> Klartext ist nicht notwendigerweise schroff. Klartext bedeutet, dass wir sagen, was wir meinen. Selbst Small Talk ist Klartext, wenn wir das soziale Miteinander meinen, das im Small Talk zum Ausdruck kommt.

durchaus westfälisch sein kann. »Klartext« bedeutet, dass wir nicht von einem »Rückstau im Kurvenbereich« sprechen, sondern vom »Stauende in der Kurve« – denn wohin soll sich ein Stau denn stauen, wenn nicht zurück? Wer sich klar ausdrückt, sagt und schreibt nicht »Ich entschuldige mich«, sondern bittet um Entschuldigung. Wer Klartext versteht, stellt an Autobahnraststätten auch keine Schilder auf, die die »Ablagerung« von Müll verbieten, sondern verwendet den Begriff »abladen«. Eine »Ablagerung« ist nicht gemeint. Wieso sollte sie?

Kleinigkeiten? Ich glaube nicht. Wer, wenn nicht Sie, soll denn wissen, was Sie meinen, wenn Sie sprechen oder schreiben? Unsere Mitmenschen können keine Gedanken lesen, und sie wollen es vermutlich auch nicht. Wenn Sie also beispielsweise als Jurist die Formulierung »ohne Anerkenntnis einer Rechtspflicht« verwenden, frage ich Sie, warum Sie die »Kenntnis« und die »Anerkennung« miteinander kreuzen. Was Sie meinen, ist »Anerkennung« oder genauer: »ohne eine Rechtspflicht anzuerkennen«. Welchen Grund sollte es geben, nicht das zu sagen, was Sie meinen? Wieso sollten Sie etwas anderes sagen? Und spätestens wenn Arbeitnehmervertreter »weniger Arbeit bei vollem Lohnausgleich« fordern, freue ich mich als Arbeitgeber und gleiche den Leuten das Weniger an Arbeit im Lohn gerne voll aus. »Klartext« bedeutet ganz einfach, zu sagen, was zu sagen ist. Nicht mehr und nicht weniger.

Um noch deutlicher zu machen, was ich meine, wechseln wir kurz in die Mathematik. Dieser Trick ist mein wichtigstes Argument, um vor allem Vertreter der »MINT-Berufe« von Klarheit in der Sprache zu überzeugen, also Mathematiker, Informatiker, Naturwissenschaftler und Techniker. Stellen Sie sich folgende Gleichung vor:

$$2 \cdot x = 4$$

Ich vermute, kaum ein Mathematiker würde diese Gleichung so stehen lassen. Vielmehr würden Vertreter der »MINT-Berufe« diese Gleichung kürzen, sodass sich folgende Aussage ergibt:

$$x = 2$$

Nur: Wozu haben wir diese Gleichung gekürzt? Etwas anderes sagen wir damit ja nun nicht, wenn x = 2 ist. Warum also sagen wir das Gleiche anders?

In Seminaren ist das eine spannende Situation, denn meine Teilnehmer versuchen zu erklären, weshalb sie Gleichungen kürzen. Wenn wir die Gleichung kürzen, wird sie nicht präziser – präzise ist die lange Variante auch. Der Punkt ist: Sie ist nicht prägnant! Und mit der gleichen Selbstverständlichkeit, mit der ein Mathematiker die Gleichung »$2 \cdot x = 4$« auf »$x = 2$« kürzt, machen Sprachmenschen aus der »Anständigkeit« eben den »Anstand« – es ist dasselbe. Wenn wir kürzen, machen wir also aus wenig prägnanter Sprache prägnante Sprache, ohne den Inhalt zu ändern und weniger präzise zu sein. Wir machen Sprache treffend.

Fürs Treffen eignet sich in meinen Augen am besten eine Zielscheibe: Treffen wir »ins Schwarze«, also in die Mitte? Oder treffen wir die Zielscheibe irgendwo am Rand in der Peripherie? Kein Mathematiker lässt ungekürzte Gleichungen stehen. Die Vertreter der »MINT-Berufe« und die meisten anderen Menschen wollen prägnant sein in ihren Aussagen. Also hilft möglicherweise das Modell der Zielscheibe, um Aussagen prägnant zu formulieren: Je eher wir mit einer Formulierung in der Mitte sind, desto prägnanter ist sie. Je weiter außen wir kommunizieren, desto schwammiger kommunizieren wir.

Klartext-Tipp 3:

Stellen Sie sich Prägnanz wie bei einer Zielscheibe vor. In der Mitte ist der Kern Ihrer Aussage, der sich nicht weiter kürzen lässt. Je weiter Sie nach außen gehen, desto komplizierter werden Ihre Worte – mit der gleichen Aussage.

Nehmen wir die Aussage »$x = 2$«: Diese Aussage steht in der Mitte der Zielscheibe, weil sie sich nicht weiter kürzen lässt und klar ist. Nach außen hin aber haben wir beliebig viel Spielraum, um unsere Sprache komplizierter zu machen. Die Aussage »$2 \cdot x = 4$«, die dasselbe sagt wie »$x = 2$«, steht nicht mehr in der Mitte der Zielscheibe, sondern im nächsten Ring nach außen. Je weiter außen wir kommunizieren, desto komplizierter formulieren wir die Aussage, die wir prägnant in der Mitte der Zielscheibe ohnehin sagen würden: »$3 \cdot x = 6$«, »$8 \cdot x = 16$«, »$8 \cdot x + 5 = 21$« und immer so weiter. Das Zielscheibenmodell zeigt: Es ist vollkommen sinnlos, eine Aussage möglichst weit weg von der Mitte zu formulieren – wir sagen dadurch nichts anderes. Das Gleiche gilt für die Sprache: Wenn wir »überlegen, einen Zuschuss für die Weihnachtsfeier zu beantragen«, ist das prägnant. Es ist nicht nötig zu sagen: »Wir ziehen in Erwägung, einen Antrag auf eine Bezuschussung der Weihnachtsfeier durchzuführen«.

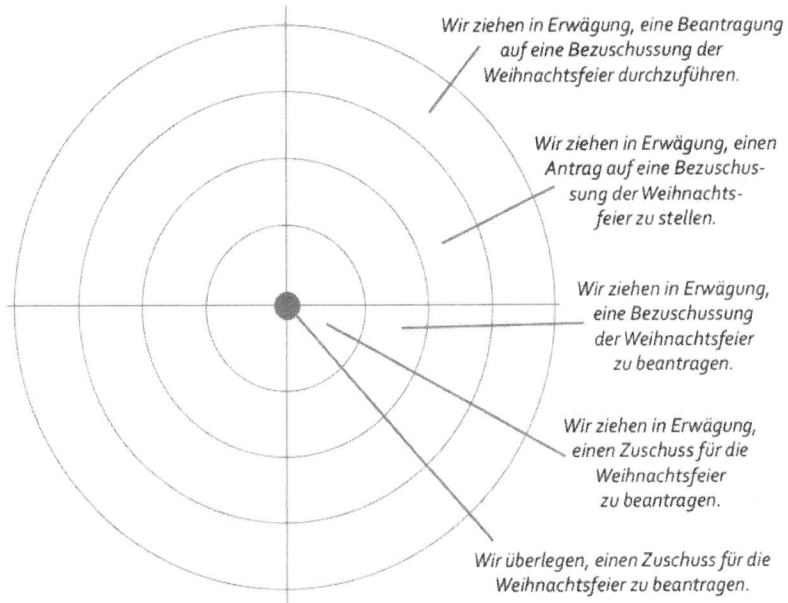

Wir ziehen in Erwägung, eine Beantragung
auf eine Bezuschussung der
Weihnachtsfeier durchzuführen.

Wir ziehen in Erwägung, einen
Antrag auf eine Bezuschussung der Weihnachts-
feier zu stellen.

Wir ziehen in Erwägung,
eine Bezuschussung
der Weihnachtsfeier
zu beantragen.

Wir ziehen in Erwägung,
einen Zuschuss für die
Weihnachtsfeier
zu beantragen.

Wir überlegen, einen Zuschuss für die
Weihnachtsfeier zu beantragen.

Die Zielscheibe: Was im Kern steht, lässt sich nicht kürzen.
Nach außen aber ist beliebig viel Spielraum für Luft.

Erst sprechen lernen, dann inszenieren

Die Zielscheibe ist elementar – nicht nur in der schriftlichen Kommunikation, sondern natürlich auch mündlich. Ob jemand schreibt, dass er »in Erwägung zieht, einen Antrag auf eine Bezuschussung der Weihnachtsfeier durchzuführen«, oder ob er es sagt, ist unerheblich. Auch in Blindenschrift oder per Morsealphabet haben wir es schlicht mit unnötigem Geschwätz zu tun. Bevor es um die Form geht – also die Frage, wie wir kommunizieren –, halte ich es für außerordentlich wichtig zu überlegen, was wir sagen. Wenn jemand nichts zu sagen hat, bringt auch eine perfekte Körpersprache nicht viel.

Natürlich habe ich nichts gegen Körpersprache und nichts gegen eine gute Stimme. Aber vielleicht kümmern wir uns erst dann um solche Formfragen, wenn klar ist, was wir zu sagen haben. Das Thema »Klartext« sollte unbedingt Teil klassischer Rhetorikschulungen werden. Denn erst wenn jemand Klartext spricht, hat es Sinn, die Wirkung dieser Worte zu trainieren. Das finde jedenfalls ich.

Zudem ist es möglicherweise klug, die sprachliche Dimension der Rhetorik weniger akademisch zu betrachten: Das Problem berufstätiger Erwachsener ist nicht, dass ihre Sprache zu wenige Stilfiguren enthält. Das Problem ist auch nicht, dass die Leute die griechischen Fachbegriffe rhetorischer Stilfiguren wie »Oxymoron« oder »Paraphrase« nicht beherrschen (der Vollständigkeit halber: Ein Oxymoron ist ein innerer Widerspruch wie das Wort »Hassliebe«, eine Paraphrase ist eine Umschreibung).

Klartext-Tipp 4:

Vergessen Sie erst mal die klassischen Stilfiguren der Rhetorik. Im Beruf geht es meistens nicht darum, Altphilologen zu beeindrucken. Überlegen Sie, welche Wörter treffend sagen, was Sie sagen wollen, und lassen Sie die Luft aus Ihrer Sprache.

Das Hauptproblem der Menschen in Sachen Rhetorik ist, dass sie sich nicht klar ausdrücken – ganz simpel. Die Rhetorik sollte daher in meinen Augen zunächst einmal die Basis klären. Alliterationen und Ähnliches sind ein Luxusthema, das vielleicht dann interessant werden kann, wenn jemand das Handwerk des klaren Ausdrucks beherrscht. Befassen wir uns vorher damit, dann ist das, als würden wir uns mit Arnold Schönbergs Zwölftonmusik befassen, ohne etwas von den in Europa üblichen Tonleitern zu verstehen.

Also betrachten wir »Rhetorik« in ihrem ursprünglichen Sinne – als »Kunst zu sprechen«. Das heißt, wir überlegen:

- Welche Wörter haben welche Bedeutungen? Sagen Sie, was Sie meinen – oder was Sie nicht meinen? Meinen Sie wirklich »etwas schnell erledigen« oder »etwas bald erledigen«?

- Wie lassen Sie die Luft aus Ihrer Sprache? Ist ein Ausdruck wie »Mitarbeiterschulungen durchführen« rhetorisch geschickt – oder wäre »Mitarbeiter schulen« nicht näher am Kern der Sache und obendrein natürlicher? Wird Ihre Sprache nicht klarer und wirken Sie auf Menschen nicht angenehmer, wenn Sie von »Marketing« und »Vertrieb« sprechen statt von »Marketingbereich« und »Vertriebsbereich«? Welche Worte lassen sich wie kürzen?

- Würde Ihr Unternehmen mit der Hotlineansage »Wir wollen unseren Service für Sie verbessern« nicht menschlicher wirken als mit der umständlichen Formulierung »Wir wollen unsere Servicequalität für Sie steigern«? Wie kommt Ihr Unternehmen auf den Boden zurück, und wie hört es damit auf, die Leute mit Phrasen zu quälen?

Menschen mit unverständlichen Worten die Zeit zu rauben, ist leicht. Dazu müssen wir nur unseren Gedanken freien Lauf lassen und draufloserzählen. Schwerer ist es, sich verständlich auszudrücken. Es gibt in diesem Zusammenhang ein schönes Zitat, das ich hier sinngemäß wiedergebe und das die Menschen mal Voltaire (1694–1778) und mal Johann Wolfgang von Goethe (1749–1832) zuschreiben:

»Ich schreibe dir einen langen Brief, für einen kurzen habe ich keine Zeit.«

Arbeit mit Text ist Handwerk

Dass der Umgang mit Text ein Handwerk ist, schmeckt vielen Menschen nicht. Das hat damit zu tun, dass wir immer nur gelernt haben, dass Texte fehlerfrei und sprachlich anspruchsvoll sein sollten – sofern wir ein Gymnasium besucht haben. Die Schule hat uns ein rein akademisches und theoretisches Sprachverständnis vermittelt, mit dem wir in der Realität als erwachsene Berufstätige nur wenig anfangen können.

Doch es ist tatsächlich so: Plant ein Unternehmen eine Website, bucht es einen Webdesigner. Für die Fotos kauft man einen Fotografen ein, für die Grafiken einen Grafiker. Diese Professionen würdigen wir. Wir bringen diesen Berufen Wertschätzung entgegen, indem wir ihre Vertreter als Experten betrachten, die es verdienen, dass man sie für ihre Arbeit bezahlt. Nur die Texte, die schreiben wir »mal kurz« selbst. Kennen Sie das? Manche Unternehmen buchen zwar professionelle Texter, aber nach meiner Wahrnehmung wird das immer seltener – einfach weil wir alle denken, wir könnten selbst schreiben. Sicher beobachte ich auch, dass die Leute zunehmend auch keine Fotografen mehr buchen, sondern ihre Fotos selbst schießen, aber da wissen die Leute wenigstens, dass sie Amateure sind. Wenn es ums Schreiben geht, sprechen wir den Profis die Professionalität schlicht ab – denn schreiben kann ja unserer Ansicht nach jeder. Schreiben ist in den Augen unserer Gesellschaft keine Profession.

Unmengen geschriebenen Unsinns

Mich als Journalisten verletzt diese Missachtung meines Handwerks und meiner Profession. Für mich besteht Journalismus aus Recherche und Schreiben, und in beiden Bereichen brauchen Medien – und auch Unternehmen – Profis. Ich bin eher der Schreiber als der Rechercheur. Darum bin ich in unserer Zeitungsredaktion irgendwann am sogenannten Balken gelandet – das ist der breite Tisch, an dem die Mitglieder der Chefredaktion und ich als Schlussredakteur zusammensitzen und Headlines ins Layout rufen. Mir tut es auch weh, wie die Qualität der Medien den Bach heruntergeht – mir scheint, dass immer weniger Leute in den Redaktionen das redaktionelle Handwerk beherrschen. Insgesamt scheint das Handwerk der öffentlichen Kommunikation zu leiden, auch in Unternehmen.

Lassen Sie mich anhand einer kurzen Liste zeigen, was ich meine:

- Wenn ich in einem Buchmanuskript lese, Walter Scheel sei der fünfte Bundeskanzler der Bundesrepublik Deutschland gewesen, dann lege ich das Manuskript weg. Scheel war nicht Kanzler. Er war Bundespräsident. Das ist nicht etwas Ähnliches, sondern etwas anderes.
- Wenn eine Zeitung schreibt, wegen abnehmender Polizeipräsenz fänden »Verstöße gegen Rotlicht, Überhol- und Handyverbote praktisch nicht mehr statt«, dann bezweifle ich das. Was vielleicht nicht mehr stattfindet, sind Kontrollen und Sanktionen. Wer schreibt sowas?
- Wenn ein Medium eine Überschrift textet wie »Seelische Verletzungen heilen«, dann frage ich mich, warum die Redaktion die Doppeldeutigkeit nicht erkennt. Heilen seelische Verletzungen, oder geht es darum, dass sie jemand heilt? Die Story ist unklar. Erst beim Lesen ergibt sich, dass seelische Verletzungen nicht von selbst heilen. Insofern ist die Doppelbedeutung auch nichts Neckisches zum Nachdenken, sondern schlicht laienhaft.
- Wenn ich in einem Buch über die Dummheit lese, neben dem »sapere aude« (»Wage die Weisheit«) bräuchten wir auch ein »sapere sentire«, und das heiße »Wage zu fühlen«, dann erinnere ich mich an den Lateinunterricht, in

dem ich nicht gut war, und weiß trotzdem, dass die Autorin dieses Buches – wenn schon – »sentire aude« meint.

- Wenn ich in einer Zeitschrift über Konstantina Vassiliou-Enz lese, die »Geschäftsführerin Neue deutsche Medienmacher« oder »NDM Geschäftsführerin« sei, dann frage ich nach der redaktionellen Kompetenz des Blattes, das sicher die »Geschäftsführerin der Neuen deutschen Medienmacher« oder die »NDM-Geschäftsführerin« meint – mit Bindestrich. Was soll dieser technokratische Hackstil in einem sprachlichen Umfeld? Ich finde Wendungen wie »Leiter Marketing« als gefühllos und technokratisch – sinnbildlich für Leute, die eher auf dem Nummernblock kommunizieren als auf der Tastatur. Wo bleibt das Musische in der heutigen Unternehmenssprache? Es heißt doch ganz einfach »Marketingleiter«!

- Wenn ich lese: »70.000 Euro Sachschaden!«, frage ich mich, wieso die Redaktion mich anschreit. Wozu Ausrufezeichen? Die Zahl wirkt doch genug.

- Wenn ich in der Mitgliederzeitschrift des ADAC »Motorwelt« von »ADAC Mitgliedern« ohne Strich, aber von »VW-Kunden« mit Strich lese, dann fürchte ich, hat die Technokratie über die Musikalität gesiegt. Und ich frage mich, wieso diese Journalisten nicht merken, dass sich die falsche Version »ADAC Mitglieder« falsch betont. Sind Journalisten nicht Sprachmenschen und damit tendenziell eher musisch (dazu mehr auf Seite 118)?

- Wenn eine Zeitung im Jahr 2015 vermeldet, dass der Deutsche Bundestag nun eine Lobbyistenliste veröffentlicht, wundert es mich, dass ich in dem Beitrag nichts davon lese, dass der Bundestag eine solche Liste schon seit 1972 veröffentlicht. Als informierter Leser weiß ich das und frage mich: Was ist an der neuen Liste nun neu? Die Antwort fehlt mir.

- Wenn sich ein Medium darüber beschwert, dass jemand den Spruch »Jedem das Seine« verwendet, den die Nationalsozialisten über dem Eingangstor des Konzentrationslagers Buchenwald angebracht hatten, finde auch ich das ärgerlich. Allerdings fehlt jedes Mal die Kontextinformation, dass die lateinische Version »Suum cuique« nach wie vor das Motto der Feldjäger der Bundeswehr ist – und dass sich darüber niemand aufregt. Warum?

- Wenn eine Meldung in der Lokalzeitung mit den Worten beginnt: »Im Badezimmer der Wohnung in der Kettenstraße versteckte sich am Donnerstagabend ...«, dann frage ich mich, ob die Redaktion ernsthaft denkt, in der Kettenstraße gebe es nur eine Wohnung.

- Wenn in einer Lokalmeldung steht: »Der Unfallverursacher fuhr einfach weiter«, dann frage ich mich, wie er »mehrfach« hätte weiterfahren sollen. Und ich frage mich: War der Redakteur dabei? Vielleicht fuhr der Unfallverursacher gar nicht »einfach« weiter, sondern hielt zuvor kurz an. Wenn jemand dabei war, haben wir doch mindestens auch eine Täter-beschreibung – wo aber ist die?
- Wenn ein Medium schreibt: »Auch ein Dolmetscher wurde gerufen, um zu verstehen, was passiert ist«, frage ich mich, ob der Redakteur nicht weiß, dass sich das Verb im um-Satz (»verstehen«) aufs Subjekt im Hauptsatz bezieht. War es wirklich der Dolmetscher, der verstehen sollte? Oder sollte der Dolmetscher für den, der verstehen sollte, übersetzen? Schreibt so ein Redakteur auch, der Friseur schneide ihm die Haare, um gut auszusehen?
- Wenn ein Medium von »Vorbedingungen« schreibt, frage ich mich, was »Nachbedingungen« sein sollten – genügt nicht einfach »Bedingungen«?
- Wenn ich eine indirekte Frage lese wie »Unklar bleibt, wer das finanziert?«, frage ich mich, wie um alles in der Welt ein Redakteur hier ein Fragezeichen setzen kann. Wie steht es um die einfachsten Kenntnisse der Grammatik?
- Wenn ich auf Websites von Unternehmen falsche Imperative lese wie »Lasse deiner Kreativität freien Lauf« statt »Lass«, »Nehme« statt »Nimm« und »Gebe« statt »Gib«, dann frage ich mich, ob die Leute je in der Schule waren. Wenn ja: Was haben sie dort im Deutschunterricht gemacht?
- Wenn ich von einer »Vorahnung« lese, frage ich mich, was eine »Nach-ahnung« sein soll. Genügt nicht »Ahnung«?
- Wenn eine Berliner Lokalzeitung von der »Gedächtniskirche« in Berlin schreibt und nicht deutlich macht, ob sie die Kaiser-Wilhelm-Gedächtniskir-che meint oder vielleicht die Kaiser-Friedrich-Gedächtniskirche, wittere ich Ortsunkenntnis in der Redaktion.
- Wenn ein Hotel »Novotel Suites Berlin City Potsdamer Platz« heißt, beweist mir das zuerst die vollkommene Abwesenheit jedes Sprachgefühls im Management dieses technokratischen Hotel-Konzerns. Wie nennen solche Leute ihre Kinder? »Kind Sohn 2 Hans«? Steht dieses Hotel dann zudem nicht am Potsdamer Platz, sondern an der Anhalter Straße, fühle ich mich durch die absurde Namensgebung als Kunde deutlich für dumm verkauft.
- Wenn jemand davon schreibt, sich mit etwas »auseinander zu setzen«, und das »möglicher Weise«, frage ich mich, ob die Rechtschreibreform uns nicht

letztlich geschadet hat. Ist es nicht ein Unterschied, ob man jemanden »festnagelt« oder »fest nagelt«, »hängenlässt« oder »hängen lässt?« Richtig übel wird mir, wenn ich Formulierungen lese wie »Marketing Literatur« statt »Marketingliteratur«. Die Leute scheinen nicht mehr sprachlich zu denken.

Und so weiter und so fort. Es geht die ganze Zeit so. Kaum schalte ich das Radio an oder schlage die Zeitung auf, kaum lese ich Texte eines Unternehmens – die ganze Zeit konfrontiert mich die Welt mit ihrem Analphabetismus, sodass es schmerzt.

Haarspalterei, denken Sie? Da bin ich mir nicht sicher. Den Medien laufen in Scharen die Leser davon. Dass die Gründe dafür auch in mangelhaftem Handwerk liegen, in fehlendem Sprachgefühl und in ungenügenden Deutschkenntnissen, ignorieren die meisten Medienmacher. Und zwischen den marketingmäßig jubelnden Hauptartikeln von Unternehmen auf ihren Facebook-Seiten und den hämischen Kommentaren auf den meist unterdrückten Nebenspalten klaffen Welten – aber genau diese Differenz macht die Realität aus.

Sicher habe ich hier auch ein paar Kleinigkeiten aufgelistet, aber ich finde dennoch nicht, dass es Haarspalterei ist. Stellen Sie sich ein anderes Handwerk vor – ein Handwerk, das unsere Gesellschaft würdigt. Beispielsweise die Zahnmedizin. Da bohrt also ein Zahnarzt nur einen halben Millimeter am Karies vorbei.

Klartext-Tipp 5:
Falsche und unpräzise Formulierungen als solche zu erkennen, ist keine Haarspalterei. Die Frage ist: Wieso sagt da jemand etwas anderes, als er sagen will? Niemals ist die Ausrede klug, es sei doch klar, was gemeint ist. Wenn Sie es nicht sagen oder schreiben, ist es nicht klar.

Ist das nun ein geringfügiger Fehler oder egal? Oder wechseln wir noch einmal zur Mathematik – und ich behaupte jetzt, 2 plus 2 sei 3,9. Das ist doch präzise genug, denken Sie nicht? Ist doch klar, was gemeint ist! Auf der 4 als Lösung zu bestehen, ist doch eine völlig übertriebene Erbsenzählerei und zeugt höchstens von krankhaftem Perfektionismus! Was meinen Sie?

Nein – wenn es um Handwerk geht, sollten wir keine Kompromisse machen. Vertut sich ein Handwerker um einen Millimeter, kann die Nachbesserung Hunderttausende von Euro kosten. Kein ordentlicher Handwerker lässt Fehler als irrelevante Ungenauigkeiten durchgehen – auch nicht in der Sprache.

Auch unsere Ämter drücken sich nicht klar aus

Die Sprache ist eine Disziplin wie die Fotografie, die Zahnmedizin und die Mathematik, aber kaum jemand scheint etwas für dieses Handwerk übrigzuhaben. Zugleich lese ich, dass Sozialarbeiter in einem brandenburgischen Flüchtlingsheim bei Behörden anrufen und die Mitarbeiter dort fragen, was sie mit ihren Briefen sagen wollen. Sehen Sie, wie wichtig das redaktionelle Handwerk ist? Unsere Ämter schaffen es nicht, sich klar auszudrücken. Wir brauchen Übersetzungshilfen – und das sogar als Muttersprachler.

Und sollten Sie im Marketing oder im Vertrieb eines Unternehmens arbeiten: Auch den allerwenigsten Unternehmen gelingt es, sich klar auszudrücken oder wenigstens relevante Botschaften zu bringen. Besonders witzig fand ich den Newsletter eines Augsburger Hotels mit der Top-Story: »Wir haben eine neue Direktorin«. Das ist in etwa so, wie wenn ich einen Newsletter rausschicke mit der Nachricht: »Ich habe mir einen neuen Laserdrucker gekauft«. Warum versenden so viele Unternehmen Ego-Botschaften, die aus Kundensicht nicht relevant sind? Und schreibt ein Unternehmen auf der Website »Nehme dir Zeit und beantworte die Fragen« statt »Nimm«, verliert es schlicht Reichweite – wer Sprachgefühl hat, klickt weg. Den Unternehmen scheint das nicht klar oder egal zu sein.

Es ist ja nicht so, dass wir in Deutschland nicht gebildet und fachlich nicht höchst spezialisiert wären. Aber wir können vor lauter Expertise kaum noch laufen. Welcher Arzt spricht mit seinem Patienten verständlich? Welcher Ingenieur spricht mit der Presse so, dass sie ihn versteht? Welcher IT-Experte spricht mit einem Kunden so, dass er ihn versteht? Es sind die wenigsten. Stattdessen braucht ein DEKRA-Gutachter – hoch spezialisiert – zwei Anläufe, um einfach mal meine Adresse korrekt vom Fahrzeugschein abzutippen. Und wenn ich darauf hinweise, dass ich nicht in Blumenthal lebe, sondern in Grabow bei Blumenthal, darf ich mir von dem Gutachter am Telefon erst in jovialem Ton anhören, er schreibe nur ab, was auf dem Fahrzeugschein steht. Eben nicht! Und damit er das versteht, muss ich ihm ein Fax schicken. Es kostet viel Energie, die vielen hoch spezialisierten Analphabeten unserer Gegenwart dazu zu bringen, einfach mal eins zu eins eine Information zu übernehmen. Wie viele Diplom-Ingenieure schreiben ihren Titel falsch? »Dipl. Ing.«, »Dipl.-Ing« – alles schon gelesen. In der Mathematik, ja, da kommt es auf jedes Zeichen an. In der Sprache etwa nicht? Doch, natürlich!

Schule und Uni: Gute Sprache ist komplizierte Sprache

Die Gründe für die mangelnde Wertschätzung gegenüber der Sprache sehe ich wie gesagt vor allem im Bildungssystem – damit meine ich vor allem die Schulen und Hochschulen. Das klingt paradox, weil vor allem das Bildungssystem die Sprache zumindest offiziell in höchstem Maße wertschätzt. Doch dass der Funke nicht überspringt, ist vollkommen logisch: Die Schule setzt die falschen Schwerpunkte. Der Funke kann gar nicht überspringen. Die Schule verhindert es – nicht absichtlich, aber durch so manchen blinden Fleck.

Statt zu vermitteln, dass die Sprache ein Werkzeugkasten ist, und statt zu zeigen, wie dieser Werkzeugkasten funktioniert, vermittelt die Schule ein rein akademisches Bild von der Sprache. Es hieß, weitschweifige Nebensätze und beeindruckend lange Wörter seien Beweise sprachlicher Gewandtheit. Traditionell meinen ja viele Experten im deutschsprachigen Raum, komplizierte Sprache sei Ausdruck von Kultur – getreu der Lehrmeinung vieler Germanisten, die zwischen dem »elaborierten« (ausgearbeiteten) und dem »restringierten« (beschränkten) Sprachcode unterscheiden. Sind tatsächlich lateinische Fremdwörter nötig, um uns solche einfachen Dinge vom hohen Ross herunter zu erklären? Die Suggestivkraft solcher Worte schürt die entsprechend elitäre Stimmung: Wer will schon gerne beschränkt sein? Und so hat sich aus den Lehren alter Schule die Vorstellung entwickelt, das Schreiben und die Rhetorik seien etwas Vornehmes und Elitäres – als ginge es beim Sprechen nicht auch um den Alltag, und als fände Rhetorik nicht ständig statt, ob

Klartext-Tipp 6:

Wenn Germanisten zwischen dem »elaborierten« und dem »restringierten« Sprachcode unterscheiden, unterliegen sie einem Irrtum: Eine einfache Sprache ist nicht »restringiert«, sondern würdigt die Empfängerperspektive. Berücksichtigen Sie das beim Kommunizieren!

beim Mittagessen in der Kantine oder im Baumarkt. Doch unter dem Einfluss des Akademischen pflanzt sich der Irrglaube beharrlich weiter fort, komplizierte Sprache sei gut – obwohl diese »elaborierte« Sprache es den Empfängern oft schwermacht.

Als redaktionell denkender Mensch unterscheide ich zwischen korrekter Sprache (sie ist fehlerlos) und guter Sprache (sie vermittelt verständlich etwas

Relevantes). Für die Schule ist »gut« etwas völlig anderes: »Gut« ist Sprache für die Schule dann, wenn sie literarisch anspruchsvoll ist. Ein Thomas Mann gilt als »gut«, den ich als Redakteur bestenfalls »schön« finden kann, aber im Sinne einer funktionierenden Kommunikation ganz sicher eher unpraktisch.

Wer Germanistik studiert – und Deutschlehrer haben in aller Regel Germanistik studiert –, verfolgt diese Vorstellung von literarisch guter Sprache noch einige Jahre weiter und vertieft sie. Ich habe das ein Semester lang erlebt und mich glücklicherweise rechtzeitig aus dem Fach Linguistik exmatrikuliert. Ich fand es damals schon lustig, dass die Germanistik ihren Gegenstand nicht deutsch benennt. Die Texte von Germanisten sind voller lateinischer und griechischer Fremdwörter – wie beim »elaborierten Sprachcode«. Viele Germanisten scheinen das Deutsche nicht zu mögen, sonst würden sie es vermutlich eher verwenden.

Das gespaltene Verhältnis der Germanistik zur deutschen Sprache zeigt auch der folgende einfache Test: Wenn man Germanisten fragt, ob sie deutsche Schrift schreiben können (dieses Buch ist ja in lateinischer Schrift gesetzt; in deutſcher Schrift ſähe es ſo aus), versagen die allermeisten. Viele können deutsche Kurrent-Schreibschriften etwa auf der Basis der Sütterlin-Ausgangsschrift nicht einmal lesen, was sehr dramatisch ist, wenn Studenten mit Originalquellen arbeiten sollen. Geschweige denn können sie sie schreiben, obwohl es einen einigermaßen sprachlich begabten Menschen keine zwei Wochen kostet, diese Schrift zu lernen – nebenher.

Sich mit Fraktur und deutscher Schreibschrift zu befassen, gilt als rückständig oder tendenziell nationalistisch – zumindest unter jenen, die die Geschichte der Fraktur nicht kennen und die jahrhundertelange Entwicklung von der Gutenberg-Bibel 1454 bis zum Zweiten Weltkrieg nur mit dem Nationalsozialismus verbinden. Dabei waren es Adolf Hitler (1889–1945) und Martin Bormann (1900–1945), die am 3. Januar 1941 vom Berghof auf dem Obersalzberg aus die gebrochenen Schriften im Deutschen Reich und in den besetzten Gebieten verboten und verfügten, künftig sämtliche Texte in Antiqua-Schriften zu setzen – also Zeitungen, Plakate, Briefbögen, Bücher, alles. Diesen Befehl – das sogenannte Frakturverbot – hat auch nach dem Zweiten Weltkrieg keine offizielle Stelle in Deutschland hinterfragt, weder im Osten noch im Westen. Auch von den Germanisten kam kein großer Widerstand gegen den Untergang dieses fünfhundert Jahre alten und in zahlreichen europäischen Ländern verbreiteten Kulturgutes. Wenn wir heute in lateinischer Schrift schreiben statt in deutscher, tun wir das – überspitzt formuliert – aufgrund eines »Führerbefehls«. Und die meisten von uns wissen es nicht einmal.

Grammatiken sollten das lesen können.

Deutsche Schreibschrift: Germanisten sollten das lesen können.

Es ist ein Nebenschauplatz, wenn es um klaren Ausdruck geht, sicher. Klartext funktioniert in Fraktur ebenso wie in Antiqua oder in einer modernen Schrift. Die lateinische Schrift hat sich durchgesetzt, und ich trauere der Fraktur auch nicht nach. Nur der Umgang damit macht mich skeptisch gegenüber einer wissenschaftlichen Disziplin, die behauptet, sich mit der deutschen Sprache zu befassen. Es ist wie bei dem Musikunterricht, den wir angeblich hatten, der tatsächlich aber Unterricht in Musikwissenschaft war. Wir haben ja keine Musik gemacht, sondern die Sonatenhauptsatzform gepaukt. Insgesamt ging es nur um europäische Klassik; Charts, Hardrock und Punk hat der sogenannte Musikunterricht ignoriert. Solche Mogelpackungen sind typisch für unser Bildungssystem und für unser Denken.

Klartext-Tipp 7:

Professionelle Kommunikation bedarf keines akademischen, sondern eines pragmatischen Zugangs. Klarer Ausdruck gelingt nicht durch universitäres Wissen, sondern durch das Handwerk des klaren Ausdrucks.

So präzise, wie akademisches Denken sein sollte, ist es häufig eben doch nicht – wir verfehlen ständig das Thema. Hervorragend zeigt sich das an dem Buch »Charakter. Worauf es bei Bildung wirklich ankommt« von der ZDF-Moderatorin Petra Gerster und Christian Nürnberger. Wer es liest und mitdenkt, merkt: Es geht in diesem Buch nicht um Bildung, sondern um Erziehung – also um etwas völlig anderes.

Wozu Klartext? Der akademische Zugang genügt doch ...

Solange wir uns jedenfalls in Universitätsinstituten bewegen, als Lehrer in der Schule oder sonstwie im öffentlichen Dienst, leben wir in einer eigenartigen Parallelwelt, in der diese sprachlichen Ungenauigkeiten und Schrullen niemand hinterfragt. In dieser Parallelwelt sind wir kaum gezwungen, in der Sprache den Werkzeugkasten zu sehen, der sie ist, denn der akademische Zugang genügt ja für eine Uni-Karriere oder eine Laufbahn als Lehrer. Alle anderen Menschen erleben dagegen ihr blaues Wunder: Millionen Schulabgänger merken zu Beginn ihres Berufslebens, dass sie mit dem Bild der Sprache nichts anfangen können, das ihnen die Schule vermittelt hat – um die Prägnanz und Klarheit, die wir im Berufsleben brauchen, ging es ja in der Schule nicht. Und so verliert die Sprache ganz zwangsläufig ihren Wert – zu Unrecht natürlich, aber das wissen die jungen Berufseinsteiger nicht. Woher auch sollten sie es wissen? Welchen Wert die Sprache hat, hat ihnen nie jemand beigebracht. Da Lehrplanmacher und Lehrer in der Regel in ihrem ganzen Leben noch nie unter ökonomischen Bedingungen gearbeitet haben, sehen sie die Notwendigkeit nicht, unter guter Sprache eine funktionierende Sprache zu verstehen. Das Schulsystem ist insofern eine Blackbox, dessen Weltbilder sich aus sich selbst heraus immer wieder selbst bestätigen.

Das klingt alles nicht sehr freundlich, das ist mir klar. Aber wie beschreibt man eine Blackbox, ohne zu sagen, dass es eine Blackbox ist? Bei einer Schulveranstaltung zeigte mir eine Schülerin einen Text mit der Überschrift »Textgebundene Erörterung«, und ich begriff, wie krank das akademische Denken ist. Lernen wir in der Schule nicht einmal, wie man Überschriften schreibt? Was überhaupt soll eine »textgebundene Erörterung« sein, wenn nicht der Gattungsbegriff für den Text darunter? Was soll das? Hat Thomas Mann seine »Buddenbrooks« etwa überschrieben mit dem Titel »Roman«? Den Begriff »textgebundene Erörterung« braucht kein Mensch – es sei denn, er wird Deutschlehrer.

Es ist ja schön, dass Deutschlehrer die deutsche Sprache lieben. Gut wäre es aber eben auch, wenn die Schule redaktionelles Handwerk unterrichten würde. Dazu wäre es sinnvoll, wenn nicht nur Schüler Praktika machen, sondern vor allem auch Lehrer. Deutschlehrer sollten im Praktikum Vorstandsvorlagen schreiben – fünf schlanke Absätze auf einem Blatt Papier, die der Chef in Sekunden überfliegen kann, um dann eine Entscheidung zu treffen, auf die es ankommt. Sie sollten Headlines schreiben können, die mal ohne großartige Kreativität oder hochgeistige und originelle Spielerei einfach funktionieren. Oder ein paar Achtzeiler für die Meldungsspalte im Lokalblatt – mit Überschrift. Oder einen der kleinen Kästen auf der ersten Seite einer Boulevardzeitung formulieren und schauen, wie die Buchstaben reinpassen. Um zu verstehen, wie Sprache funktioniert, sollten wir das Intellektuelle einmal beiseite lassen. Wir sollten nicht versuchen, schöngeistig zu sein, sondern zum Punkt kommen und uns klar ausdrücken. Wenn wir das beherrschen, können wir auch einmal intellektuelle Pirouetten drehen. Es ist wie in der Kunst: Der Meister bricht die Form; nicht der Anfänger.

Jeder darf Sie verstehen!

Es ist erstaunlich, was Menschen sagen, obwohl sie angeblich etwas anderes sagen wollen. Das Latein der katholischen Kirche hatte durchaus den Zweck, dass man es nicht versteht – am Ergebnis gemessen. Jonglieren Fachleute mit Fremdwörtern, ist das ähnlich: Wer gebildet ist, scheint das im deutschen Sprachraum unbedingt anderen zeigen zu müssen. Die Folge dabei ist natürlich, dass sich die Reichweite verringert: Je spezieller unsere Worte sind, desto weniger Menschen verstehen uns. Wir verlieren diese Menschen, für die wir doch angeblich kommunizieren.

Natürlich sind die Botschaften zwischen den Zeilen andere als die der Worte: Wer sich geschwollen ausdrückt, rückt die Botschaft in den Hintergrund und sagt – oder schreibt – eher etwas über sich selbst als das, worum es geht. Oft frage ich mich: Wissen die Menschen eigentlich, was sie da sagen? Oder denken sie, die Leute seien so doof, dass sie es nicht merken?

Klartext-Tipp 8:

Wer sich geschwollen ausdrückt und damit anderen das Verständnis erschwert, wirkt nicht intellektuell, sondern eher kauzig. Es gibt keinen Grund, Ratespiele zu veranstalten.

Mein Prinzip dazu lautet: Jeder darf Sie verstehen! Wenn Sie etwas zu sagen haben, wovon Sie wollen, dass man es versteht, dann drücken Sie sich einfach deutlich aus. Es gibt keinen Grund, die Botschaft durch eine extravagante Wortwahl in den Hintergrund zu rücken. Es sei denn, Sie wollen etwas anderes sagen – nur: Dann sagen Sie es doch einfach.

Tim: *Das neue Incentive ist ein Super-Trigger. Mit dem knallen wir den Kundennutzen so über die Benchmark, dass der Mitbewerber sich was einfallen lassen muss.*

Patrick: *Noch ist es ein Projektvorhaben in der Planungsphase. Unter Berücksichtigung der aktuellen Lage sollten wir vor jeder Ausgabe in besonderer Weise in Erwägung ziehen, dass unsere Liquidität nicht durch unüberlegte Hauruck-Aktionen in Mitleidenschaft gezogen wird.*

Susann: *Wenn das Projekt sowieso zu teuer ist, warum reden wir dann darüber?*

Wer von den dreien spricht in Ihrer Wahrnehmung am angenehmsten? Klar: Es ist Susann. Sie fällt auf, indem sie ganz normal spricht. Sie verweigert sich den Phrasen ihrer Kollegen. Ist das nicht faszinierend? Mit guter Rhetorik finden wir zu einer Sprache zurück, die die Menschen als »normal« empfinden – das Gegenteil von abgehoben. Kommen wir zurück zu Formulierungen und Wörtern, die wir früher einmal kannten, die heute aber unter dem Müllberg des modernen Geschwätzes vergraben sind:

- »Incentive«: nichts weiter als ein Anreiz, oft in Form einer Veranstaltung oder eines Geschenks.
- »Trigger«: nichts weiter als ein »Auslöser«.
- »Benchmark«: nichts weiter als der »Maßstab«.
- »Mitbewerber«: nichts weiter als die »Konkurrenz«.
- »Projektvorhaben«: nichts weiter als ein »Projekt«: Was wir nicht vorhaben, ist kein Projekt.
- »Planungsphase«: nichts weiter als »Planung« oder auch nur »Plan«.
- »Berücksichtigung der aktuellen Lage«: Aus dem Substantiv »Berücksichtigung« lässt sich die »Rücksicht« herausschälen. Da eine vergangene Lage nicht gemeint sein wird: »Rücksicht auf die Lage«. Und das heißt letztlich nur: Etwas ist, wie es ist.
- »in besonderer Weise«: nichts weiter als »besonders« – es ist nur aufgeblasen.
- »in Erwägung ziehen«: nichts weiter als »erwägen«.
- »unüberlegte Hauruck-Aktionen«: »Hauruck-Aktionen«. Diese sind an sich schon unüberlegt. Sonst wären es keine »Hauruck-Aktionen«.
- »in Mitleidenschaft ziehen«: viel Wortgeklingel für das einfache Wort »schaden«.

Eine Menge Phrasen, finden Sie nicht? Ich vermute, dass solche Tims und Patricks Bewunderung erwarten für ihre außergewöhnliche Sprache – aber ich höre fast nur Luft. Sobald wir die Luft rauslassen, bleibt in wenigen Worten übrig, was gemeint ist. Gekürzt sieht das Gespräch so aus:

Tim: *Der Fallschirmsprung-Gutschein reizt unglaublich. Damit übertreffen wir die besten Ideen der anderen. Die Konkurrenz wird platt sein.*

Patrick: *Noch ist das Projekt ein Plan. Bevor wir Geld ausgeben, müssen wir schauen, dass wir flüssig bleiben.*

Susann: *Wenn das Projekt sowieso zu teuer ist, warum reden wir dann darüber?*

Sie merken: Susann ist die Einzige, deren Worte wir nicht redigieren müssen – denn sie kann sprechen. Sie meint nicht, mit einer abgehobenen Sprache einfache Dinge sagen zu müssen, um wichtig zu tun. Sondern sie sagt ganz einfach, was sie denkt. Sie spricht dabei ganz normal und macht nichts komplizierter als nötig, womit sie alle Menschen ins Verständnis einschließt. Sie klammert niemanden aus durch eine Fachsprache oder Trendsprache, durch Fremdwörter oder mit komplizierten Konstruktionen, die ein Zuhörer erst entwirren und auflösen müsste. Denn es geht ihr nicht um Spielchen, sondern um Verständnis. Und dadurch wirkt sie sympathischer als ihre Kollegen.

Klartext-Tipp 9:

Es geht nicht darum, dass wir schreiben, wie wir sprechen. Es geht darum, dass wir so schreiben, dass es sich auch sprechen lässt.

Nicht gesprochen, aber sprechbar schreiben

Das gilt übrigens schriftlich ebenso. Wenn Sie einfach und klar schreiben, wirken Sie ebenso sympathischer, wie wenn Sie einfach und klar sprechen. Ein geläufiger Denkfehler ist, im Geschriebenen müssten wir uns gestelzter ausdrücken, als wenn wir sprechen. Dabei wirkt gestelzte Sprache sowohl gesprochen als auch geschrieben unangenehm: Es ist egal, ob jemand wichtigtuerisch redet oder schreibt. Wie bereits erwähnt: Klartext gilt mündlich und schriftlich, da wir nicht über die Form sprechen, sondern über Inhalt.

Zugleich wollen wir natürlich manches nicht lesen, was wir sprechen – es wirkt zu flapsig. Der Ausweg aus diesem Dilemma ist einfach: Es geht nicht darum, dass wir so schreiben, wie wir sprechen. Es geht darum, dass wir so schreiben, dass sich unsere geschriebenen Worte auch sprechen lassen und dann nicht unnatürlich klingen. Sehen Sie, was ich meine? Eine klare und einfache Sprache ist nicht gleichbedeutend mit einer gesprochenen Sprache, wie wir ihr auf der Straße, auf Schulhöfen und in Pausenräumen begegnen.

Nehmen wir ein Beispiel. Jemand spricht möglicherweise folgenden Satz:

Der Kollege soll sich nicht in Sachen einmischen, wo er keine Ahnung von hat.

Schreiben lässt sich dieser Satz nicht – er würde vor allem auf den Schreiber zurückschlagen, der sich im Auge des Lesers einer Kindersprache bedient. Das übliche Argument des Bildungsbürgertums lautet nun: Indem der Satz unmöglich ist, zeigt sich darin die Niveaulosigkeit des restringierten Sprachcodes. Wir dürfen Gesprochenes also nicht schreiben! Um das Niveau zu retten, muss der Satz also höchst elaboriert sein – und es würde irgendetwas Geschwollenes entstehen. Dabei ist der Schluss falsch. Unser Jemand kann den Satz so schreiben:

Der Kollege sollte sich nicht in Dinge einmischen, von denen er nichts versteht.

Und dieser Satz lässt sich auch sprechen. Es ist ein Irrtum zu denken, geschriebene Sprache wirke gesprochen automatisch geschwollen. Richtig ist: Was wir normal und einfach schreiben, können wir auch normal und einfach sprechen. Wenn wir das tun, sprechen wir automatisch eine Sprache, die sich auch schreiben lässt, ohne dass sie geschwollen daherkommt.

Übertreibungen machen unglaubwürdig

Auch mit Übertreibungen wollen Nichtssager ihre Sprache aufmotzen. Klingt es nicht unglaublich, wenn es bei der Sitzung einen »Eklat« gab? Skandal! Was für ein Pech, wenn dahinter nur eine kleine Unmutsäußerung steckt – dann fehlen uns die Worte, wenn es wirklich einmal um einen Eklat geht.

Wenn die Menschen doch nur etwas zu sagen hätten, dann könnten sie es einfach sagen. Sie bräuchten ihre Worte nicht aufzublasen, keine sinnlosen Mehrzahlformen bilden und nichts zu dramatisieren. Eine bombastischere Sprache zu bemühen als nötig und mehr zu behaupten als gegeben, ist eine »Übertreibung«. Nicht nur, wenn die vier Jäger im Nachbardorf am Abend aus fünf geschossenen Wildschweinen nach dem sechsten Bier sieben machen. Eine Übertreibung besteht auch darin, statt »heiß« das Wort »megaheiß« zu bemühen, dabei ist »heiß« doch »heiß«, oder nicht? Die Rede ist vom Elativ – vom Versuch, dem Superlativ »am heißesten« noch eins draufzusetzen. Leider nur macht sich unglaubwürdig, wer so übertreibt. Wenn immer alles klasse ist, hervorragend, mega-geil, dann findet etwas wirklich Hervorragendes keine Würdigung mehr – der Elativ nutzt sich ab.

Das Streben nach immer stärkeren Wörtern hat Suchtcharakter: Wir brauchen immer höhere Dosen von unserem Stoff. Auf Übertreibungssüchtige wirken mittlere Dosen bald kaum noch. Insofern ist der Elativ nicht nur eine Stilform, sondern auch eine Geistes-

> **Klartext-Tipp 10:**
>
> **Sehen Sie von ständigen Übertreibungen ab. Sie schwächen damit Ihre Aussagen. Wenn Sie einen Orkan meinen, ist der Orkan stark genug. Sagen Sie »starker Orkan«, schwächen Sie auf Dauer die Wucht des Wortes »Orkan« ab. Nutzen Sie die starken Worte, die es gibt, und setzen Sie sie mit Bedacht ein!**

haltung: Wenn Sie immer weiter, höher und lauter sein wollen, werden Ihnen »weit«, »hoch« und »laut« bald nicht mehr genügen. Sie glauben, neue Vokabeln zu brauchen, obwohl es die passenden Wörter bereits gibt – und tragen damit nur zu dem allgemeinen Lärm bei, den vor allem Unternehmen veranstalten, um sich im Infomeer ein bisschen Gehör zu verschaffen. Dass sie damit die Kultur von Sprache und Schrift schädigen und auf zahlreiche Menschen unangenehm wirken, merken sie kaum.

Sensiblere Zeitgenossen ohne Übertreibungssucht fühlen sich vom Elativ erschlagen und versuchen, ihm zu entfliehen. Wer sich dem Übertreibungswahn entzieht, sieht beim Wort »Sturm« noch immer einen Sturm und erkennt bei »heiß« immer noch Hitze. Er stellt die Sinnfrage bei Begriffen wie »extrem super beliebt«, »enorm viel Erfolg« und »totale Marktdurchdringung«. Auf dem Boden gebliebene Menschen, die den Übertreibungswahn nicht mitmachen, werden natürlich auch misstrauisch: Ist jemand so unbeliebt, dass es verstärkender Zusätze wie »extrem« bedarf? Ist der Erfolg so gering, dass man ihn mit Mitteln der Sprache kosmetisch verstärken muss?

Rhetorikexperten als Schaumschläger

Selbst vor den Experten der Rhetorik macht die Schaumschlägerei nicht halt. Ein Anbieter eines Rhetorikkurses teilt mit:

Im Seminar werden die Teilnehmer ihr individuelles Ausdrucksverhalten
optimieren sowie rhetorische Grundsätze und effektive Präsentations-
techniken lernen.

Aua. Vermutlich saß da jemand relativ lange an dem Satz und war ziemlich stolz
auf das Ergebnis. Beeindruckende Worte, nicht? »Individuelles Ausdrucksverhalten«, wow. Aber ganz im Ernst: Rhetorik ist das nicht. Es ist Müll. Ist es nicht faszinierend? Da suchen wir einen Rhetorikkurs, um mithilfe von Sprache unsere Anliegen besser rüberzubringen – ganz im Sinne des Wortes »Rhetorik«. Und was geschieht? Wir treffen auf genau das aufgeblasene Gerede, mit dem wir das Gegenteil dessen bewirken, was wir wollen. Fällt Ihnen etwas auf? Wieder einmal ist die
Realität exakt andersherum, als die Leute behaupten. So wie Petra Gerster nicht
über Bildung schreibt, sondern über Erziehung; so wie der Musikunterricht kein
Musikunterricht ist, sondern Unterricht in Musikwissenschaft; so wie der Deutschunterricht und die Germanisten vorgeben, sich mit der deutschen Sprache zu befassen, aber es de facto kaum tun – genauso begegnen wir hier einem Ansatz von
Rhetorik, von angeblicher Redekunst, der uns keine Kunst zu reden vermittelt,
sondern selbst demonstriert, wie man es nicht macht.

Wenn Rhetorik die Kunst des Ausdrucks ist, dann schauen wir doch mal:

- Geht es wirklich um »Ausdrucksverhalten«? Was soll das sein? Die Tätigkeit,
  um die es geht (sich »auszudrücken«), ist »Ausdruck«. Denn das Verhalten
  besteht ja im Ausdruck. Also können wir das »Verhalten« streichen.
- Meint der Künstler ernsthaft unseren »individuellen« Ausdruck? Anders gefragt: Welchen sonst? Etwa unseren kollektiven? Wenn »kollektiver Ausdruck« gemeint wäre – also zum Beispiel im Fußballstadion –, stünde es doch
  da! Und wenn wir nur »Ausdruck« sagen, kommt interessanterweise niemand auf die Idee zu fragen, ob individueller oder kollektiver Ausdruck
  gemeint ist. Die Mehrdeutigkeit ergibt sich nur aus der langen Form, nicht
  aus der kurzen. Weg also mit dem Adjektiv »individuell« – es ist überflüssig.
  Die Formulierung »Ihr Ausdruck« ist klar.
- Wollen wir unseren Ausdruck im Ernst »optimieren«? Wir wollen also nicht
  das Beste, sondern nur das Bestmögliche? Vorsicht, das könnte eine Finte
  sein, damit der Anbieter hinterher sagen kann: »Besser geht's nicht.«

- Wenn wir unseren »Ausdruck optimieren« wollen – können wir da nicht die Tätigkeit aus dem Substantiv »Ausdruck« herausholen und ganz einfach sagen, wir wollen uns »besser« oder »klarer ausdrücken«? Darum geht es doch.
- Sind wir außerdem wirklich scharf auf »rhetorische Grundsätze« – oder nicht eher auf »Grundsätze der Rhetorik«? Die wenigsten Grundsätze der Rhetorik sind selbst rhetorisch – ebenso wie Grundsätze der Elektronik nicht elektronisch sind und Tierärzte keine tierischen Ärzte.
- Suchen wir wirklich »effektive Präsentationstechniken«, also effektive Techniken zur Präsentation? Geht es nicht eher darum, »überzeugend zu präsentieren«?

Ich fürchte, ein Besuch bei diesem Rhetorik-Anbieter wäre rausgeworfenes Geld. Sein individuelles Ausdrucksverhalten scheint nicht unwesentlich optimierbar zu sein. Nein, im Ernst: Den richtigen Umgang mit Wörtern im Sinne der Sprache erwarte ich von einem Rhetoriker, wenn Rhetorik die Redekunst ist. Oder würden Sie zu einem Friseur mit schlechter Frisur oder einem Zahnarzt mit schlechten Zähnen gehen?

Und noch einmal: Wenn wir aus einem Text die Luft rauslassen, wird er damit weder automatisch unhöflich noch »zu einfach«. Wir können kürzen und die Aussage exakt beibehalten. Nehmen Sie folgendes Beispiel:

Ihre Situation tut uns wirklich sehr leid.

Wenn wir hier das »wirklich sehr« streichen, verändern wir die Anmutung und damit die Aussage:

Ihre Situation tut uns leid.

Jetzt stellen Sie sich vor, wir würden etwas hinzufügen, sodass folgender Text entsteht :

Ihre allgemeine und besondere Situation tut uns in jeder Hinsicht leid.

Was ist damit gewonnen? Nichts. Wenn wir die Formulierungen »allgemeine und besondere« sowie »in jeder Hinsicht« streichen, verändern wir die Aussage nicht. Was wir streichen, ist das pure Nichts. Also: Wenn wir sagen wollen, dass »bei einer Kündigung« eine bestimmte Frist gilt, wieso sollten wir sagen, dass »im Zusammenhang mit einer Kündigung« eine bestimmte Frist gilt?

Klartext-Tipp 11:
Kürzen Sie Texte, ohne den Inhalt zu ändern. So lassen Sie lediglich die Luft raus.

Wollen Sie, dass man Sie hört?

Und Sie? Wollen Sie, dass man Sie hört in diesem rauschenden Infomeer? Dann sollten Sie den Markt der Informationen so sehen, wie er ist:

- An aufgeblasenen Texten herrscht kein Mangel – schriftlich und mündlich.
- Wenn Sie etwas zu sagen haben, sollten Sie bei diesem Irrsinn nicht mitmachen. Es wäre schade um Ihre Botschaft.
- Die öffentliche Kommunikation überschwemmt uns mit irrelevanten Informationen. Dazu sollten Sie nicht beitragen – es sei denn, Sie wollen sich einen Namen als Spammer machen.
- Der Sinn pro Informationsmenge wird immer geringer. Da heute jeder publizieren kann, schreibt jeder über alles. Die Anmaßung, jeder könne schreiben, nimmt ebenso zu wie die Missachtung des Handwerks. Was laienhaft wirkt, verliert Reichweite.
- Zugleich gilt unter Experten nach wie vor der Irrtum als Weisheit, es sei gut, sich besonders geschwurbelt auszudrücken. Das heißt: Sehr viele Leute, die öffentlich kommunizieren, verstehen nicht, dass es um Relevanz und Verständlichkeit geht, beides jeweils aus Empfängersicht.

Wenn Sie in diesem Umfeld wahrnehmbar sein wollen, sind einige Dinge nötig:

- Distanzieren Sie sich von jeder Form aufgeblasener Sprache – schriftlich und mündlich. Drücken Sie sich einfach aus und sagen Sie nicht mehr, als zu sagen ist. Damit stechen Sie schon einmal aus dem Meer der inflationären Schaumschlägerei heraus.

- Bringen Sie niemals etwas Irrelevantes. Sie gehen damit nur den Menschen auf die Nerven.
- Achten Sie beim Publizieren unbedingt auf Relevanz, und publizieren Sie professionell. Eignen Sie sich das Handwerk des Formulierens an und richten Sie sich danach.
- Verabschieden Sie sich von dem Irrtum, der »elaborierte Sprachcode« der Germanisten zeuge in irgendeiner Weise von Intelligenz oder Klugheit. Oft ist das Gegenteil der Fall.

Die häufigsten Irrtümer beim Formulieren

Über die Frage, warum so viele Menschen mehr schreiben und sagen als nötig, über Vorteile und Nachteile von Spezialisten und über die Frage, wie es gelingt, trotz umfangreichen Wissens und höchster Intelligenz klug zu kommunizieren.

Erinnern Sie sich an Goethe? Ja, ich meine *den* Goethe, zuletzt wieder ins kollektive Gedächtnis gerufen durch den Film »Fack ju Göhte« von 2013. Goethe ist einer der bedeutenderen deutschen Autoren. Und er schrieb eines der bekannteren deutschen Gedichte. Wäre dieses Gedicht im Stil heutiger Unternehmenskommunikation entstanden, würde es vielleicht folgendermaßen lauten:

Über der kompletten Bergregion herrscht Stillschweigen. Über sämtlichen forstwirtschaftlichen Nutzflächen ist keinerlei Windbewegung zu verzeichnen.

Nicht besonders gefühlvoll, finden Sie? Tja! Doch so klingt es eben, wenn eines der schönsten Gedichte unserer Kultur der Feder eines Technokraten entstammen würde.

Klartext-Tipp 12:

Lesen Sie Klassiker wie Johann Wolfgang von Goethe und Rainer Maria Rilke. Deren Texte sind glasklar – ohne jedes Gelaber.

Doch was soll eine »komplette Bergregion« sein? Wäre sie nicht komplett, stünde es doch da, oder nicht? Also: »Bergregion«! Lassen wir das »komplett« weg! Aber was ist eine »Bergregion«, wenn nicht »die Berge« oder das »Gebirge«? Und wie sollen wir »schweigen«, wenn nicht »still«? Ebenso, wie das Adjektiv »komplett« rausfliegt, streichen wir »sämtliche«, und »forstwirtschaftliche Nutzflächen« sind nun einmal »der Wald«. »Keinerlei Windbewegung«? Also »keine Windbewegung« – das »keinerlei« ist pure Luft! Und »Windbewegung«? Ist »Wind«! Der bewegt sich naturgemäß – sonst wäre er kein »Wind«.

Aber zum Glück war Goethe kein Technokrat, sondern ein feingeistiger, musischer Mensch – Eigenschaften, die in unserer Gegenwart zunehmend verlorengehen und der Technokratie weichen. Und natürlich kennen Sie die Originalversion, den Beginn von Goethes Gedicht »Ein gleiches« (1780):

Über allen Gipfeln ist Ruh'. In allen Wipfeln spürest du kaum einen Hauch.

Kein Wort hat mehr als zwei Silben! Ist es nicht faszinierend? Goethe kommuniziert exakt in der Mitte der Zielscheibe, er ist äußerst prägnant. Gute Kommunikatoren machen manche Fehler eben nicht. Welche sind die häufigsten Denkfehler in der Kommunikation?

Der Irrglaube, es käme auf die Textmenge an

Manche Menschen erkennen es als besondere Leistung an, wenn sie besonders viel Text produzieren – ob schriftlich oder mündlich. Danken für diesen Unsinn dürfen wir vor allem der Schule: Ein Referat von zwanzig Minuten, ein Aufsatz von fünfundvierzig Minuten, eine Arbeit von acht Seiten waren gefragt. Selten sagen Lehrer: »Gebt ab, wenn alles gesagt ist.« Der Prozess scheint wichtiger zu sein als das Ergebnis, und entsprechend sind auch verstrickte Formulierungen wichtiger als die Botschaft.

Was aber, wenn mein schönstes Urlaubserlebnis in drei Minuten erzählt ist? Dann muss ich mir etwas aus den Fingern saugen. Ich erinnere mich gut: Als Schüler habe ich so manche Arbeit früher abgegeben – ich war fertig damit. Aber wie ich so in der Reststunde über die leeren Flure unseres Schulhauses irrte, fragte ich mich: War es ein Fehler, so früh abzugeben? Was schreiben die anderen nur so lange? Und später hörte ich, dass viele nur ihre Zeit abgesessen hatten, obwohl sie auch schon lange fertig waren. Es gab eben ein Gesetz, zunächst die Zeitvorgabe zu erfüllen. Erst in zweiter Linie ging es um den Inhalt.

Die Schule bringt uns also nicht bei, uns kurz zu fassen und uns klar auszudrücken, sondern sie kultiviert das Ausufern. Und ausufernd zu schreiben oder auch zu sprechen, ist, wie wir schon gesehen haben, keine Kunst. Anders als in der Schule geht es im wirtschaftlich orientierten Berufsleben um Kürze und Prägnanz. Mit unserem Schulwissen stehen wir dann dumm da und beherrschen eine der wichtigsten Schlüsselqualifikationen der Arbeitswelt nicht: klar zu kommunizieren. Und das ist kein Wunder: Über Jahre bekommen Schüler Zeitvorgaben für ihre Aufgaben.

Auch in der Universität herrscht meist noch die Unsitte, Texte nach ihrer Länge zu bewerten. Ein Referat von neunzig Minuten, eine Seminararbeit von zwanzig Seiten, eine Abschlussarbeit von hundertfünfzig Seiten sind die Vorgaben. Auch hier schulen wir unseren Irrglauben, es käme auf die Textmenge an. So ergießen sich Studenten tagelang in akademischem Gerede und verschwenden jede Menge Zeit und Hirnschmalz. Statt sich darauf zu konzentrieren, was wichtig ist, walzen sie jede Menge Nebensächliches aus – und wundern sich nach ihrem Examen, warum ihr überakademisiertes Denken und ihr Fachwissen weder Personalchefs in der Wirtschaft noch Firmengründungsexperten interessiert. Zugleich aber richtet sich in manchen Berufen das Honorar bei manchen Aufträgen nach der Textlänge statt nach der klaren Aussage – bei Rechtsanwälten, Wirtschaftsprüfern, Gutachtern und in vielen anderen Berufen, die im weitesten Sinne mit Bürokratie zu tun haben. Umso schwerer haben es Vertreter dieser Richtung, zum Punkt zu kommen. Sie sind es nicht gewohnt und haben es nie geübt.

Viel Zeit mit wenig Inhalt

Wenn wir auch noch im Berufsleben denken, wir müssten beim Sprechen und Schreiben ein bestimmtes Zeitkontingent ausschöpfen, ist das fatal. Denn in der Kommunikation mit Menschen geht es um Botschaften und Inhalte und nicht darum, bürokratische Zeitvorgaben zu erfüllen – vor allem am Arbeitsplatz. Kurz: Es geht um ein Ergebnis (die verstandene Botschaft) statt um einen Prozess (das Kommunizieren an sich). Dennoch: Bei Versammlungen aller Art – ob Meeting, Betriebsfest oder Trauerfeier – haben die meisten Redner zunächst eine Uhr im Kopf.

Klartext-Tipp 13:

Machen Sie sich nicht zuerst Gedanken über Ihren Zeitrahmen, sondern über Ihren Inhalt. Was wollen Sie sagen? Was ist wichtig? Und dann überlegen Sie, wie viel Zeit Sie brauchen.

Sie überlegen nicht etwa zuerst, was ihre wesentlichen Punkte sind, sondern wie lange sie sprechen sollen.

Meistens ist Langeweile die Folge. Es ergibt sich die unerträgliche Situation, dass jemand mit wenigen Inhalten viel zu viel Zeit füllen zu müssen glaubt – und der Redner quält sein Publikum mit Belanglosigkeiten. Eine Frechheit! Respektlos gegenüber unserer Zeit! Warum also nicht erst schauen, was man zu sagen hat, um dann die Zeit darauf einzurichten? Checken Sie zuerst, was Sie sagen wollen, und schauen Sie dann, wie viel Zeit Sie dafür benötigen! Wenn Sie bei diesem Inhalt-Zeit-Check feststellen, dass Sie für Ihre Rede bei der Trauerfeier eine Stunde brauchen, dann haben Sie mit Sicherheit jede Menge überflüssige Informationen in Ihrem Konzept. Zu lang! Auch wenn der Verstorbene ein noch so guter und toller Mensch war, dass Ihnen nichts davon unwichtig erscheint: Sie müssen kürzen. Das Gebot, sich beim Sprechen auf die wesentlichen Aspekte zu konzentrieren, gilt auch auf dem Friedhof.

Die Charakterschwäche, sich gerne reden zu hören

Und es gibt natürlich auch die Leute, die sich gerne reden hören. Kennen Sie das? Neben Ihnen sitzt jemand und erzählt, offenbar sehr verliebt in sich selbst. Klar kennen Sie das – jedenfalls wenn Sie an üblichen Meetings in üblichen Unternehmen teilnehmen. Die üblichen selbstverliebten Verdächtigen finden sich fast überall. Kürzlich hörte ich von einem Unternehmen, das Besprechungen explizit verbot, die nicht unmittelbar den Unternehmenszielen dienen und in aller Kürze zum Ergebnis führen. Und auf einem Sicherheitshinweis neben der Tür in einem Meetingraum fand ich unter der Überschrift »In case of emergency« den Hinweis: »Stop the meeting!«

Einmal saß ich am Flughafen Tegel auf einem der Wartesitze. Eine Situation, in der wir der hörbaren Kommunikation unserer Mitmenschen hoffnungslos ausgeliefert sind. Neben mir saß einer, der im Gespräch mit einem anderen zeigen wollte, was für ein toller Hecht er ist. Neben mir hörten die zwanzig Menschen um mich herum laut, langsam und getragen ungefähr folgenden Klangteppich:

Also zunächst einmal sollten wir doch festhalten, dass unser jüngster Beschluss auf dem Kongress vor allem und insbesondere für die Kardiologen ein ungeahnter Fortschritt ist. Bitte bedenken Sie, lieber Herr Kollege, wie lange wir an dieser Entscheidung gearbeitet haben. Es gab ja immer einige, ich will hier keine Namen nennen, die am liebsten die Augen verschlossen hätten vor all den Belangen, um die es in den vergangenen Monaten ging.

Der Mann, Ende vierzig, Anzug und Krawatte, war offenkundig Arzt, zudem Funktionär, augenscheinlich ein wichtiger. Mir ist schon klar, dass wir alle der Nabel der Welt sind, aber dieser Herr Doktor war es in besonderem Maße. Er war gottähnlich und wollte es in pastoraler Weise der Menschheit mitteilen.

Schriftlich gibt es dieses Phänomen natürlich auch – in PR-Broschüren, auf Websites von Unternehmen und auch in Medien. Manchmal ist einfach nichts zu sagen, und dennoch gefällt sich eine Führungskraft oder ein selbstgefälliger Redakteur dabei, mehrere Seiten mit Luft zu füllen. Wir lesen und lesen – und fahnden mit der gedanklichen Pinzette nach einem Anflug von Substanz. Am besten finde ich die Glossen in Zeitungen auf der ersten Seite des Lokalteils – Marke »Guten Morgen!«. Irgendjemanden verdonnert die Redaktion dazu, aus einem meist langweiligen und nichtssagenden Erlebnis im Alltag außerhalb der Redaktion irgendwas Bahnbrechendes zu machen. An der Kreuzung hat uns jemand vorgelassen? Wahnsinn! Das bringen wir gleich auf dreißig Zeilen und erklären der Menschheit, dass die Welt doch so viel besser sein könnte, wenn wir alle etwas freundlicher wären.

Vier Ebenen der Sprache

Wahrscheinlich kennen Sie Friedemann Schulz von Thun. Wenn Sie den gelesen haben, wissen Sie: Text kann auf mehreren Ebenen etwas bedeuten – auf der Sachebene (was ist der nackte Inhalt?), auf der Appellebene (was ist die Absicht der Worte?), auf der Beziehungsebene (was sagt das Ganze über das Verhältnis zwischen Sender und Empfänger?) und auf der Selbstoffenbarungsebene (was sagt der Sender über sich selbst?). Und jetzt überlegen Sie mal, auf welcher dieser Ebenen der Herr Doktor vom Flughafen was erzählt hat und vor allem wem.

- **Sachebene:** »Unser Beschluss ist entgegen einigen Widerständlern ein Fortschritt.« Der Adressat ist sein Kollege neben sich.
- **Appellebene:** »Bitte finden Sie mich gut und huldigen Sie mir.« Die Adressaten sind sein Kollege und alle Leute drumherum, inklusive mir.
- **Beziehungsebene:** »Ich habe Ihnen was zu sagen. Ich bin wichtiger als Sie. Wenn ich große Worte mache, haben Sie mir zuzuhören.« Der Adressat ist sein Kollege neben sich.

- **Selbstoffenbarungsebene:** »Ich halte mich für unfassbar wichtig. Ich habe meinem Kollegen etwas zu sagen und bestimme, wann er spricht und wann er schweigt. Und ich höre mich irrsinnig gerne selbst reden.« Die Adressaten sind wieder sein Kollege und alle Leute drumherum, inklusive mir.

Von all dem, was dieser Arzt von sich gab, war der Inhalt das Unwichtigste. Es war eine einzige Machtdemonstration. Und die deutlichste seiner Botschaften fand auf der Selbstoffenbarungsebene statt. Ich wette, das ist auch bei seinen geschriebenen Texten so.

Klartext-Tipp 14:

Alleine mit Wortgewalt und epischer Breite wird es Ihnen kaum gelingen, dass die Menschen Ihnen gerne zuhören. Stattdessen wirken Sie eher unangenehm.

Wie Sie sich als Opfer von Wortgewalt verhalten

Wie verhalten wir uns am besten in solchen Situationen? Sollen wir vor einem solchen Selbstdarsteller in Ehrfurcht erblassen? Oder können wir uns erdreisten, ihm den Mund zu verbieten? Auch der Gesprächspartner des Arztes war in einer Zwangslage – er war gezwungen, die zahlreichen Aussagen zwischen den Zeilen über ihn hinzunehmen. Wie sollte er den selbstgefälligen Redefluss dieses unwiderstehlichen Selbstdarstellers stoppen? Schließlich haben wir fast alle eine grundlegende Sache gelernt: Jemanden zu unterbrechen ist unhöflich.

Also fliehen wir – ganz nach Schulz von Thun – auf die Appellebene: Wir nicken sehr oft, sagen oft »Ähem«, »Ja« und »Klar« und hoffen, dass der Arzt auf Sendung unsere Signale bemerkt. Die Mutigeren von uns werfen ein: »Verstanden« oder »Kapiert« – und mutig sind sie deswegen, weil sie der Machtdemonstration mit kleinen Machtdemonstrationen kontern, die der Alpha-Affe als Anmaßung und Angriff werten könnte. Bricht der Redende seinen Redefluss trotz unserer vielen klaren Signale nicht ab, wechseln wir auf die Schulz-von-Thunsche Selbstoffenbarungsebene: Wir rutschen unruhig hin und her (Klartext: »Ich leide!«) oder blicken uns suchend um (Klartext: »Wo geht es hier raus?«). Und wissen Sie was? Obwohl wir Signale über Signale schicken, verstehen Sender wie dieser Arzt unsere Zeichen nicht. Sie sprechen einfach weiter. Allzu sensibel scheinen sie nicht zu sein – also werden sie auch den einen oder anderen Affront ertragen.

Jemanden unterbrechen, ohne unhöflich zu sein

Unterbrechen verboten – diese Regel ist sicher angemessen für Dialoge, die den Begriff »Dialog« verdienen. Bei Dialogen, die in Wahrheit Monologe sind, dürfen Sie gegen das Verbot verstoßen. Denn je nach Ausmaß des Redeflusses schlägt die Frage nach der Höflichkeit irgendwann um. Ab einem bestimmten Maß von Wortgewalt ist es nicht mehr unhöflich, den Sender zu unterbrechen. Im Gegenteil: Der Sender ist der Unhöfliche! Denn er bringt uns in eine Zwangslage: Entweder wir erdulden und ertragen seinen Wortschwall, oder wir müssen gegen die gesellschaftliche Konvention verstoßen und einhaken. Und jemanden in eine solche Lage zu bringen, gehört sich nicht.

Klartext-Tipp 15:

Um einen Schwätzer zu unterbrechen, sagen Sie einfach: »Übrigens!«

Die Frage ist nur: Wie unterbricht man jemanden am besten? Es ist ganz einfach: mit »Übrigens!«. Probieren Sie es aus: Wenn Sie den Redefluss eines Menschen stoppen wollen, ohne allzu unhöflich zu wirken, sagen Sie einfach »Übrigens«. Der Schwätzer horcht in der Regel sofort auf und erwartet Ihre Information. Dieser Trick klappt sehr oft.

Wie Sie bewirken, dass man Sie nicht unterbricht

Und wie sorgen Sie dafür, dass man Sie nicht unterbricht? Es kommt darauf an. Denn es gibt mehrere Gründe, jemanden zu unterbrechen:

- Sie quälen jemanden mit einem Redefluss, in den er ohne Gewalt nicht hineinkommt.
- Der Unterbrecher will Ihre Gedanken auf einen anderen Weg umleiten, weil Ihre Gedankenfolge nicht stimmig ist.
- Sie haben einen Aspekt vergessen, den der Unterbrecher kurz ergänzen will.
- Der Unterbrecher denkt in Assoziationen und hat zu allem, was Sie sagen, eine Assoziation, die er unbedingt loswerden will.
- Der Unterbrecher will nicht, dass Sie weiter Ihre Gedanken mitteilen, sondern will selbst die Gesprächsführung übernehmen.

Manchmal ist es in Ordnung, unterbrochen zu werden – etwa in den ersten beiden Fällen. Im dritten Fall, wenn Sie nur einen Aspekt vergessen haben, ist es Ansichtssache, ob eine Unterbrechung angemessen ist – es kommt darauf an, wessen Prioritätenskala gilt. Im vierten Fall ist eine Unterbrechung eindeutig unangemessen und störend. Im fünften Fall, etwa bei Talkrunden, stellt sich die Frage, ob Sie bisher genug Zeit hatten, um zu sagen, was Sie meinen. Wenn Sie nichtssagende Phrasen von sich geben, empfinden die anderen Ihre Redezeit als verschwendet, und spätestens der Moderator wird dafür sorgen, dass jemand mit mehr Substanz in seinen Äußerungen zu Wort kommt.

Das einfachste Mittel, damit man Sie nicht unterbricht: Geben Sie den Leuten keinen

Klartext-Tipp 16:

Um nicht unterbrochen zu werden, sprechen Sie am besten knapp und klar. Im Zweifel sprechen Sie einfach ebenso unbeirrt weiter, als seien Sie nicht unterbrochen worden – vor allem bei öffentlichen Auftritten.

Grund dazu. Machen Sie nicht viele Worte, sondern drücken Sie sich klar und prägnant aus. Und unterbricht Sie doch jemand: Fragen Sie sich, ob Sie Ihre Gedanken nicht ein wenig zu sehr auswalzen.

Ein Tipp, falls Sie im Fernsehen auftreten: Sind Ihre Worte und deren Länge zumutbar, dann sprechen Sie einfach unbeirrt weiter. Ganz so, als habe Sie niemand unterbrochen. Bei Unterbrechungen stur wie eine Dampfwalze in derselben Tonlage und Lautstärke weiterzureden, ist bei fast allen Auftritten mit Mikrofonunterstützung Pflicht – sonst bekommen die Gäste und Zuschauer Ihre Botschaft nicht mehr mit. Sofern die anderen Talkgäste diese Regel kennen, klappt dann allerdings auch der »Übrigens«-Trick nicht.

Das Phänomen der Vielschreiberei

Wer sich gerne in vielen Worten gefällt, läuft übrigens rasch Gefahr, dass klarer denkende Menschen ihn nicht ernstnehmen. Kennen Sie das Phänomen der »Reichsbürger«? »Reichsbürger« sind eine Gruppe von Menschen, die den Bestand der Bundesrepublik Deutschland bestreiten. In Unmengen von Briefen an Behörden und Unternehmen begründen sie ihre Ansicht mit Versatzstücken aus Gerichtsurteilen und Gesetzestexten, wobei sie alles unterschlagen, was ihrer Theorie widerspricht – ähnlich, wie das auch Verschwörungstheoretiker tun. Beispielsweise berufen sich »Reichsbürger« gerne auf eine Entscheidung des Bundesverfassungsgerichtes vom 31. Juli 1973 (2 BvF 1/73, BverfGE 36, S. 1 ff.), demgemäß das Deutsche Reich fortexistiert, unterschlagen aber die Passage in derselben Entscheidung, in der das Bundesverfassungsgericht die Bundesrepublik Deutschland für »identisch« mit dem Staat »Deutsches Reich« erklärt. Zugleich erkennen sie die Bundesrepublik Deutschland an, indem sie die Worte des Bundesverfassungsgerichtes ernstnehmen, welches ja ein Organ der Bundesrepublik Deutschland ist.

Ähnlich unlogisch ist das Verhältnis der »Reichsbürger« zu Behörden. Beanspruchen sie beispielsweise Leistungen nach dem Sozialgesetzbuch II, akzeptieren sie den Staat. »Das

Klartext-Tipp 17:

Trolle erzeugen Wortgeklingel, um Sie von der Arbeit abzuhalten. In Internet-Debatten verdrehen sie Fakten, ziehen wirre Parallelen und jede Menge Fehlschlüsse. Mit Trollen sollten Sie sich nicht aufhalten, wenn es geht. Sie erkennen Trolle an aberwitzigen Behauptungen, abseitigen Folgerungen und dem neurotischen Anspruch, dass Sie sich mit ihren Äußerungen befassen.

Jobcenter halten sie erst dann für illegal und nicht existierend, sobald dieses Unterhaltsforderungen geltend macht oder zur Mitwirkung auffordert«, schreiben die Diplom-Politologin Christa Caspar und der Justitiar des Landkreises Potsdam-Mittelmark, Reinhard Neubauer, in der Broschüre des Landes Brandenburg »Reichsbürger. Ein Handbuch«, herausgegeben von Dirk Wilkening. Dieses Handbuch soll verzweifelten Behördenmitarbeitern helfen.

Die mangelhafte Logik der »Reichsbürger« spiegelt sich in ihrer Sprache wider. Caspar und Neubauer haben einige typische »Reichsbürger«-Formulierungen gesammelt: »Dies ist ein offizielles und öffentliches Schreiben«, »in Gebrauch der latenten Rechtsfähigkeit«, »legislative Rechtsprechung«, »unwiderrufliche und absolute Zustimmung zu einem privaten, kommerziellen Pfandrecht«, »gewillkürt Bevollmächtigter in Geschäftsführung ohne Auftrag«, »administrative Regierung«, »Handlungen wider die völkerreichsstaatsrechtlichen und reichsgesetzlichen Bestimmungen«, »mit absoluter Verantwortung und Haftung, geschworen unter Strafe des Meineides im Einklang mit geltendem Recht, bewahrt und geschützt auf Ewigkeit«. Und so weiter und so fort. Es ist ein ausferndes, wichtigtuerisches Blabla. Heiße Luft aus dem Munde sehr eigentümlicher Leute.

Mit dieser Wortwahl bombardieren die »Reichsbürger« Behörden, sobald ihnen etwas nicht passt. Jan-Gerrit Keil, Kriminalpsychologe beim Brandenburger Staatsschutz, schreibt im Handbuch: »Seriosität sollen solche Texte zudem durch die pseudowissenschaftliche und zum Teil pedantische, weitschweifige Art der Schreibweise suggerieren, indem mit möglichst vielen Referenzen, Verweisen, Zitaten und Anhängen gearbeitet wird. Mit Vorliebe werden mehr oder weniger willkürlich Aktenzeichen, Gesetzestexte und Paragrafen eingestreut. Es wird hierbei oftmals versucht, ein sehr distanziertes Amtsdeutsch bzw. die Behördensprache zu imitieren.«

Trolle und »Reichsbürger« sind artverwandt

Die »Reichsbürger«-Formulierungen erinnern an Internet-Trolle, die in pseudokorrekten und selbstgerechten Formulierungen Unsinn verbreiten. Der Troll »Wilhelm Zorem«, der bis Ende 2011 in einem Blog einige Unternehmer und Selbstständige mit Falschbehauptungen und Schmähungen überzog, schrieb zum Beispiel in seinem »Impressum«, das selbstredend keine Adresse enthielt: »Diese Webseite ist eine private Webseite des Whistleblowers Wilhelm Zorem. Es handelt sich bei meinen Beiträgen um Meinungsäußerungen, die ausdrücklich erlaubt und rechtlich legitimiert sind.« Das ist natürlich Quatsch, denn Lügen sind keine Meinungsäußerungen, sondern falsche Tatsachenbehauptungen. Und solche sind nicht durch die Meinungsfreiheit geschützt. Daher beispielsweise ist eine Holocaust-Leugnung strafbar – sie behauptet etwas Falsches. Die Behauptung, es gebe keine Nacht, ist nun einmal falsch und keine Meinung. Die Meinungsfreiheit schützt *Meinungen*, wie der Name sagt. Doch schon das ist offenbar vielen da draußen zu kompliziert.

Dummerweise hat sich »Wilhelm Zorem« selbst entlarvt: Der Diplom-Ingenieur postete von seinem Arbeitsplatzrechner in einem mittelständischen schwäbischen Unternehmen aus und verriet sich so durch die IP-Adresse seines Arbeitgebers. Die Staatsanwaltschaft richtete daher ihre Ermittlungen wegen übler Nachrede beziehungsweise Verleumdung gegen den Firmenpatriarchen, dem die IP-Adresse gehörte, was dieser wohl nicht allzu lustig fand. »Zorem« jedenfalls kassierte eine Abmahnung wegen unerlaubter privater Internetnutzung am Arbeitsplatz. Inzwischen hat er offenbar begriffen, dass konstruktive Kommunikation auch ihm mehr bringt als destruktive – seit einigen Jahren konzentriert er sich auf seine Kernkompetenz, die Solarenergie.

Wie der Troll verschwenden auch die »Reichsbürger« ihre Zeit mit Destruktion. Wie der Troll verzapfen sie kruden Müll – wenn beispielsweise in einem per Einschreiben versendeten »Reichsbürger«-Brief steht, dass der Empfänger mit seiner Empfangsunterschrift fürs Einschreiben den Inhalt des Briefes bestätigt. Und die »Reichsbürger« meinen das ernst. Den typischen »Reichsbürger« beschreibt Keil so: »narzisstische Selbstaufwertung, latenter Größenwahn, inflationäre Verwendung von Fantasietiteln und Ämtern«. Die Briefe von »Reichsbürgern« tragen nach Keil folgende Merkmale: »pseudowissenschaftlicher Schreibstil, missionarischer Stil, Hang zur Weitschweifigkeit, Hang zur Pedanterie, fragmentarische Gesamtgestalt und mangelnde Stringenz der Argumentation«. Wie bei »Zorem«. Es ist ein- und derselbe Menschenschlag.

Sehen Sie, dass das Jonglieren mit Wörtern und Formulierungen zum Selbstzweck mitunter ins Psychopathologische hineinreicht? Es laufen eine Menge Wirrköpfe da draußen herum. Seit alle dank dem Internet alles öffentlich schreiben können, wird dieser Wahnsinn deutlich. Was die »Reichsbürger« betrifft, sind Behörden natürlich gehalten, Bürgern zu antworten – doch die »Reichsbürger« rauben deutschen Behörden eben unfassbar viel Zeit und zerren an den Nerven der Mitarbeiter dort. Das geht so weit, dass das Land Brandenburg das »Reichsbürger«-Handbuch sogar ins Netz stellt, also veröffentlicht, sodass es jeder »Reichsbürger« lesen kann. In dem Handbuch finden sich Hintergründe zur narzisstischen, paranoiden und zur Borderline-Persönlichkeitsstörung, zu Größenwahn und Verfolgungswahn, zum Umgang mit Beleidigungen und Vorwürfen und vieles andere mehr. Der Prototyp eines »Reichsbürgers« ist laut Keil »männlich, lebensälter, alleinstehend, sozial distanziert bzw. isoliert« und hat ein »schwaches Ich«. Indem er seine Ressourcen nahezu vollständig mit dem Thema »Reichsbürger« verschwendet, bleibt ihm keine Zeit mehr für soziales Leben, Familie und einen konstruktiven Weg, seinen Lebensunterhalt zu bestreiten. Verliert ein »Reichsbürger« seine Fahrerlaubnis, was laut Handbuch öfter mal geschieht, bastelt sich mancher selbst einen Führerschein des »Deutschen Reiches« oder kauft sich bei der »Exilregierung des Deutschen Reiches« für 50 Euro einen. Heute gibt es in Brandenburger Finanzämtern einen Notfallknopf für den Fall, dass einer dieser Irren auftaucht.

Nun mögen die »Reichsbürger« ein krasses Beispiel sein, da einige von ihnen auch vor Beleidigungen, Drohungen und Volksverhetzung nicht zurückschrecken. Aber so funktionieren eben sprunghafte Denker, die sich gerne reden hören, wenn wir es zu Ende denken. Wer so tickt, lässt sich von den wildesten Assoziationen ebenso lenken wie von falschen Schlüssen. Und wenn jemand so etwas formuliert, leiden andere darunter massiv. Keil schreibt: »Hauptproblem der Vielschreiberei bleibt aber die generelle Unsinnigkeit des Anliegens, die prinzipielle Unerfüllbarkeit der aufgestellten Forderungen und die damit verbundene Zeit- und Ressourcenverschwendung, die zur Blockierung der Behörden führt.« Die »Reichsbürger« und viele Internet-Trolle scheinen eine Extremform des wissenschaftlich-bürokratischen Denkers zu sein, der Wortwucht beeindruckend findet. Ich finde Wortwucht nicht beeindruckend. Ich finde klare, einfache Aussagen beeindruckend. Die Reaktion des Landes Brandenburg – und anderer Bundesländer – auf die »Reichsbürger« zeigt überdeutlich: Unklares Denken, zu viele Worte und damit mehr Worte als nötig, sich selbst gerne reden hören – all das verursacht riesige Schäden.

Der Irrglaube, es gehe um die Sache

Es klingt auf den ersten Blick vielleicht merkwürdig, aber es ist so: Es geht nicht um die Sache, die Sie sagen oder schreiben wollen. Es geht insge-

samt nicht um das, was wir zu sagen haben. Es geht darum, was ankommt – oder besser: was ankommen soll. Es geht nicht um die Sache, sondern um die Bedeutung der Sache. Genauer: Es geht um die Bedeutung, die die Sache für den Empfänger hat.

Das klingt zunächst einmal theoretisch, aber es erschließt sich durch ein einfaches Beispiel: Wenn Sie eine Wohnung »zu vermieten« haben, ist das die Sache aus Ihrer Sicht. Was Sie suchen, ist ein Mieter. Aus dessen Sicht bedeutet die Sache: Für ihn gibt es etwas »zu mieten«, nichts »zu vermieten«. Also ändern Sie das Wort, um aus seiner Sicht zu kommunizieren statt aus Ihrer – und Sie stellen so die Bedeutung der Sache aus Empfängersicht dar.

Oder stellen Sie sich ein Unternehmen vor, das ganz stolz auf eine App ist, die »24/7« verfügbar ist, also vierundzwanzig Stunden am Tag und sieben Tage die

Woche. Das ist die Sache. Für einen Anwender bedeutet die Sache allerdings nicht »24/7« oder »immer«, wie es für das Anbieterunternehmen wichtig ist. Der Kunde greift nicht dauerhaft auf eine App zu, sondern punktuell. Die Bedeutung für ihn ist daher »jederzeit« oder »wann immer Sie wollen«.

Sehen Sie den Unterschied? Als Absender denken wir, unsere Zahlen, Daten und Fakten seien relevant. Das sind sie natürlich auch – für uns. Wir sollten uns fragen: Welche Bedeutungen haben unsere Informationen für unsere Adressaten?

Vielleicht ist Ihnen das ja auch schon einmal aufgefallen, wenn Sie mit Vertretern der Anbieterunternehmen über Produkte sprechen: Wir hören eine Menge Fakten darüber, was *vor dem Kauf* passiert. Das Unternehmen hat fünf Millionen Euro investiert, drei Jahre entwickelt, und die Entwickler sind ein interdisziplinäres Team von elf Wissenschaftlern aus zwölf Ländern. Die haben hundert Meter Kabel verbaut. Alles interessant – aus deren Sicht. Nicht aus unserer! Uns als Kunden interessiert, was nach dem Kauf mit dem Produkt geschieht – also was wir damit anfangen können und was es uns bringt. Ein Zahnarzt bekommt niemals Kunden, wenn er mit dem wirbt, was er tut! Er sollte mit dem werben, was am Ende seiner Behandlung steht und was es für seine Patienten bedeutet. Es geht oft nicht um die Sache. Sondern eben um die Bedeutung der Sache.

Vielleicht kennen Sie Manfred Maus (* 1935). Das ist der Unternehmer, der die Baumarktkette OBI gegründet hat. Ein legendärer Spruch von ihm lautet: »Der Kunde will keinen Bohrer! Er will ein Loch in der Wand.« Sicher wollen manche Leute ein Bild aufhängen und andere ein Regal montieren, aber der gemeinsame Nenner all dieser Leute ist ein Loch. Das Loch ist der Nutzen des Bohrers, ob in Holz oder Beton oder wo auch immer. Empfängerorientiert zu kommunizieren, bedeutet zu begreifen: Nicht unsere vielen Fakten zum Produkt sind das Wichtige, sondern der Nutzen, den unser Produkt für unsere Kunden hat. Die Bedeutung. Was also ist das »Loch in der Wand« bei Ihren Produkten? Bei Ihrer Aussage? Also überlegen Sie nicht, was Sie zu sagen haben – sondern welche Bedeutung es hat.

Anspruch an Spezialisten: Nehmen Sie den externen Blick ein!

Besonders schwer tun sich mit diesem Perspektivenwechsel manche Spezialisten. Sofern Sie in einem Unternehmen arbeiten, dürften Sie eine Menge Spezialisten kennen. Vielleicht sind Sie ja selbst einer? Schließlich wird man Ihnen beim Vorstellungsgespräch kaum gesagt haben: »Ach wissen Sie, uns ist es egal, was Sie genau machen. Vielleicht machen Sie einfach irgendwie alles ein bisschen.« Sondern man wird Sie vermutlich per Arbeitsplatzbeschreibung auf eine Tätigkeit verpflichtet haben, für die Sie monatlich Ihr Gehalt oder Ihren Lohn bekommen.

Was meinen Sie, was geschieht, je länger Sie Ihren Job machen? Genau: Ihre selektive Wahrnehmung konzentriert sich mit der Zeit immer stärker auf das, was Sie tun, sodass Sie Ihre Arbeit und Ihre Art zu kommunizieren in wenigen Jahren für das Normalste der Welt halten. Mit einem Mal sprechen Sie von Ihrem »mobilen Endgerät« statt von Ihrem »Handy« oder von einer »Lichtzeichenanlage« statt von einer »Ampel«. Und auch wenn Sie innerhalb des Unternehmens oder auch nur innerhalb der Branche von einer Funktion zur nächsten wechseln, bleiben für Sie die Gedanken an Spezialkleber, Düngemittel oder die Quoten der »Morning-Show« Ihre tägliche Bestimmung. Ihr Fachgebiet ist der Mittelpunkt Ihrer Welt – je nach dem, was Sie tun. Und das, obwohl viele andere Menschen an Ihre Prioritäten keinen Gedanken verschwenden. Das ist ja auch klar: Die anderen denken ihrerseits täglich an Pommes frites und Burger, an hitzebe-

> ### Klartext-Tipp 19:
>
> **Achten Sie vor allem in Ihrem Spezialgebiet darauf, sich sorgfältig und verständlich auszudrücken. Setzen Sie bei Ihren Mitmenschen nicht Ihr Wissen voraus, sondern gehen Sie von deren Unwissen aus.**

ständiges Spezialglas oder an Steuerbescheide. Wir denken uns eben unsere Welt. Wir filtern unsere Gedanken und halten für normal, zu denken, was wir denken.

Fast alle Menschen haben ein Spezialgebiet: Kindererziehung, Obstbaumschnitt, Photovoltaik, Telefonanlagen, Ernährung, Versicherungen, Aktenablage, Rasenmäher, Skat, Medizin, Recht. Worin sind Sie Spezialist? Genau darin sollten Sie sich sehr umsichtig ausdrücken. Denn gerade hier besteht die Gefahr, dass Sie Ihr Wissen auch bei anderen voraussetzen.

Wissenschaftler wollen alles auf einmal sagen – und das »exakt«

Natürlich halten wir hohe Stücke auf die Wissenschaft – inhaltlich leistet sie Erstaunliches. Nur mit der Vermittlung scheint es immer wieder zu hapern. Wissenschaft verleitet uns zum Gelaber – zumindest im deutschsprachigen Raum.

Sätze wie »Die Dynamik von Populationen verschiedener Arten wird durch unterschiedliche meist nichtlineare Wechselwirkungen wie Fraß und Konkurrenz bestimmt« (aus einem Vorlesungsverzeichnis der TU Berlin) sind nun mal hölzern – durch das Passiv, wegen der Dominanz abstrakter Substantive und durch das zwanghafte Verlangen, möglichst viele Gedanken in einen einzigen Satz zu stopfen. Nur mit viel Recherche finden wir das Prädikat (»wird bestimmt«), und dessen zweiter Teil steht am Ende des Satzes. Das dauert zu lange! Wir müssen zu lange warten, bis sich die Aussage erschließt. Einfacher wäre es so: »Wechselwirkungen wie Fraß und Konkurrenz bestimmen die Dynamik von Populationen.« Wären die Arten nicht »verschieden«, hätten wir »Art« in der Einzahl; desgleichen kann das Wort »unterschiedliche« raus. Und dass nicht alle Wechselwirkungen nichtlinear sind, verdient ohnehin einen eigenen Gedanken, hat also Zeit bis zum nächsten Satz. Es geht also, wissenschaftliche Inhalte nicht nur präzise auszudrücken im Sinne einer Gleichung wie »$2 \cdot x = 4$«, sondern auch prägnant im Sinne einer Gleichung wie »$x = 2$«.

Dass Wissenschaft sprachlich immer wieder versagt, hat einfache Gründe:

- Wissenschaftler versuchen, in ihrer Sprache inhaltlich perfekt und exakt zu sein. Dadurch bilden sie Sätze und Wörter, die jeden, aber auch wirklich jeden Aspekt des Themas zu berücksichtigen versuchen – wodurch sie ihre Aussagen oftmals völlig mit Details überfrachten. Sinnvoller wäre es, den Kern einer Botschaft herauszuarbeiten – dann werden Wissenschaftsinhalte leichter verständlich und damit auch interessanter für Medien.

- Wissenschaftler lassen sich in ihrem zwanghaften Versuch, möglichst alles auf einmal zu sagen, zu Unmengen von Substantiven verleiten, die die Sprache spröde und bürokratisch machen: »Dabei kann es bei der Überschreitung kritischer Parameterwerte zu einer qualitativen Veränderung der Komplexität der Dynamik oder in räumlichen Systemen zu Strukturbildungsphänomenen kommen« (TU Berlin). Sinnvoller wäre es, aus Substantivmonstern versteckte Verben (Tätigkeiten) herauszuschälen: In dem Substantiv »Strukturbildungsphänomenen« steckt das Verb »bilden«, das heißt, irgendwo »bilden sich Strukturen«. Ganz einfach – und korrekt.

- Wissenschaftlern ist es oft nicht genug, zu sagen, was sie denken, sondern sie garnieren ihre Begriffe mit unnötig erläuterndem Beiwerk: »... sowohl die Naturwissenschaften mit ihren technischen Erfindungen als auch die

Geistes- und Sozialwissenschaften mit ihren Deutungsangeboten für die gesellschaftliche Selbstverständigung« (FU Berlin). Es sind Sätze, die keinerlei Recherche bedürfen, sie liefern nichts als Geplauder. Das großspurige Nichts an Sprache beginnt mit der überflüssigen Formulierung »sowohl ... als auch«, die sich durch ein einfaches »und« ersetzen lässt – und was Naturvon Geistes- und Sozialwissenschaften unterscheidet, sollte man an einer Uni schon als bekannt voraussetzen.

- Viele Wissenschaftler neigen dazu, sich überaus wichtig zu nehmen und sich mit ihrer Fachsprache gegen die Außenwelt abzuschotten – das heißt, sie machen sich oft nicht einmal die Mühe, ihre Worte verständlich zu formulieren: Obwohl das Wort »Magenschleimhautentzündung« eindeutig ist, quälen uns Mediziner mit dem Fremdwort »Gastritis«. Folge: Die Zielgruppe wird kleiner, weil weniger Menschen das Gesagte verstehen. Dabei verstehen auch Ärzte das Wort »Magenschleimhautentzündung«. Weshalb sollten sie es gegenüber Patienten – also Laien – dann nicht verwenden? Wenn es ihnen nicht einfällt: Warum nicht?
- Noch immer denken viele Wissenschaftler, eine möglichst ausschweifende Sprache zeuge von Klugheit. Das Gegenteil ist der Fall: Es ist nicht besonders klug, sich unklar auszudrücken.

Besonders schwer haben es Wissenschaftler mit dem Unterschied zwischen Sache und Bedeutung. Das ist auch klar, weil sie sich als sachlich denkende Menschen auf die Sache konzentrieren und die Bedeutung eher für eine Interpretation oder Meinung halten. Das ist prinzipiell auch gut so – nur den Blick über den Tellerrand sollten wir noch hinbekommen können. Wie beispielsweise würde ein klassischer Wissenschaftler im Berlin der Nachkriegszeit die Tuberkulose eindämmen? Richtig: durch Vorträge darüber, wer wann das Virus entdeckt hat, wie es sich überträgt, wie es unter dem Mikroskop aussieht, und durch zahlreiche andere irrelevante Informationen eben, die sich rein auf die Sache beziehen. Ein Praktiker würde den Leuten zeigen, wie man sich richtig die Hände wäscht und wie man professionell niest. Fast die gesamte Präventionspublizistik arbeitet so theoretisch – schauen Sie sich die einschlägigen Krankenkassenbroschüren einfach mal an und prüfen Sie, ob deren Absender die Sache oder die Bedeutung kommunizieren. Sehr sinnvoll wirken diese Ansätze oft nicht.

Ich weiß nicht, warum es so ist – aber was Ärzte betrifft, ist der Bedarf an Kommunikationsschulungen extrem hoch. Kennen Sie das, wenn Sie ein Arzt mit dem Worten beruhigen will, bei der bevorstehenden Operation handele es sich um einen »Routineeingriff«? Na danke! Aus Sicht des Arztes mag es eine Routine sein, aber beruhigt das den Patienten? Aus dessen Sicht ist es eben keine Routine, oder was glaubt der Arzt, wie oft lassen wir uns am Blinddarm operieren? Die Aussicht auf eine Routine-OP dürfte uns eher beunruhigen. Wenn der Arzt routiniert ist, gibt er sich dann etwa keine Mühe? Hier haben Sie ein wundervoll einfaches Beispiel dafür, dass auch höchst gebildete und fachlich tief spezialisierte, akademisch und intellektuell gebildete Menschen ihre liebe Mühe damit haben, ganz einfach die Perspektive eines Adressaten einzunehmen. Würden solche Mediziner die Bedeutung ihrer Gedanken aus Patientensicht beschreiben, würden sie sich vollkommen anders ausdrücken: Sie würden nicht von ihrer Erfahrung mit vielen Operationen auf die Patientenerfahrung schließen.

Klartext-Tipp 20:

Wenn Sie Wissenschaftler sind, sollten Sie natürlich die Sache präzise formulieren. Aber welche Bedeutung haben die Dinge, mit denen Sie sich befassen? Überlegen Sie, ob es möglicherweise Sinn hat, diese Bedeutung eigens zu formulieren.

Ich finde es schade, dass Wissenschaftler im deutschsprachigen Raum so unklar kommunizieren. Gerade weil Wissenschaft so spannend sein kann. Da fällt mir ein Buch in die Hände – »Sind die Menschenrechte westlich?« des Soziologen und Sozialphilosophen Hans Joas. Mich interessiert, was er zu sagen hat. Aber schon im Inhaltsverzeichnis zeigt sich, dass der Mann nicht aus seiner Haut kommt: »1948: kein westliches Oktroi« heißt sein fünftes von fünf Kapiteln. »Oktroi«! Im Inhaltsverzeichnis! Dort, wo Leser ein Bild davon bekommen wollen, worum es in einem Buch geht. Weiter hinten schreibt er dann ganz einfach und verständlich von der »Vorstellung«, die »Allgemeine Erklärung der Menschenrechte« hätten westliche Großmächte durchgesetzt, und dem sei nicht so. Inhaltlich relevant, spannend, interessant – aber leider schreckt mich die Kapitelüberschrift ab. Ist es wirklich nicht möglich, zu dem Gedanken eine gute Kapitelüberschrift zu finden? Wenn ich »Oktroi« lese, denke ich nicht: »Klar, das ist etwas Aufgezwungenes«, sondern ich denke: »Kann der Mann nicht normal mit mir reden?«

Oder nehmen wir den Dialog im »Philosophie-Magazin« Nr. 1/2016, in dem die Kriegsreporterin Carolin Emcke und der Politikwissenschaftler Herfried Münkler miteinander diskutieren. Inhaltlich ist das höchst spannend – sofern man zum Inhalt durchdringt. Dabei stört leider nur die Sprache. Die gewählten Worte sabotieren geradezu das Verständnis. Münkler sagt beispielsweise:

Wenn die Staaten es mit dem Polizei- und Justizapparat, der ohnehin
von den Europäern finanziert wird, nicht schaffen, Rechte zu
garantieren, müssen die Mittel dafür eben gestrichen werden.

Was soll diese sinnlose Schachtelsatz-Orgie aus Passivsätzen? Warum zwingt man uns dazu, etwas zu decodieren, was auch einfach sein könnte? Und »die Europäer«, wer ist das? Meint Münkler die EU, oder meint er auch die Schweiz und Norwegen? Was Münkler meint, ließe sich auch einfach sagen:

Wenn Polizei und Justiz keine Rechte garantieren, sollten die Staaten
die Mittel dafür streichen.

Das ist der Inhalt – ob sinnvoll oder nicht. Carolin Emcke formuliert:

Seitens Human Rights Watch gibt es die Forderung, statt sicherer
Herkunftsstaaten lieber unsichere Herkunftsstaaten zu definieren.

Was soll das? Sagt die Dame auch, seitens ihr gebe es einen Wunsch nach Kaffee? Nein, was sie sagen will, könnte sie auch einfach sagen:

Human Rights Watch fordert, unsichere statt sicherer Herkunfts-
staaten zu definieren.

Ob die Redakteure merken, dass sie Leser vertreiben? Was mich dann wirklich frappiert bei einem Magazin, das sich der Philosophie und somit der Intellektualität widmet, sind Fehler wie in der folgenden Passage von Carolin Emcke:

Und es fragt sich doch auch, ob es denn wirklich eine große,
originale Erzählung gibt oder geben kann?

Das »Philosophie-Magazin« setzt hier tatsächlich ein Fragezeichen – als sei diese indirekte Frage nicht ein Hauptsatz, an dessen Ende zwingend ein Punkt folgt. Ein Fehler, der sich in immer mehr Publikationen findet, auch in Publikationen des angeblichen Bildungsbürgertums. Was denke ich als Leser? Wenn sie dort schon so banale und glasklare Fehler machen, brauchen sie erst gar nicht so intellektuell zu tun. Die überhebliche Attitüde, die in der Sprache des »Philosophie-Magazins« zum Ausdruck kommt, bricht durch einen solchen Fehler zusammen zur reinen Peinlichkeit. Warum schreiben die nicht normal und vor allem richtig?

Die Sprache, die Wissenschaftler im deutschsprachigen Raum verwenden, ist so gut wie ungeeignet dazu, dem Rest der Welt etwas klarzumachen – so sehr ihre Fürsprecher auch das Exakte für »Klarheit« halten. Leider sprechen sie durch ihre Exaktheit noch lange keinen Klartext! Und das mag daran liegen, dass das Korrekte in der Wissenschaftswelt mehr zählt als die Verständlichkeit, und dass man sich sehr gerne mit selbstgefälligen Vokabeln schmückt. Warum aber sagen deutsche Wissenschaftler »Bereits diagnostizierte Krebserkrankungen«, und Amerikaner sagen das Gleiche mit den zwei Silben »cancer«? Vielleicht bleibt vielen deutschsprachigen Wissenschaftlern der Durchbruch deshalb verwehrt, weil es ihnen schlicht an der Kompetenz gebricht, sich klar auszudrücken?

Stellen Sie nach Jahren an der Uni Ihre Sprache auf »normal«

Als ich als freier Mitarbeiter einer Zeitung meine ersten Texte für den Kulturteil abgegeben habe, hat sie mir mein Ressortleiter um die Ohren gehauen. »Kommen Sie runter von Ihrem hohen Ross!«, hat er zu mir gesagt. »Wir versuchen hier, die Leute fürs Theater zu begeistern, und Sie kommen mit Ihrem abgehobenen Zeug! Es interessiert niemanden, was Sie im Semiotik-Seminar hören!« Und wissen Sie was? Ich bin dem Mann dankbar für diese Dusche. Ich habe damals verstanden, dass es nicht um die Sache geht, sondern um die Bedeutung der Sache. Oft denke ich: Wenn ich diese Lektion damals nicht erhalten hätte, wäre ich heute ein arroganter Taxifahrer, der seine Umwelt für ungebildet hält.

Ich musste tatsächlich umdenken, von einem Denksystem ins andere. Mein gewohntes Denksystem als Student war abgehoben, weltfremd, arrogant. Ganz nach dem Muster »Die größten Kritiker der Elche waren früher selber welche«, das ist mir bewusst. Dabei gab es schon an der Uni Zeichen genug: Wenn es am Institut für Publizistik im Fach Semiotik langatmig wurde – und es wurde meistens langatmig –, reichten die Studenten einander ihre mitgebrachten Zeitungen herum. Und seltsamerweise hieß es nie: »Pst! Gib mal die F.A.Z. rüber!«, sondern die Nachfrage war hoch nach »Bild«, »B.Z.« und »Kicker«.

Wie sieht es bei Ihnen aus? Langweilen und quälen Sie Ihre Umgebung mit einer Wissenschaftssprache, die an irrelevanten Stellen präzise ist und an keiner Stelle prägnant? Akademiker haben mitunter ein großes Problem, wenn sie die Sprache des Wissenschaftsbetriebes beibehalten. Im Arbeitsleben sind Menschen nahezu aufgeschmissen, wenn sie das perfektionistische Denken und Sprechen eines Akademikers an den Tag legen. Denn im Berufsalltag sind klare und unmittelbar verständliche Aussagen gefragt, es geht mehr um schnelle Reaktionen, direktes Handeln und Pragmatismus als um Diskurse und Erwägungen über das Korrekte und Exakte. Sind Sie infiziert? Testen Sie selbst:

- Befassen Sie sich mit Details so genau, bis sie vollkommen analysiert sind, auch wenn es nicht um die Details geht? Ist Ihre Auseinandersetzung damit so präzise, dass sie außer den Experten kaum jemand versteht? Neigen Sie aus Gründen der Perfektion zu einer alles erschöpfenden Sprache, die sämtliche Eventualitäten berücksichtigt und nicht ohne Fachbegriffe auskommt? Dann reduzieren Sie Ihre Zielgruppe auf Gleichgesinnte. Mein Vorschlag: Erkennen Sie an, dass sich »Verständlichkeit« und »Präzision« zueinander oft komplementär verhalten. Je verständlicher Sie sein wollen, desto mehr Zugeständnisse sollten Sie hinsichtlich der Präzision machen. Kommen Sie also weg vom Perfektionismus und erkennen Sie an, dass der Kern des Wesentlichen nur selten in der Korrektheit von Kleinigkeiten steckt.
- Betrachten Sie Dinge auf eine so allgemeine Weise in ihrem Kontext, dass Sie sich zu vollkommen beliebigen Beschreibungen hinreißen lassen? Auch das ist Pech: Ihren Ausführungen werden ebenfalls nur wenige Menschen folgen. Mein Vorschlag: Kanalisieren Sie Ihre Gedanken. Erkennen Sie, was in Ihrer augenblicklichen Situation wichtig und gefragt ist – und dann versuchen Sie, geradeheraus und ohne allzu viele Kurven im Kopf zu denken und zu sprechen.

In allen unseren Äußerungen hundertprozentig korrekt und präzise zu sein, ist ohnehin unrealistisch: Selbst um den Satz »Die Sonne scheint« korrekt zu machen, müssten Sie alle Orte ausschließen, an denen sie nicht scheint. Dabei ist es völlig klar, was Sie sagen – die totale Präzision ist gar nicht nötig. Sie stört sogar. Der Satz »Die Sonne scheint« erzeugt ganz einfach ein Bild. Auch wenn Sie Ihrem Schatz am Telefon sagen: »Es regnet«, wäre es unnütz, korrekt zu betonen, dass es das im Augenblick und bei Ihnen tut. In der Praxis machen selbst die größten Präzisionsfetischisten Zugeständnisse an die Verständlichkeit: Auch Wissenschaftler finden sich mit der Aussage »Es ist halb elf« ab, obwohl es 22 Uhr 29 und 57 Sekunden ist. Und wenn sie einen Lack für ihr neues Auto auswählen, kommen sie prima ohne die CMYK-Daten klar, um die Farbe »exakt« zu definieren. Auch Perfektionisten leben mit dem Ungenauen, sie geben es nur ungern zu.

Klartext-Tipp 21:

Unterscheiden Sie zwischen Präzision und Prägnanz: Präzision ist zwar korrekt, oft aber so kompliziert und detailliert, dass Sie Reichweite verlieren. Prägnanz bedeutet, dass Ihre Worte eingängig und klar sind. Sie müssen deswegen noch lange nicht unpräzise sein.

Um den heißen Brei herumreden

Was ebenfalls nicht unbedingt klar und prägnant ist: wenn jemand um den heißen Brei herumredet. Wer um den heißen Brei herumredet, drückt sich vor dem Kern seiner Gedanken oder kennt ihn nicht. Oft auch sprechen Menschen mit Absicht um den heißen Brei herum, weil sie etwas verbergen wollen:

Journalist: *Ihre Partei steht mies da. Was haben Sie falsch gemacht?*

Politiker: *Niemand ist fehlerlos. Insgesamt sind wir gut aufgestellt.*

Tja, die Öffentlichkeit hätte so gerne eine klare Antwort – doch der Politiker relativiert mit Verweis auf die anderen erst mal die miese Situation (»Niemand ist fehlerlos«) und behauptet das Gegenteil (»Insgesamt sind wir gut aufgestellt«). Denkt er, die Menschen merken nicht, was er da für eine Rhetorik betreibt? Wie glücklich wären wir über Politiker, die die Dinge beim Namen nennen – sie könnten das Interesse der Menschen an der Politik wieder zum Leben erwecken. Möglicherweise kennt der um den heißen Brei herumredende Politiker ja die Gründe, warum seine Partei mies dasteht: Kurzsicht, Plan- und Ziellosigkeit – das übliche Elend der Politik. Auch die Unfähigkeit und der Unwille zu klaren Worten sorgen für Verdruss im Volk. Druckst ein Politiker herum und verschleiert er die Wahrheit, wird sich die Öffentlichkeit ihr eigenes Bild machen und dabei den schlechtesten Fall vermuten: den vorsätzlichen Versuch, die Menschen zu manipulieren.

Wir sind Phrasen von Politik und Medien gewohnt

»Zunächst einmal bleibt festzuhalten«, »Wir können nicht ausschließen«, »Grundsatzpapiere erörtern«, »konstruktive Gespräche«, »rückhaltlose Aufklärung«, »Gegenfinanzierung«: Das ist das Geschwafel, das Politiker Journalisten ins Mikrofon sprechen und in den Block diktieren, und durch das weder Politiker noch Journalisten ein besonders gutes Image haben in der Bevölkerung – beide Berufe sind ähnlich unbeliebt. Laut meedia.de stand der Journalismus im Jahr 2014 auf Platz vier der am wenigsten vertrauenswürdigen Berufe in Deutschland. Bei den immer wiederkehrenden Umfragen geht es tatsächlich um Vertrauen, also um einen sehr hohen Wert: Glauben wir den Vertretern dieses Berufes, was sie sagen?

Sicher ist der Begriff »Lügenpresse« mindestens unscharf – gerade weil die von den Nationalsozialisten als »Lügenpresse« bezeichneten Medien wie die BBC im Zweiten Weltkrieg durchaus eher die Wahrheit sagten als der »Völkische Beobachter« und »Der Angriff«. Doch der Leser fühlt sich nun einmal für dumm verkauft, wenn er bei »tagesschau.de« liest, in einigen Bundesländern habe es sich bei den sexuellen Übergriffen Silvester 2015/2016 »nur« um Einzelfälle gehandelt. Warum »nur«? Es waren Einzelfälle, gut. Aber wieso muss ein öffentlich-rechtliches Medium eine Sache kleinreden?

> *Klartext-Tipp 22:*
>
> **Übernehmen Sie nicht die aufgeblasene und verknotete Sprache von Politikern und Medien. Diese Sprache ist einer der wichtigsten Gründe dafür, dass die Menschen Politikern und Journalisten nicht mehr vertrauen. Mit ihrer Sprache verschleiern und manipulieren Politiker und Medien oft mehr, als sie an Substanziellem sagen.**

Wenn Sie »eine Suppe essen«, essen Sie eine Suppe – fertig. Sagt oder schreibt jemand, Sie essen »nur« eine Suppe, dann ist das Tendenz. Es ist eine Bewertung – jemand redet Ihre Suppe klein. Was soll das? Mit Tendenzvokabeln können wir alles größer oder kleiner machen: Es ist »schon« oder »erst« fünf Uhr, je nach Sicht. Fakt aber ist: Es ist fünf Uhr. Und wer »nur Einzelfälle« schreibt, will die Einzelfälle herunterspielen. Das ist dann kein Journalismus, sondern Propaganda. Das »nur« ist auch keine Einordnung, wie ein Kommentator in meinem Blog schrieb – die Einordnung liefert bereits die Bewertung »Einzelfälle«. Journalismus gibt den Menschen die Chance, sich selbst eine Meinung zu bilden – genau das ist auch seine Aufgabe im freiheitlich-demokratischen Pluralismus. Propaganda dagegen bildet eine vorgegebene Meinung subtil in den Köpfen der Leute.

Mich wundert es nicht, wenn immer mehr Leute den etablierten Medien den Rücken kehren. Was mich wundert: Warum vertreiben Journalisten ihr Publikum? Die Leute sind ja nicht dumm; sie merken, dass man sie zu manipulieren versucht. Ganz offenkundig will eine bestimmte Art von Journalist nicht berichten, sondern intrigieren – wir haben es mit handwerklichem Versagen zu tun. Was an Sabotage grenzt, wenn ein Medium von Verkaufszahlen und Auflage oder Quote lebt.

Woran liegt es, dass sich so viele Medien ihr eigenes Grab schaufeln, indem sie die Leute von sich wegschreiben und wegsenden? Ich vermute: am mangelhaften Handwerk der Sprache, an Ungenauigkeiten und an der Arroganz zu denken, die Leute würden all das nicht merken.

Verwendet vor diesem Hintergrund ein Politiker den Begriff »vertrauensbildende Maßnahmen« und bringt ein Medium das als Zitat, dann wissen die Menschen schon, dass da jemand ein Gefühl des Vertrauens inszenieren will. Für wahres Vertrauen besteht offenbar kein Anlass. Müsste man das Vertrauen sonst erst »bilden«, und das durch »Maßnahmen«? Wahres Vertrauen wächst in meinen Augen durch kontinuierliche Glaubwürdigkeit und lässt sich nicht mal eben herbeizaubern, nur weil ein Politiker das will. Begriffe wie »vertrauensbildende Maßnahmen« beleidigen das Volk geradezu, weil sie den Eindruck erwecken, die Menschen ließen sich durch die Simulation so wichtiger Dinge wie Vertrauen an der Nase herumführen. Und in Politik und Medien wundert man sich allen Ernstes über den Verdruss an Politik und Medien? Ganz ehrlich: Ich finde diese Naivität einigermaßen putzig.

Um zu verstehen, warum Politiker so sprechen, wie sie sprechen, schauen wir ihr Hauptmotiv an: Sie wollen wiedergewählt werden. Deswegen ...

- bleiben Politiker diffus: Mit möglichst schwammiger Sprache können sie zumindest den Anschein erwecken, es möglichst vielen Menschen recht zu machen.
- treiben sie die Dinge wenigstens sprachlich auf die Spitze, wenn es ihnen schon inhaltlich nicht gelingt: Mit Übertreibungen versuchen Politiker, ihren aussageschwachen Worten Nachdruck zu verleihen.

Doch ich frage Sie: Welche Politiker wünschen Sie sich? Leute, die es allen recht machen – oder Menschen mit Format, die sich zu ihren Meinungen bekennen? Wenn Sie in der Politik positiv auffallen wollen, wäre mein Rat: Vergessen Sie die »Sprachregelungen« der üblichen PR-Berater und Zeremonienmeister – und seien Sie Sie selbst. Die Menschen wollen keine glattgeschliffenen Phrasendrescher, sondern Politiker mit Rückgrat. Die Menschen wollen Politiker, die sagen, was sie denken.

Populismus?

Übrigens ist interessant: Kaum unterlässt ein Politiker das Wischiwaschi und bringt konkrete Ansinnen vieler Menschen auf den Punkt, hagelt es den Vorwurf des »Populismus«. Bei diesem Wort schwebt etwas Niederes und Unethisches mit, weil es angeblich anrüchig ist, sich auf die Ebene des Volkes zu begeben – das lateinische Wort »populus« heißt nichts anderes als »Volk«. Und das Volk will wissen, woran es ist, gerade in einer offenen, demokratischen und pluralistischen Gesellschaft. Für die Willensbildung in einer solchen Gesellschaft ist das freie Denken Voraussetzung. Daher müsste jede Art von Manipulation in den Medien ein Fall für den Verfassungsschutz sein, weil diese totalitären Tendenzen Informationen unterdrücken, die für die Meinungsbildung wichtig sind, und so die freiheitlich-demokratische Grundordnung gefährden.

Die meisten guten Rhetoriker in der Politik wollten es nicht allen recht machen. Sie waren Spalter. Willy Brandt (1913–1992), Helmut Schmidt (1918–2015), Franz Josef Strauß (1915–1988) und Herbert Wehner (1906–1990) waren Freunde klarer Worte. So unterschiedlich sie waren – sie hatten klare Ziele und Werte. Es waren kernige Menschen mit kernigen Thesen. Menschen, an denen man sich reiben und für die man sich begeistern konnte.

All das ist lange her. Heute dagegen, wo es trotz unserer Meinungsfreiheit als anrüchig gilt, kontroverse Meinungen zu vertreten, herrscht das Integrative: Der klassische Politiker von heute will es allen recht machen, um im Spiel zu bleiben, und weite Teile der Presse drohen mit der Populismus-Keule. Das hat Folgen für die Sprache der Politik: Sie wird beliebig. Dabei trifft der Populismus-Vorwurf möglicherweise auf die Weichspüler unter den Politikern eher zu als auf einzelne Spalter, die wenigstens sagen, was sie denken: Reden nicht gerade die Wischiwaschi-Politiker den Wählern nach dem Munde, indem sie es mit ihren unklaren Worten jedem recht machen?

Die Sprache heutiger Journalisten ist so abstrakt und bizarr geworden, dass mich der Gedanke mit Grauen erfüllt, mit welcher Sprache diese Leute wohl ihre Freizeit verbringen. Sagen diese Leute in privatem Rahmen auch: »Paul ist zur Stunde noch im Schulbereich«? Oder hört man nach Feierabend: »Ich würde nach ersten bilateralen Gesprächen über die hitzigen Debatten beim Elternabend und den Eklat vor Ort gerne einmal mehr Skat spielen«?

Warum plappern Journalisten Politikergeschwätz nach?

Dass die Mehrzahl der Journalisten das Politiker-Geplapper eins zu eins übernimmt, ist eigentlich merkwürdig – versteht sich der Beruf des Journalisten doch als der, der Informationen vor der Freigabe erst einmal prüft. Doch kaum läuft etwas über eine Agentur oder kommt von einer Pressestelle, plappern die Presseleute es nach. Viele Medien multiplizieren damit nicht nur handfeste Lügen, sondern auch gruseligste Sprache. »Linke Gruppierungen lieferten sich heftige Auseinandersetzungen mit Sicherheitskräften der Polizei« – was soll der Bombast? Linke prügelten sich mit Polizisten! Und was sind »Gruppierungen« anderes als »Gruppen«? Sich »heftige Auseinandersetzungen liefern« ist eine so dermaßen abstrakt distanzierte Formulierung mit sinnlosem Plural, dass sie uns kaum ins Geschehen zieht. Wo klare Bilder nicht gewollt sind, ist die Sprache entsprechend abstrakt.

Und so halten wir es für normal, dass Journalisten von der »US-Administration« faseln statt von der »US-Regierung«, obwohl das Fremdwort »Administration« im Deutschen »Verwaltung« heißt. Immer wieder »kommt es« zu einem Erdbeben, statt dass die Erde bebt – als käme es auch zu einer Geburtstagsparty.

Manche Journalisten erwidern auf die Kritik: »Ist doch egal, das merkt doch keiner, es reden doch alle so!«

Und in dieser Ignoranz labern sie von »Geldern« und »finanziellen Mitteln« statt von »Geld«. Sie faseln von »neuerlichen Verhandlungen«, statt von der »nächsten Verhandlung« zu sprechen. Sitzen Politiker während der Sendezeit einer Nachrichtensendung im Ministerium zusammen, so nennen Journalisten das »zur Stunde« statt »jetzt«. Zu Weihnachten und Ostern übersetzen Journalisten das lateinische Wort »orbis« aus dem päpstlichen Segen »urbi et orbi« antiquiert mit »Erdkreis« – obwohl »orbis« einfach »Welt« heißt und genau die »Welt« auch meint. Und schaltet die Regie zurück ins Studio, bedankt sich der Moderator beim Korrespondenten »für den Moment« statt für die Informationen. Der Korrespondent ist natürlich »vor Ort«, statt einfach nur am Tatort, beim Hotel, vor dem Kongresssaal oder im Kampfgebiet. Was für ein Krampf das alles.

Auch in der Berichterstattung aus der Region tönt es wichtigtuerisch aus dem Radio, jemand sei »am helllichten Tag« und »auf offener Straße« erschossen worden – als sei es ein schönerer Tod, nachts im Hinterhof zu verbluten.

Klartext-Tipp 23:

Kennen Sie das Phänomen, dass Menschen glauben, was geschrieben steht? Ein seltsamer Denkfehler. Gerade bei Medien ist in jüngster Zeit immer mehr Vorsicht geboten. Misstrauen Sie Medien in gesundem Maß?

Es heißt plötzlich nicht mehr, dass der Minister etwas »sagte«, sondern nach seinem Zitat folgt »so der Minister«, obwohl »so« kein Verb der Lautäußerung ist und die Wendung in der Sprache normaler Menschen nicht existiert. Flugzeuge stürzen nicht ab, sondern »Flugzeugabstürze ereignen sich«. Journalisten warnen im Zusammenhang mit einer neuen Software vor »möglichen Risiken« statt einfach nur vor einem »Risiko« – als sei der Gedanke der Möglichkeit nicht bereits im Wort »Risiko« enthalten, und als bräuchten wir die Mehrzahl. Und so, wie wir von »ersten Gesprächen« hören, obwohl es bestenfalls »das« erste Gespräch gibt, hagelt es »erste Stellungnahmen«, »erste Anläufe«, »erste Versuche« und »erste Probeabstimmungen«, »erste telefonische Hinweise« und »erste Annäherungen«. Dann faseln Wichtigtuer davon, was »in einem zweiten Schritt« geschieht und was »ein letztes Gespräch« ergibt. Wer soll diesen Journalismus ernstnehmen?

Und um zu verstehen, warum Journalisten so sprechen und schreiben, wie sie sprechen und schreiben, schauen wir die Gründe dafür an:

- Oft bekommen sie von Politikern keine anderen O-Töne als die verschwurbelten. Also bringen Journalisten, was sie haben. Kaum ein Journalist hat den Mut, das Geschwätz eines Politikers als Geschwätz zu entlarven. Stattdessen übernehmen Journalisten immer mehr die Sprache von Politikern – sie hören das Gerede so oft, bis sie es für normal halten.
- Viele Journalisten wollen sich selbst etwas Weihevolles geben, indem sie sich wie Politiker und Behörden ausdrücken. Juristisch klingt eben oft wichtig.
- Manche Medienleute wollen keinen Journalismus machen, sondern Propaganda. Dabei dürfen wir von Absicht ausgehen, weil Kommunikationsprofis bei jedem Wort wissen, was sie tun.
- Viele Formulierungen sind so eingeschliffen, dass sie niemand mehr hinterfragt – wie beim »erhöhten Verkehrsaufkommen«. Dabei sind einfach nur mehr Fahrzeuge unterwegs als sonst.

Schreiben und sagen nun Journalisten all den Quatsch, lesen und hören ihn die Menschen – Politiker und Normalbürger, Manager, Sportler und Künstler –, und so erzählt dann eben auch einmal ein Fußballspieler von »ersten Gesprächen«, obwohl es nicht mehrere »erste Gespräche« gibt, und Unternehmensvertreter faseln von »Maßnahmenpaketen« und »Eckpunkten«, die sie »festklopfen«. An dieser Schwachsinnsspirale der Sprache schrauben alle mit. Das Wischiwaschi-Deutsch dringt über die Medien zu uns, und wir hören immer wieder so viel davon, dass auch wir als Leser, Hörer und Zuschauer mit der Zeit nichtssagende Äußerungen wie »auf dem Prüfstand stehen« für normal halten und vielleicht selbst verwenden – wenn wir beim Elternabend oder beim Verein eine Rede halten.

Die Unart, andere zu manipulieren

Nicht nur Politiker und Journalisten manipulieren uns. Auch Kollegen und Geschäftspartner meiden mitunter den Kern der Wahrheit, um Klarheit zu verhindern. Ein paar Ausreden, in denen Menschen etwas anderes sagen, als Sache ist:

- Der Spruch »Dafür haben wir keine Zeit« ist fast immer gelogen und bedeutet oft: »Das ist nicht wichtig«. Denn für wichtige Dinge nehmen sich Menschen und Organisationen in aller Regel Zeit.
- Der Spruch »Dafür haben wir kein Geld« ist sehr oft gelogen und bedeutet häufig ebenfalls: »Das ist nicht wichtig«. Die anderen Dinge, für die Menschen und Organisationen ihr Geld ausgeben, sind offenkundig wichtiger.
- Der Spruch »Es könnte sein, dass wir im Rahmen der Restrukturierung neu über Ihr Aufgabengebiet sprechen müssen« streift den Kern der Wahrheit lediglich und bedeutet oft nur: »Raus mit Ihnen«. Was die Schönfärber oft nicht zu wissen scheinen: Die Absicht, es jemandem schonend beizubringen, wirkt oft schlimmer als klare Worte. Wenn der Betroffene Sie beim Wort nimmt und sich falsche Hoffnungen macht, verliert er wertvolle Zeit bei der Neuorientierung – und Sie kostet der scheinbar höfliche Verzicht auf Ehrlichkeit eine Menge Energie und viele Worte.
- Der Spruch »Das sind gewachsene Strukturen« heißt meist simpel: »Das haben wir noch nie« oder »schon immer so gemacht«. Das ist in der Sache zwar oft richtig, ist aber wenig relevant – denn selten spricht etwas dagegen, etwas Neues zu machen. Die Aussage dahinter ist meist: »Davor haben wir Angst«, oder »Dafür sind wir zu faul«.

Klartext-Tipp 24:

Vorsicht vor Manipulationstechniken wie der »Sandwich-Technik«: Ihre Mitmenschen erkennen darin nicht nur den Versuch der Einseife, sondern Sie schaden damit auch konkret dem gegenseitigen Vertrauen. Besser ist eine Vereinbarung: Ehrlichkeit gegen Ehrlichkeit.

Auch manche Rhetorikangebote fordern uns auf, um den heißen Brei herumzureden und die Menschen zu belügen. Ein Klassiker einer solchen Klartext-Vermeidungsstrategie ist die »Sandwich-Taktik«. Dabei geht es um die bewusste Reihenfolge angenehmer und unangenehmer Impulse bei der Beeinflussung von Menschen. Die Sandwich-Taktik – erst Zuckerbrot, dann Peitsche, dann wieder Zuckerbrot – macht die Peitsche angeblich verdaulicher, hinterlässt in der Praxis aber bei vielen Menschen ein schales Gefühl: Wir denken, unser Gegenüber meine etwas anderes, als es sagt. Wer nicht vollkommen stumpf ist, spürt diese Diskrepanz und erkennt den Manipulationsversuch.

Zudem sind derlei Tricks in der Arbeitnehmerwelt inzwischen so bekannt, dass Menschen es merken, wenn wir sie auf solche Weise zu manipulieren versuchen. Die Sandwich-Technik ist ein typisches Symptom für Rhetorik-Seminare, aus denen Mitarbeiter wiederkommen und die Kollegen mit einem Mal fragen: »Will der mich mit seiner Taktik einwickeln?«

Sprunghaftes Denken und Egozentrik

Es gibt auch Leute, die nichts zu verbergen haben und trotzdem nicht zum Punkt kommen. Viele Menschen sind unfähig, den Kern eines Gedankens zu isolieren. Anders als die Taktierer, die absichtsvoll um den heißen Brei herumreden, können wir ihnen keine böse Absicht unterstellen. Die häufigsten Störungen dieser Art sind das sprunghafte Denken und die Egozentrik.

Unter sprunghaftem Denken leiden oft hochintelligente Menschen, die zu viel auf einmal denken und dadurch ihre Gedanken nicht sortiert bekommen. Es gelingt ihnen nicht, den Kern ihrer Botschaft zu formulieren, weil ihr sprunghaftes Gehirn ständig Nebenaspekte aufpoppen lässt, die sie ablenken. Sprunghafte Menschen können kaum bei einem Gedanken bleiben. Sie springen von Assoziation zu Assoziation. Stets kämpfen Gedanken gegeneinander um die höchste Priorität. Mitten in diesem Kampf steht der bemitleidenswerte Mensch mit seinem überforderten Gehirn, das nur noch unter Ächzen zwischen »wichtig« und »unwichtig« unterscheidet: Dem Betroffenen gelingt es nicht, seine Gedanken zu bewerten und ihnen Prioritäten zuzuordnen. Aus einem Wust irgendwie zusammenhängender Informationen dringt dann meist jener Gedanke nach außen, den der assoziationsgesteuerte Mensch gerade auf dem Schirm hat – ungeachtet dessen, wie wichtig er ist und was die Außenwelt erwartet oder fragt. Der sprunghafte Mensch erachtet dabei oft den jeweils zuletzt gehörten oder gedachten Gedanken als den richtigen und wichtigsten. Das Gehirn stellt die verrücktesten Verbindungen zwischen Nervenzellen her und spuckt ohne zu prüfen aus, was sich so ergibt:

Jürgen: *Wo sind denn die Trennstreifen?*
Sabrina: *Ich habe letzte Woche welche gekauft!*

Sabrina geht nicht auf die Frage ein, sondern reagiert affektiv auf einen Impuls. Dieser Impuls verbirgt sich in einem Schlagwort – ohne dass Jürgen den Impuls in dem Schlagwort untergebracht hätte. Aus seiner Frage hört Sabrina »Trennstreifen« und die Tatsache heraus, dass jemand sie sucht. Statt richtig hinzuhören und die simple Frage nach dem Ort zu verstehen, wo die Trennstreifen sind, beginnt in Sabrinas Gehirn eine Gedankenkaskade, die eine wirre Assoziation nach der anderen konstruiert:

1. Jürgen fragt: Wo sind die Trennstreifen?
2. Das bedeutet: Es sind keine Trennstreifen da!
3. Obwohl ich vorige Woche welche besorgt habe!
4. Da kann etwas nicht stimmen!
5. Warum unterstellt mir Jürgen, ich hätte keine Trennstreifen gekauft?
6. Frechheit!

Jürgen hat gar nichts unterstellt – aber weil Sabrina ihre Assoziationen nicht im Griff hat, reagiert sie wie auf einen Angriff. Den gibt es aber nicht: Jürgen wollte lediglich wissen, wo die Trennstreifen sind. Er hat Sabrina mit keiner Silbe vorgeworfen, sie hätte keine gekauft. Der Stress entstand ausschließlich in Sabrinas Kopf. Die Folge: Jürgen erhält keine sinnvolle Antwort, weil Sabrina nicht den Punkt trifft. Sie thematisiert einen der zahlreichen möglichen Nebenaspekte – in diesem Fall einen Vorwurf. Falsch, weil es keinen Vorwurf gab.

Während der Sprunghaft-Denker unter einer Vielzahl von Informationen leidet und einzelne Informationen nur schwer kanalisiert, hat der Egozentriker nur seine Sicht der Dinge im Kopf. Er trägt Scheuklappen, ist zur Wahrnehmung fremder Belange und Perspektiven unfähig oder unwillig und stellt seine Bedürfnisse über die Bedürfnisse anderer:

Klartext-Tipp 25:

Dem sprunghaften Denken beugen Sie vor, indem Sie immer wieder üben, sich auf einzelne Gedanken zu konzentrieren. Trennen Sie die Bedeutung von der Sache. Wenn das Telefon klingelt, klingelt zunächst einmal nur das Telefon. Was das bedeutet, sehen Sie danach. Es kann bedeuten, dass Sie rangehen sollten.

Lisa: *Ich hatte dich doch gebeten, mir die Unterlagen zu schicken.*

Bernd: *Ja, das habe ich nicht mehr geschafft, ich habe derzeit so viel zu tun.*

Mitdenken ist nicht Bernds Sache. Er könnte auf den Vorwurf reagieren und sagen, dass er es vergessen hat und die Unterlagen sofort schickt. Stattdessen argumentiert er ohne schlechtes Gewissen aus seiner Sicht und bewertet seine Belange höher als Lisas: Er tut erst, was für ihn wichtig ist, und dann geht er möglicherweise auf die Bedürfnisse anderer ein. Bernd stellt nicht einmal in Aussicht, sein Versäumnis nachzuholen, und er bittet auch nicht um Entschuldigung. Es ist ihm egal, ob die Arbeit der anderen in Verzug gerät – sie ist ihm ja nicht wichtig. Verliert er wegen seines Verhaltens irgendwann den Job, versteht er das nicht und ist felsenfest davon überzeugt, dass man ihn ungerecht behandelt.

Während Sprunghaft-Denker eher in weit verzweigten Strukturen denken, haben Egozentriker einen starren Tunnelblick und denken linear und zielstrebig. Es sind zwei sehr unterschiedliche Typen, die um den Kern von Dingen herumreden.

Mitunter begegnen wir auch Mischungen aus Sprunghaft-Denkern und Egozentrikern: Menschen, die ihre Belange über die Belange anderer stellen, zum Perspektivenwechsel unfähig sind und sich zugleich sehr leicht von Nebenaspekten ablenken lassen. In der Zusammenarbeit mit solchen Menschen ist das Chaos nahezu unumgänglich. Egozentrische Sprunghaftdenker neigen beispielsweise zu eigenmächtigen Fehlentscheidungen aufgrund von Interpretationen. Sobald sie eine für sie neue und scheinbar richtige Information bekommen, stellen sie mitunter die Arbeit ohne Rücksprache ein – egal, was besprochen ist:

Klartext-Tipp 26:

Sagt jemand: »Ich habe gedacht«, hat er meistens nicht gedacht. Der Satz »Ich habe gedacht« ist eine der häufigsten Unwahrheiten. Hören Sie diesen Satz, sollten Sie prüfen: Haben Sie es mit sprunghaftem Denken oder Egozentrik zu tun?

Sina: *Du hattest doch gesagt, dass du bis heute den Abschlussbericht machst. Warum ist der jetzt nicht da?*

. Kai: *Ich habe gedacht, wir brauchen den doch erst, wenn das Jahr um ist. Es sind doch noch Buchungen offen.*

Sina: *Falsch gedacht. Wir brauchen ihn jetzt als vorläufigen Abschlussbericht. Außerdem hast du per E-Mail an alle angekündigt, dass du den Bericht heute vorlegst. Also was ist jetzt?*

Kai: *Das hättest du mir sagen müssen, dass wir den brauchen.*

Sina: *Nein. Bei Zweifeln hättest du nachfragen müssen. Du hattest mir gesagt, dass du den Bericht machst, und darauf muss ich mich verlassen können.*

Obwohl Kai zugesagt hat, was er tun wird, hält er sich nicht daran. Er »dachte« etwas und zog daraus einen Schluss. Doch der war leider falsch und hatte ein Versäumnis zur Folge. Auch Denken ist eben nicht jedermanns Sache.

Keine Paraphrasen!

Nicht sagen, was man sagen will – das ist ein Kardinalfehler in der Kommunikation. Dennoch predigen manche Rhetorikschulen sogar eine regelrechte Technik, um mit voller Absicht um den heißen Brei herumzureden: das Paraphrasieren. Kennen Sie das? Das Wort »paraphrasieren« kommt aus dem Griechischen und heißt »umschreiben«: Wir formulieren etwas mit anderen Worten, was eigentlich klar ist und keiner weiteren Erläuterung bedarf. Manche Rhetoriktrainer schlagen ihren Kunden nun vor, einfach in anderen Worten zu wiederholen, was Ihr Gegenüber ihnen sagt – ein Nachäffen mit anderen Formulierungen. Angeblicher Nutzen: Ihr Gegenüber hat das Gefühl, dass Sie ihm zuhören. Lustig, nicht? Laute der Zustimmung wie »Ähem« und »Hm« und »Ah ja« sind dabei die akustische Requisite zur Bestätigung des Irrglaubens, wir gingen auf den anderen ein.

Da sitzen Sie also jemandem gegenüber und versuchen, ihm Ihre Gedanken nahezubringen. Da Ihnen wichtig ist, was Sie sagen, prüfen Sie an den Worten und der Körpersprache Ihres Gegenübers, ob es Ihnen zuhört oder nicht – und wenn ja, ob es be-

> **Klartext-Tipp 27:**
>
> **Lassen Sie das Paraphrasieren bleiben. Damit zeigen Sie nicht, dass Sie jemandem zuhören. Im Gegenteil: Sie demonstrieren, dass Sie ihn nicht für voll nehmen. Er fühlt sich für dumm verkauft.**

greift, was Sie sagen. Wie kommen Sie sich wohl vor, wenn der Mensch Ihnen gegenüber einfach nur in anderen Worten Ihre Gedanken nachplappert?

Sandra: *Was Sie zuletzt gesagt haben, stimmt so nicht.*

Holger: *Okay. Sie meinen, meine Ausführungen entsprächen nicht der Realität?*

Sandra: *Genau. Zu Goethes Zeiten war die Eisenbahn noch nicht erfunden, daher wird er seine Italienreisen kaum mit dem Zug gemacht haben.*

Holger: *Ähem. Sie denken, Goethe ist nicht mit der Bahn gefahren?*

Sandra: *Natürlich nicht. Es gab zu seiner Zeit keine Bahnhöfe und keine Eisenbahn.*

Holger: *Gut. Zu Goethes Zeit gab es also keine Bahnhöfe?*

Sandra: *Warum plappern Sie mir eigentlich ständig alles nach? Könnten Sie das mal lassen, bitte?*

Dieser Mix aus Paraphrasen und Zustimmungslauten ist einer der durchsichtigsten Taschenspielertricks üblicher Rhetorikkurse. Sandra hat nicht das Gefühl, dass Holger auf sie eingeht – denn Holger paraphrasiert. Sein Zustimmungssignal »Okay« ist gelogen. Wie Sie vielleicht schon mitbekommen haben, ist das »Okay« inzwischen eine Mode geworden, vor allem wenn man das Wort wie bei »Okaaaay« möglichst langzieht – für jeden Menschen mit Sprachgefühl ein sicheres Indiz dafür, dass da jemand Moden hinterherrennt und nicht selbstständig spricht. Holgers ständiges Umschreiben, gepaart mit sinnfreien Zustimmungsäußerungen, ist eine rhetorische Mogelpackung und entlarvt das Gegenteil des aktiven Zuhörens: Diese Ignoranz geht Menschen eher auf die Nerven.

Was unser Ansinnen betrifft, unsere Gedanken möglichst klar zu benennen, bewirken Paraphrasen das Gegenteil: Umschreibungen sind meistens ungenau. Bis auf die wenigen klaren Synonyme im Deutschen wie »Fleischer« und »Schlachter« oder »Sonnabend« und »Samstag« werden wir ohnehin kaum Umschreibungen finden, die exakt abbilden, was wir sagen wollen. Das bedeutet: Durchs Paraphrasieren trainieren wir das Ungenaue! Paraphrasieren ist – egal, was Ihnen hoch gelehrte Rhetoriker erzählen – kein Zeichen für guten Ausdruck, sondern schult Sie nur in Geschwätz.

Übrigens ist das Paraphrasieren auch meist nicht nötig, um Wortwiederholungen zu vermeiden. Beobachten Sie sich: Wiederholungen von Substantiven nerven meistens nicht – was nervt, sind immer die gleichen Verben. Wenn Sie sagen, dass Sie nach Köln fahren, die Altstadt von Köln und den Kölner Dom besichtigen und dann von Köln aus Richtung Bonn fahren, müssen Sie an keiner einzigen Stelle »Domstadt« sagen. Sagen Sie aber ständig, Sie fahren, fahren und fahren, gehen uns die Verben irgendwann auf den Geist.

Die Unsitte, mit Nebenaspekten zu beginnen

Der nächste Denkfehler ist der Irrglaube, es sei elegant, über Umwege zur Sache zu kommen. Die Schule spricht von »Einleitungen« und bringt uns bei, chronologisch zu erzählen. Das hat eine skurrile Folge: Statt gleich zu sagen, worum es geht, lernen Schüler, unnütze Nebensachen zu Beginn zu präsentieren:

>*»Im Folgenden berichte ich euch von einem verrückten Erlebnis, das wir im Urlaub hatten. Also. Am ersten Tag kamen wir nach einem langen Flug in Kenia an, und unser Hotel war ganz schön groß. Mein Zimmer hatte eine Badewanne und eine Klimaanlage.«*

Und so weiter. Die Ungeduldigen in der Klasse trommeln mit den Fingern auf dem Tisch. Was ist denn nun geschehen? Bis wir erfahren, dass es um die Begegnung mit einem Löwen in der Hotellobby geht, dauert es. Warum? Weil der Sprecher dem Prinzip folgt, chronologisch zu berichten und eine Einleitung zu bringen. Hören wir auf die Schule, ordnen wir unsere Prioritäten falsch: Wir bringen nicht das Wichtigste zuerst, sondern das Erste. Möglicherweise liegt es auch daran, dass die Schule letztlich die Nachteile des akademischen Denkens mit den Nachteilen des öffentlichen Dienstes bündelt: Vieles geht dort chronologisch und der Reihe nach vonstatten, statt nach Prioritäten. Am Arbeitsplatz fällt uns dieses Denken auf die Füße. Denn es geht dort selten um sprachliche Eleganz, und es geht auch nicht um Sprache als Mittel der intellektuellen Selbstbeweihräucherung. Sondern es geht um Sprache als schlichtes Medium. In meinen Vorträgen und Seminaren mache ich im Grunde nichts anderes, als bei erwachsenen Berufstätigen diese Irrtümer des Bildungssystems geradezurücken.

Das Wichtigste gehört nach vorn!

»Das Wichtigste nach vorn!«, lautet eine der wichtigsten Regeln im Journalismus. »Das Wichtigste nach vorn!« heißt: Sagen Sie sofort, worum es geht. Sparen Sie sich umständliche Einleitungen. Damit meine ich nicht ein paar freundliche Worte, mit denen Sie Ihre Gesprächspartner oder Ihr Publikum begrüßen, und ich meine auch nicht das bisschen Small Talk, das manchmal nötig ist, um eine gemeinsame Frequenz herzustellen. Völlig in Ordnung sind einleitende Worte wie:

- *Hallo Herr Müllermeier! Das ist aber schön, dass wir uns treffen.*
- *Wie geht es Ihrem Vater? Hat er sich von seinem Sturz erholt?*
- *Wenn Sie wüssten, was ich weiß, würden Sie glatt erwarten, dass ich Sie danach frage.*

All diese »Vorworte« sind in Ordnung, wenn Sie nicht gerade einen Notruf absetzen. Denn auch eine gemeinsame Frequenz herzustellen ist wichtig – und damit gehört die entsprechende Passage zu Ihrer Botschaft und an den Anfang. Doch danach kommen Sie sofort zur Sache:

- *In diesem Meeting will ich erreichen, dass Sie der Agentur Loser PR den Zuschlag geben.*
- *Mein Ziel ist es, dass Sie unser Produkt kaufen. Und ich werde Sie überzeugen. Es löst Ihre Probleme.*

Verboten: Nichtssagende Einleitungen

Pfui sind dagegen nichtssagende Einleitungen wie: »Im Folgenden hören Sie einen Vortrag.« Mit solchen Null-Sätzen nerven Wichtigtuer die im Wortmüll ertrinkenden Menschen ebenso wie mit den Sätzen »Ich habe da mal eine Frage« und »Dazu will ich etwas sagen«. Die Alternative wäre, einfach zu fragen und etwas zu sagen. Vermutlich wird kein Wichtigtuer, eingesperrt im Aufzug, nach Drücken der Notruftaste sagen:

Also, guten Tag, ich würde Ihnen gerne Folgendes sagen. Es ist wichtig. Bitte hören Sie genau zu, denn worum es hier geht, ist nicht irgendeine unwichtige Kleinigkeit. Mein Name ist Heinz Hintermeier, ich bin Deutschlehrer und muss ganz dringend in die Schule, weil die Klasse 10b heute eine Klausur schreibt, übrigens über Thomas Manns Fähigkeit des geschliffenen Ausdrucks. Im Folgenden möchte ich gerne einen Notruf absetzen. Um genau zu sein: Dieser Aufzug bewegt sich nicht mehr. Ich befinde mich zwischen der elften und der zwölften Etage.

Es könnte sehr gut sein, dass der Sicherheitsmensch am anderen Ende der Leitung das Wichtigste vermisst und fragt:

In welcher Stadt, welcher Straße und welcher Hausnummer sind Sie denn?

Zugegeben: Das ist ein überspitztes Beispiel. Aber ich denke, es trifft, denn Unmengen hochgebildeter Menschen kommen nicht zum Punkt. Nach meiner Wahrnehmung sind es vor allem sprachlich Gebildete, die über spitzfindige Grammatikfehler dozieren können, statt sich mit dem Sinn einer Botschaft zu befassen.

Vergessen Sie also die aufgeblasenen Einleitungen! Sagen Sie nicht, ...

- »in medias res«, wenn Sie gleich zur Sache kommen können. Durch den Spruch »in medias res« kommen Sie eben *nicht* gleich zur Sache, sondern reden um die Sache herum.

> ### *Klartext-Tipp 28:*
> **Es gibt dumme Fragen. Fragen sind dumm, wenn sie von Fehlannahmen ausgehen. Unangenehm wirken Fragen, wenn sie manipulieren sollen. Stellen Sie daher einfache, klare Fragen.**

- »im Klartext«, wenn Sie damit klare Worte ankündigen wollen. Sprechen Sie doch gleich klare Worte! Offenbar haben Sie vorher unklar dahergeredet, denn sonst wäre der Verweis auf den folgenden Klartext kaum nötig.
- »um genau zu sein«, wenn Sie sich präzisieren wollen. Seien Sie doch gleich genau! Offenbar waren Sie vorher ungenau.
- »ich habe da mal eine Frage«, wenn Sie die Frage gleich stellen können.
- »es geht um Folgendes«, wenn Sie das Folgende einfach sagen können.

Verboten: In Fragen nicht auf den Punkt kommen

Oft sind überflüssige Einleitungen auch in Fragen versteckt. Manche Menschen behaupten ja, es gebe keine dummen Fragen, sondern nur dumme Antworten. Das sehe ich anders. Es gibt sehr wohl dumme Fragen – nämlich Fragen, die auf falschen Annahmen beruhen (»Warum warst du gestern bei Karla?«, wenn Sie gar nicht bei Karla waren), und Fragen, die nicht zum Punkt kommen. Ja, auch in Fragen sollten wir zum Punkt kommen. Fragen Sie also nicht:

Hast du meine E-Mail bekommen?

Denn Ihr Gegenüber hat vermutlich schon viele E-Mails von Ihnen bekommen und muss erst mal fragen: »Welche?« Sondern fragen Sie:

Hast du meine E-Mail von 11 Uhr zum Thema Haselmaus bekommen?

Vage Fragen als sinnlose Einleitungen hören sich so an: »Kennen Sie sich hier aus?« Doch ob wir uns auskennen, hängt von der nächsten Frage ab. Antworten Sie bloß nicht mit »Ja«, auch wenn Sie alle Straßen in der Umgebung kennen! Es könnte sein, dass sich folgender Dialog ergibt:

Fremder: *Kennen Sie sicher aus?*
Sie: *Ja.*
Fremder: *Dann können Sie mir sicher sagen, wo hier ein Philatelie-Geschäft ist.*
Sie: *Tut mir leid, das weiß ich nicht.*
Fremder: *Dann kennen Sie sich ja doch nicht hier aus.*

An dem Wort »dann« sehen Sie, dass Ihnen hier jemand eine Falle stellt – der Fremde leitet lauter Folgerungen ab, durch die er Aussagen über Sie trifft. Dabei geht es darum gar nicht. Käme er zum Punkt, würde er Sie gleich nach dem Philatelie-Geschäft fragen. Doch das tut er nicht, sondern er spricht über etwas völlig anderes, nämlich darüber, ob Sie sich auskennen.

Seit ich das einmal erlebt habe, reagiere ich mit einer Gegenfrage, die ich auch Ihnen empfehle:

Fremder: *Kennen Sie sich hier aus?*
Sie: *Was wollen Sie denn wissen?*

Gegenfragen sollen unhöflich sein? Wer sagt das? Gegenfragen sind oft Notwehr gegen die Unfähigkeit der Leute, ohne dümmliche Einleitungen zu kommunizieren. Warum fragen diese Leute nicht einfach: »Entschuldigen Sie, kennen Sie hier irgendwo ein Philatelie-Geschäft?« Weil Sie lieber Spielchen spielen, sei es bewusst oder unbewusst. Da ist eine Gegenfrage nicht unhöflich, sondern richtig.

Verboten: Machtspielchen durch Einleitungen

Noch schlimmer sind nichtssagende Einleitungen, die Menschen in machtlose Erstarrung versetzen:

Hör zu, mein Sohn, jetzt werde ich dir etwas sagen. (Pause)

Sicher entsteht durch eine solche Aussage zunächst einmal Spannung: Wie ein Schwert schwebt die Frage im Raum, was nun folgt. Dieser Satz und die solchen Sätzen oft folgende längere Pause vermitteln allerdings keine Inhalte, sondern sind Drohungen und pure Demonstrationen von Macht. Als Zuhörer haben Sie keine Chance – Sie können weder etwas sagen noch der Situation entfliehen. Jede Form der Erwiderung, auch schon ein einfaches »Dann sag's doch!« macht Sie zum Aufständischen. Ebenso lästig und klebrig sind Einleitungen wie diese:

Gestern habe ich ja etwas Unglaubliches erlebt. (Pause)

Ist ja kaum zu fassen, denken Sie – aber was ist denn nun Sache? Was ist der Punkt? Mit der Pause zwingt der Erzählende Sie zu der Frage: »Was denn?« – und prüft durch das Warten auf Ihre Reaktion Ihre Loyalität. Indem Sie die verlangte Frage verweigern, machen Sie sich ebenso zum Rebellen wie durch freche Erwiderungen wie »Ich auch«. Es ist letztlich ebenfalls eine Machtdemonstration, wenn auch eine geschickter kaschierte. Mir ist wichtig, dass Sie in Einleitungen wie diesen den Charakter der emotionalen Erpressung erkennen: Entweder Sie beugen sich der Regie des Erzählenden, oder Sie sind ihm gegenüber nicht loyal. Das ist, als hätten Sie die Wahl zwischen warmem und kaltem Kuhmist zum Essen – eine missliche Lage, die auch als »Dilemma« bekannt ist. Und es ist nicht höflich, jemanden in so ein Dilemma zu zwingen, so wie es nicht höflich ist, Fallen zu stellen.

Warum uns manche Menschen so unter Druck setzen, können vielleicht Psychiater begründen. Mir genügt es, dass ich weiß, wie unangenehm solche Situationen sind: Ich versuche, mich von solchen Leuten fernzuhalten. Also tun Sie anderen solche Einleitungen nicht an!

Verboten: Zu viele Zahlen, Daten, Fakten zu Beginn

Verschonen Sie Ihre Zuhörer zu Beginn bitte auch mit zu vielen Zahlen, Daten und Fakten (»ZDF«). Am Anfang geht es nicht um Wissensprotzerei, sondern darum, Appetit auf Ihre Worte zu machen. Selbst wenn die Fakten wichtig sind – sie sind kaum so bedeutend, dass sie an den Anfang müssen. Sagen Sie also nicht:

Klartext-Tipp 29:

Wenn Sie wollen, dass man Ihnen zuhört, sollten Sie kein unwichtiges Zeug reden. Bringen Sie das Wichtigste zuerst!

Nach umfassenden Untersuchungen über die Kundenstruktur unserer Marke »Tirili« im Untersuchungszeitraum 2015 können wir feststellen, dass 14,5 Prozent der Privatkunden männlich sind und 85,5 Prozent weiblich. Im Vergleich zum Vorjahr bedeutet das einen Zuwachs der weiblichen Kunden um 5,3 Prozent an der Gesamtkundenzahl, wobei die Gesamtzahl der Kunden insgesamt um 12 Prozent stieg. Für mich bedeutet das, dass die Strategie der vergangenen Monate aufgegangen ist.

Sondern sagen Sie:

Die Strategie der vergangenen Monate ist aufgegangen. Tirili wurde im Jahr 2015 insgesamt beliebter und festigt sich vor allem als Frauen-Marke: 85,5 Prozent der Kunden sind inzwischen weiblich. Im Jahr 2007 waren es noch weniger als 80 Prozent.

Damit formulieren Sie Ihre Botschaft viel besser als mit vielen Einzelheiten. Wichtig ist, den Leuten zu Beginn die Bedeutung zu vermitteln, statt sie gleich mit Zahlenmonstern oder anderen Beweisen für Ihr überbordendes Wissen zu erschlagen. Machen Sie den Leuten Appetit darauf, Ihnen weiter zu lauschen, dann können Sie immer noch ins Detail gehen und besser auf Fragen reagieren.

Wie kompliziert auch immer sich Menschen in relativ harmlosen Situationen ausdrücken: Sobald es ernst wird, kommen die Leute zum Punkt. Ohne unsere Gedanken nach Bedeutung ordnen zu müssen, sagen wir intuitiv das Wichtigste:

- *Ich bin schwanger!*
- *Der Meier ist gefeuert!*
- *Wir sind pleite!*

Es würde auf Ihre Zuhörer befremdlich wirken, wenn Sie bei solchen Botschaften groß ausholen würden mit Worten wie »Also, was ich euch sagen wollte: Es ist eine unglaubliche Nachricht!« Bestenfalls reden Sie um den heißen Brei herum, wenn Sie jemanden schonend von Ihrer Schwangerschaft unterrichten möchten – aber was der Punkt ist, wissen Sie, ohne groß darüber nachdenken zu müssen.

Deshalb: Kommen Sie gleich zum heißen Brei! Oder finden Sie nicht auch, dass es Sinn macht und ein Schritt in die richtige Richtung ist, am heutigen Abend einmal mehr in neuerliche bilaterale Verhandlungen auf allen Ebenen zu treten, um schon im Vorfeld und vor Ort rückhaltlos und fieberhaft erste Gespräche zur konjunkturellen Situation zu führen, während es zur Stunde indes noch und nöcher zu konstruktiven Gesprächen zur Aufgabenstellung der Zielsetzung am helllichten Tag, auf offener Straße und in allen Bereichen unter politischen Beobachtern über die Witterungsbedingungen vorwiegend in den frühen Morgenstunden der Sommermonate kommt?

Klartext-Tipp 30:
Wer etwas zu sagen hat, sollte es einfach sagen.

Was haben Sie zu sagen?

Über die Kunst zu erkennen, was Sie zu sagen haben und was davon andere interessiert; über die Fähigkeit, sich nicht in seine Gedanken, Wörter und Formulierungen zu verlieben, und über die Gelassenheit, sich nicht in liebgewonnene Gedanken zu verbeißen.

Kennen Sie Spam? Sicher kennen Sie Spam. Und vermutlich leiden Sie darunter und haben deswegen schon mal eine E-Mail-Adresse abgeschaltet. Ich auch.

Wissen Sie, was mich wundert? Warum diese Spammer so gefühlsfrei sind. Warum es ihnen fast nie gelingt, eine Betreffzeile zu formulieren, die aus Empfängersicht auch nur die geringste Relevanz hat. Oft erscheint es mir, als seien es die erwähnten Egozentriker – ständig nur mit sich selbst beschäftigt. Hinzu kommt das jämmerliche Deutsch, das dafür spricht, dass da irgendein unmusikalischer Mensch glaubt, Übersetzungsprogramme würden sinnvolle Sätze produzieren. »Willst du ohne sie Probleme haben?«, lautete eine Spam-Betreffzeile. Aha. Hä? Oder »Nach der 5. Runde war sie fertig«. Womit? Oder »Guten Tag«. Hallo! Oder »Verschiedenes privat«. Was bitte? Weiter: »Ich hab's dem Kind gekauft, ich will auch eins.« Ein was? Oder: »Schild erkannt, Strafe bekommen«. Na danke! Und: »Neuheit nicht nur auf Messen«. Was ist neu? Warum soll uns das interessieren? Oft denke ich: Spammer sind – zum Glück – nicht die hellsten Kerzen auf der Torte. Man erkennt sie an der Gefühlsarmut und dem Denken in einer eigenen Welt.

Eine Betreffzeile oder Überschrift soll uns sagen, *worum es geht*. Wir wollen ungefähr wissen, was wir gleich lesen, bevor wir einen Newsletter aufklicken oder einen Bericht lesen. Idealerweise lesen wir etwas über die Bedeutung, die der folgende Text für uns hat. Doch diese Kunst ist rar gesät.

Oder kennen Sie die »Krautreporter«? Das ist der unfassbar originelle Name für eine Genossenschaft von Journalisten in Berlin. Der Name sagt niemandem etwas, der nicht weiß, worum es geht. Es ist die für die Berliner Hipsterszene typische Originalität zum Selbstzweck. Künstlerisch gedacht, vom Entwickler aus, aus Anbieter- statt aus Empfängersicht und offenbar nicht dazu gedacht, die Menschen zu erreichen. Wer bei der Gründung mitgespendet hat, durchlief einen Bezahlvorgang, wie ihn nur Nerds hinbekommen, die in ihrer Gedankenwelt hoffnungslos eingesponnen sind: Die Bestätigungs-E-Mail kam von einem Absender, den der Externe nicht kennen kann – von »sparker.de«. Wer ist das? Keine Ahnung! Die Usability einer solchen Routine zu ignorieren, ist schon ziemlich autistisch.

Und tatsächlich: Ebenso autistisch und nichtssagend sind die Betreffzeilen der »Krautreporter«-Newsletter. Was ich hier zitiere, steht so im Original da:

- *-(e)xit: Hier entlang!*
- *Neuschnee*
- *Diplomatisch/Undiplomatisch*
- *62*
- *Yallah! Yallah!*
- *Eins-Eins-Acht*

»-(e)xit«? Strich, Klammer auf, e, Klammer zu, x? Offenbar soll das etwas bedeuten. Wow! Der Künstler hat sich etwas gedacht. Und es ist natürlich irrsinnig originell. Nur: Ist es relevant? Und so geht das die ganze Zeit mit den »Krautreportern« – sie erzeugen den Eindruck, sie hätten nichts zu sagen. Denn wenn sie etwas zu sagen hätten, würden sie es ja sagen, oder nicht?

Angetreten waren die »Krautreporter« im Jahr 2014, um den Online-Journalismus zu retten, der angeblich »kaputt« sei. Aber wenn Sie den Newsletter »Neuschnee« öffnen, lesen Sie eben auch nur Nachrichten, die in den Tagen zuvor auf anderen Kanälen gelaufen sind. So sind sie eben, die Kommunikatoren von heute – dem Spam ziemlich ähnlich, bombardieren sie uns mit Irrelevanz.

Klartext-Tipp 31:

Seien Sie nicht zum Selbstzweck originell, sondern zum Nutzen Ihrer Empfänger relevant.

Zudem sind sie nicht in der Lage, einfach zu sagen, worum es geht. Warum verschont man uns nicht mit der Selbstbeweihräucherung dieser hippen Szene?

Eventuell spüren Sie aus meinen Zeilen ein wenig Emotionalität heraus. Ja, es verletzt mich, was mit der öffentlichen Kommunikation passiert. Die Geringschätzung gegenüber der Sprache, die ich so liebe, tut weh. Die Anmaßung von Laien, sie könnten kommunizieren, weil sie denken, sie hätten das Schreiben in der Schule gelernt, verursacht mir ebenso Übelkeit wie die Abwesenheit von Substanz. Außerdem beleidigen uns solche Kommunikatoren, indem sie von uns glauben, wir würden begeistert eine E-Mail mit dem Titel »62« aufklicken. Glauben die »Krautreporter«, wir lesen etwas, nur weil es von den »Krautreportern« kommt? Hinzu kommt der Mangel an Empathie: Wenn Sie auf einen dieser nichtssagenden Newsletter antworten und darum bitten, dass man Sie vom Verteiler nimmt, weil Sie von Journalisten eher Nachrichten erwarten statt künstlerisches Geblubber, reagieren die »Krautreporter« wie ein debiles Unternehmen: gar nicht. Das Geblubber geht munter weiter. Die »Krautreporter« ignorieren ihre User.

KP + RW auf der B 5, DE L 14 - B 103 bis IV/16

Was also haben Sie zu sagen? Ein Fehler wäre es, den Mund aufzumachen oder zu schreiben zu beginnen, wenn wir unsere Botschaft nicht kennen. Und wichtig ist es, vor dem Kommunizieren die Perspektive der Empfänger einzunehmen. Angenommen, wir wollen Autofahrern auf einem Schild sagen, dass wir die B 5 sanieren und eine gewisse Zeit mit Bauarbeiten zu rechnen ist. Dann hat es wenig Sinn, auf einem Schild Folgendes zu schreiben, wie es das Land Brandenburg und das Bundesministerium für Verkehr und digitale Infrastruktur tun:

Klartext-Tipp 32:
Vorsicht, Falle: Denken Sie nicht, die aus Ihrer Sicht formulierte Sachlage sei die Botschaft.

B 5
DE L 14 - B 103
KP + RW
bis IV. Quartal 2016
Länge:
1617 m
Wir bauen für Sie

Der einzige vollständige Satz auf diesem Schild ist ein Standard – »Wir bauen für Sie«. Der Rest des Schildes zeigt mir, dass die Urheber des Textes mit der Sprache auf Kriegsfuß stehen. Was ist »DE L 14 - B 103«? Keine Ahnung. »KP« kenne ich als »Kommunistische Partei«, und »RW« ist das Autokennzeichen für Rottweil. Und was heißt »bis IV. Quartal 2016«? Bis Anfang des vierten Quartals 2016? Bis Ende des vierten Quartals 2016? Keine Ahnung. Wer soll das verstehen? Und vor allem: Wer bei Land und Bund glaubt allen Ernstes, jemand Externes könne etwas damit anfangen? Und solche Schilder sind üblich: Zahlreiche Autofahrer sehen sich mit kryptischen Botschaften konfrontiert, und die wenigsten denken in Kürzeln und Quartalen. Ob das Entschlüsseln am Steuer zur Verkehrssicherheit beiträgt?

Spannend an solchen Schildern finde ich: Da sitzen Leute zusammen und überlegen, was sie texten. Dann gibt es Vorschläge, Entwürfe. Schließlich tippt jemand das Ganze und setzt es in ein Layout. Der jeweils aktuelle Stand geht hin und her, und einige Stellen geben es frei. Warum fällt niemandem dabei etwas auf?

Was auch immer wieder faszinierend ist, sind E-Mails von Unternehmen. Selbst manche seriöse Bank bekommt es nicht hin, einfach ihren Namen in die Absenderzeile zu schreiben. Sondern da steht: »Geschäftskunden«. Als säßen alle, die mit dieser Bank per E-Mail kommunizieren, im Unternehmen. Versetzt man sich bei dieser Bank nicht in die Kundenperspektive? Realistisch gesehen, ist doch eine E-Mail vom Absender »Geschäftskunden« Spam, oder nicht? Oder wir bekommen eine E-Mail, in deren Absenderzeile einfach nur Vor- und Nachname des Mitarbeiters stehen – und uns sagt der Name nichts. Was bringt diese vielen Unternehmen dazu, zu glauben, wir könnten mit einem wildfremden Namen etwas anfangen? Schwimmen die alle nur in ihrer eigenen Suppe? Offenbar.

Die Konkurrenz schläft

Sie sehen: Ganz viele Unternehmen können es nicht. Es gelingt zahlreichen Berufstätigen nicht, und zwar in allen Hierarchieebenen, eine klare Botschaft zu formulieren. Und es mangelt massiv an der Fähigkeit oder am Willen zur externen Sicht. Das hat auch etwas Gutes. Denn für Sie bedeutet es: Die Konkurrenz schläft! Solange die Leute die Sprache geringschätzen, kommunizieren sie nicht erfolgreich, sondern setzen eine Ego-Botschaft nach der anderen ab.

Gewiss erinnern Sie sich an die Unterscheidung zwischen Sache und Bedeutung. Beides voneinander zu trennen, ist Gesetz, Gebot, eisern, in Marmor gemeißelt. Ehern. Gülden. Es ist die allerwichtigste Regel, wenn es darum geht, dass Ihre Botschaft ankommt. Es geht rigoros um die Bedeutung aus Empfängersicht.

Von der Sache her ist es vermutlich richtig, dass das Land Brandenburg und das Bundesministerium für Verkehr und digitale Infrastruktur etwas an der B 5 machen, was irgendwie mit »DE L 14 - B 103« und mit »KP« und »RW« zu tun hat. Was auch immer das heißen mag. Allein: Die Sache sagt außer den Insidern niemandem etwas. Wir können nur vermuten, dass es um den Teil der B 5 geht, der zwischen der L 14 und der B 103 liegt. Aber sicher sind wir nicht. Wir können auf der Karte nachschauen – aber das ist nicht der Sinn klarer Kommunikation. Und wer weiß schon, wo die L 14 entlangläuft?

Eine Information muss heute sofort klar sein, unmittelbar verständlich, so wie Produkte heute intuitiv funktionieren müssen. Kennen Sie das? Wenn ein Produkt mit mangelhafter Usability nach drei Stunden Support-Terror endlich läuft, sagt Ihnen der Support-Mitarbeiter, es gehe doch. Oft sind diese Leute ja richtig stolz darauf, uns geholfen zu haben. Schon mal erlebt? Natürlich verdient der Mitarbeiter unseren Dank, also das Individuum – aber das Unternehmen und dessen Management verdient eher was hinter die Löffel für die kundenfeindliche Ignoranz. Letztlich hat das Unternehmen dem Kunden nicht geholfen, sondern es hat ihm seine Zeit gestohlen, weil es nicht von Anfang an ein sofort nutzbares Produkt bereitstellt, wie es das Marketing ja meist verspricht.

Klartext-Tipp 33:

Erkennen Sie Ihren Wettbewerbsvorteil: Da die allermeisten Unternehmen die Sprache geringschätzen und die Kunst des klaren Ausdrucks mit Füßen treten, gelingen ihnen keine relevanten und verständlichen Botschaften. Das ist Ihre Chance.

Ebenso ist es bei erklärungsbedürftigen Botschaften: Wir wollen keine Ratespiele spielen und Vermutungen darüber anstellen, was der Absender vielleicht meinen könnte. Dafür ist Zeit viel zu teuer; auch die von Privatleuten.

Wir befinden uns hier bei der spannenden Kombination zwischen Relevanz aus Empfängersicht und Formulierungskunst. Vielleicht heißt die L 14 an der Ecke zur B 5 ja »Bahnhofstraße«? Dann könnten wir mit anderen Worten das Gleiche sagen, und zwar so, dass es verständlich wird für die Menschen. Wir brauchen dazu aber die Bereitschaft, die Perspektive zu wechseln. Und wir müssen verstehen, dass unsere Gedankenwelt nicht identisch ist mit der Gedankenwelt unserer Mitmenschen. Vielleicht haben Sie ja auch schon einmal in einem Hotel nach einem Zimmer gefragt und zur Antwort bekommen, man habe eine »attraktive Rate« für Sie. »Rate«! Falsch übersetzt aus dem Englischen, es soll »Preis« heißen. Aus Sicht eines Hotelmitarbeiters ist der Anglizismus vollkommen normal, weil »branchenüblich«. Nur: Wie viele Hotelgäste arbeiten selbst in der Hotellerie?

Oder nehmen wir die Formulierung »Geschäftskunden« als Absender einer E-Mail: Wenn Sie Geschäftskunde bei der fraglichen Bank sind, wissen Sie das, oder es ist Ihnen vielleicht auch egal. Wichtig für Sie ist, dass Ihnen Ihre Bank schreibt. Wichtig ist für Sie nicht, was für andere Kunden es noch gibt. Sehen Sie den Unterschied? Wenn ein Patient mit Bauchschmerzen in ein modernes Krankenhaus geht, landet er nicht mehr vor der Entscheidung »Gastroenterologie«, »Innere« oder »Urologie«, sondern er landet in einem »Bauchzentrum«. Dort kümmern sich Ärzte verschiedener Disziplinen um den Patienten. So finden sie schneller heraus, was ihm fehlt, als wenn sie ihn von Disziplin zu Disziplin reichen. Wie die Wissenschaft den Patienten einordnet, ist ihm vermutlich nicht so wichtig wie schnelle Hilfe. Die Medizin hat das begriffen.

Was also haben Sie zu sagen? Formulieren Sie etwas auf der Basis des Weltbildes, das *Ihnen* wichtig ist, und auf der Basis des Wissens, das *Sie* haben? Oder formulieren Sie etwas Relevantes aus Empfängersicht? Wie gesagt: Ob Sie »L 14« sagen oder »Bahnhofstraße«, kann das Gleiche sein. Ob Sie »Hier sende ich Ihnen unsere Unterlagen« schreiben oder »Hier erhalten Sie unsere Unterlagen«, ist nur eine Frage der Perspektive. Vielleicht sagen Sie auch: »Er ist der Bruder deiner Mutter« statt »Du bist der Sohn seiner Schwester«, wenn Sie jemandem ein Verwandtschaftsverhältnis erklären. Wenn Sie auf einer Bühne stehen und aus Ihrer Sicht nach links zeigen, sagen Sie dann »links« oder »rechts«? Hier geht es genau um die Form des Umdenkens, die ich meine. Eigentlich simpel, oder?

»Wozu?« statt »Warum?«

Ein ganz einfacher gedanklicher Trick ist die Unterscheidung zwischen »Warum« und »Wozu«. Die meisten Menschen überlegen, *warum* sie etwas tun. Die Frage führt nur leider in die Vergangenheit – zu unseren Gründen. Die meisten Leute halten das für völlig normal, weil sie eben denken, wir alle handelten aus Gründen.

Nur wenige Menschen überlegen, *wozu* sie etwas tun. Ich finde das klüger, denn die Frage weist in die Zukunft, zu unseren Zielen. Der Trick ist sehr hilfreich im Alltag – indem Sie beispielsweise nicht mehr überlegen, warum Sie einen Newsletter verschicken (»weil wieder Mittwoch ist«), sondern überlegen, wozu Sie ihn verschicken (»damit die Leute

Klartext-Tipp 34:
Überlegen Sie sich nicht, warum Sie etwas sagen, sondern wozu Sie es sagen.

auf einen bestimmten Link klicken«). Und der Trick dient dazu, sinnorientierter zu kommunizieren: Wenn Sie nicht mehr fragen, warum Sie eine bestimmte Botschaft senden oder eine bestimmte Formulierung wählen, sondern wozu Sie das tun, handeln Sie automatisch zielorientiert.

Die Frage, was Sie sagen, steht also hinter der Frage zurück, wozu Sie es sagen. Das klingt detailversessen, ist aber wichtig und ganz einfach. Fokussieren Sie sich daher nicht auf die Gründe, sondern auf die Ziele! Fragen Sie ...

- nicht: »Warum sage ich etwas?«,
- sondern: »Wozu sage ich etwas?«

Ihre Konversation wird dadurch auch sachlicher: Wenn Sie sich von Auslösern leiten lassen, sagen Sie eher mal Dinge, die zu keinem vernünftigen Ziel führen – nach dem Motto »Ich bin gekränkt, also schlage ich zurück«. Wer hier nicht das Ergebnis im Blick hat, erzeugt durch seine Kommunikation eher mal Probleme. Lassen Sie sich hingegen von Zielen leiten, finden Sie leichter zu Lösungen. Dabei geht es vor allem darum, zunächst einmal zu überlegen, was die eigene Botschaft aus Sicht des Gegenübers heißt. Und da gibt es oft deutliche Unterschiede.

Ein paar Beispiele gefällig?

Wenn Sie zunächst denken, sagen zu wollen:	... könnte es sein, dass Sie sagen wollen:
»Die Datenbank-Projektgruppe hat ihren Auftrag erfüllt!« (Ihr erster Gedanke ist der, dass die Arbeit gemacht ist – das ist ein wenig ichbezogen und ohne Blick auf die Folgen für die anderen.)	»Die neue Datenbank ist fertig: Ihre Zugangsdaten erhalten Sie bei Frau Fink!« (Die Botschaft für die anderen ist die, dass Ihre Arbeit ihnen nun nützt.)
»Von diesen Papieren hier wollen unsere Partner drei Kopien.« (Sie formulieren zwar den Bedarf, aber noch keinen Handlungsimpuls.)	»Könnten Sie bitte diese Papiere hier drei Mal kopieren und unseren Partnern schicken?« (Die Botschaft ist die Bitte.)
»Ich habe Hunger. Du auch?« (Sie formulieren Ihr Problem, aber zeigen noch keine Lösung auf.)	»Wollen wir in die Kantine gehen, etwas essen?« (Die Botschaft ist die Lösung.)

Sie sehen: Die Gedanken in der linken Spalte gehen den Gedanken in der rechten Spalte voraus – sie sind sozusagen nur angerissen. Viele Menschen formulieren nicht klar, worum es im Kern geht. Und das ist eine Quelle zahlreicher Missverständnisse, die Sie vermeiden können: Überlegen Sie also nicht nur, was der Zweck Ihrer Worte ist, sondern auch, wie Sie diesen Zweck konkret formulieren! So beugen Sie einer Vielzahl möglicher Fehlinterpretationen vor.

Finden Sie Ihr Ziel!

Es geht also um den Zweck Ihrer Worte und Ihre Absicht dahinter. Was wollen Sie erreichen? Wenn Sie mit Ihrem Kollegen Müllermeierschulze weiter arbeiten wollen oder müssen, obwohl er hin und wieder Fehler macht, dann sollten Sie Worte für ihn finden, die ihn nicht kränken – und dabei dennoch Klartext sprechen.

Mein Kollege René Borbonus spricht in seinen Vorträgen über Respekt. Er empfiehlt seinem Publikum gerne ein einfaches Drei-Schritte-Modell der respektvollen Kritik, das ich mir hier mit ein paar sprachlichen Feinheiten anzureichern erlaube:

1. Erst sagen Sie sachlich, also ohne Bewertung, was geschehen ist. Also nicht: »Bei der Besprechung vorhin warst du schon wieder zu spät«, weil die Formulierung »schon wieder« mehrere weitere solche Vergehen unterstellt. Die sind aber im Augenblick nicht bewiesen, daher ist der Vorhalt unsachlich. Sagen Sie also: »Die Besprechung vorhin sollte um zehn Uhr beginnen, und du warst um fünf nach zehn da.« Sagen Sie nicht: »erst«, denn das bewertet. Im ersten Schritt brauchen wir eine reine, nüchterne, sachliche Information. War der Kollege zehn Minuten zu spät, machen Sie daraus fünf – das beugt unnötigen Diskussionen und Rechtfertigungen vor.

2. Im zweiten Schritt sagen Sie, was das für Sie bedeutet. Und jetzt empfiehlt Borbonus: Verweisen Sie dabei nicht auf Ihr Gefühl – Sie seien »sauer« oder »ärgerlich«, sondern verweisen Sie auf den Wert, der dahintersteht. Hinter vielen Gefühlen stehen Werte. Hier kann beispielsweise der Wert verletzt sein, gemeinsam an einem Strang zu ziehen. Also verweisen Sie darauf.

3. Dann bitten Sie um ein bestimmtes Verhalten für die Zukunft: »Ist es für dich in Ordnung, wenn wir künftig zu der Uhrzeit anfangen, zu der wir verabredet sind?« Wenn Sie auf einen allgemeinen Wert verweisen, werden Sie mit höherer Wahrscheinlichkeit Zustimmung ernten, als wenn Sie Ihre Gefühle ins Spiel bringen.

An jeder Stelle kommunizieren Sie klar; an keiner Stelle seifen Sie Ihr Gegenüber ein; nirgendwo besteht die Gefahr, dass jemand emotional zurückschlägt. Ich finde, das ist ein wunderschönes Beispiel dafür, dass Klartext auch auf das menschliche Miteinander durchaus förderlich wirkt.

Wenn es nun darum geht, ein Ziel zu formulieren, gibt es in der Kommunikation in meinen Augen vor allem folgende Ziele: Sie können ...

- jemanden über etwas informieren. Dabei geht es um Tatsachen, die Sie vermitteln. Tatsachen sollten stimmen, sonst sind es Unwahrheiten. Eine Tatsache kann Ihr Gegenüber als Information annehmen. Wenn wir eine Tatsache kennen, dann *wissen* wir etwas. Tatsachenbehauptungen sind beweisbar – ungeachtet dessen, ob sie bewiesen sind. Eine Tatsachenbehauptung ist beispielsweise: »Die Sonne scheint.«
- jemanden von etwas überzeugen: Dabei geht es nicht um Tatsachen, sondern um Meinungen. Über eine Meinung können wir niemanden informieren – wir können höchstens jemanden darüber informieren, welche Meinung jemand hat. Von der Meinung selbst können wir einander nur überzeugen. Dazu *argumentieren* wir. Wer sich eine Meinung zu eigen macht, *meint* etwas. Er weiß es nicht. Meinungen lassen sich nicht beweisen. Eine Meinung ist beispielsweise: »Das Wetter ist schön.«
- jemandem etwas predigen. Dabei geht es um Tatsachenbehauptungen, die sich weder beweisen noch widerlegen lassen, aber an die wir *glauben*. Oft legen wir solche Glaubenssätze unseren Handlungen zugrunde. Ein Glaubenssatz ist beispielsweise: »Man muss den Teller leer essen.« Oder: »Feste Jobs sind sicher.« Oder: »Man grüßt sich auf dem Flur – immer.«
- in jemandem Gefühle erzeugen. Dabei geht es um Vorgaben, was unser Gegenüber *empfinden* soll. Gefühle können wir nicht durch Beweis oder Argumentation herbeiführen, aber wir können sie durch eine emotionale Sprache erzeugen. Wir können auch an Gefühle appellieren. Ein Gefühl ist beispielsweise: »Wie der Chef kommuniziert, ist wirklich unangenehm.« Prinzipiell können Gefühle positiv und negativ sein.

Klartext-Tipp 35:
Klären Sie das wichtigste Ziel Ihrer Worte. Wollen Sie informieren, überzeugen, jemandem zu einem Glaubenssatz bringen oder Gefühle erzeugen?

Dies sind die wesentlichen Kanäle, auf denen Sie senden können. Natürlich gibt es Kombinationen: Wenn die Kommunikation Ihres Chefs auf Sie unangenehm wirkt (Gefühl), können Sie fordern, dass er für das Unternehmen nicht länger haltbar ist und weg muss (Meinung). Das belegen Sie damit, dass er Ihren Kollegen gestern angeschnauzt hat (Tatsache). Eventuell gehen Sie bei allem davon aus, in einem Unternehmen müsse es prinzipiell harmonisch zugehen (Glauben) – ein Glaubenssatz, dem man durchaus widersprechen kann. Vielleicht hat Ihr Kollege zum dritten Mal den gleichen Fehler gemacht und einen riesigen Schaden fürs Unternehmen erzeugt, was Ihren gemeinsamen Chef auf die Palme bringt, weil vier Wochen Arbeit umsonst waren? Oft gehört es ja zum Harmonie-Glaubenssatz auch, wir dürften unsere Gefühle nicht zeigen – obwohl Gefühle im Prinzip ganz natürliche Reaktionen sind und für unsere Umwelt hervorragende Indikatoren dafür, ob möglicherweise etwas nicht stimmt.

Aus dem Ziel wird Ihre Story

Ich denke: Professionelle Kommunikatoren bekommen all diese verschiedenen Ebenen auseinandergedröselt. Gelingt es Ihnen, Tatsachenbehauptungen von Glaubenssätzen zu unterscheiden und Meinungen von Gefühlen? Falls nicht, empfehle ich Ihnen unbedingt, es zu trainieren. Erstens schärfen Sie damit Ihren Verstand und erfassen schneller, was jemand will oder was die Intention eines Textes ist. Zweitens reduzieren Sie damit sehr wahrscheinlich die Zahl der Missverständnisse in Ihrem Leben – Sie springen auf nichts mehr emotional an, was im Kern lediglich ein sachlicher Gedanke ist.

Klartext-Tipp 36:
Üben Sie es immer wieder, Wissen, Meinen, Glauben und Fühlen zu differenzieren. Können Sie Tatsachenbehauptungen eindeutig von Meinungsäußerungen abgrenzen? Haben Sie jederzeit den Unterschied zwischen einer Meinung und einem Glaubensatz parat sowie den Unterschied zwischen sachlichen und emotionalen Äußerungen?

Was also Ihre Botschaft betrifft, fragen Sie sich bitte: Welches von diesen vier Zielen ist das wichtigste? Je nachdem, welche Hauptintention Sie haben, ergibt sich eine andere Story – Sie bringen Ihre Argumente möglicherweise in einer anderen Reihenfolge, und vielleicht wählen Sie andere Worte. Und, natürlich: Sie gelangen zu einer anderen Überschrift. Ein- und dieselbe Sache kann extrem viele unterschiedliche Dimensionen haben – nicht nur, weil wir alle einen anderen

Blickwinkel haben. Aber machen wir es nicht komplizierter als nötig: Wollen Sie in erster Linie informieren, überzeugen, jemanden zu einem Glaubenssatz bewegen oder Gefühle erzeugen? Davon hängt es ab, was Sie sagen.

Nehmen wir das Beispiel des Kollegen, der immer wieder zu spät zu Meetings kommt. Und nehmen wir an, Sie wollen ihm als Mitarbeiter sagen, dass er künftig bitte pünktlich erscheint. Ganz gleich, ob Sie das schriftlich oder mündlich tun – der Story an sich ist es egal, ob man sie liest oder hört –, sollten Sie vorher anhand Ihres Zieles entscheiden, was Sie kommunizieren.

- Wenn Sie nur sachlich informieren wollen, können Sie sagen: »Wenn ein Meeting um 14 Uhr beginnt, beginnt es um 14 Uhr.« Dann würden Sie darauf vertrauen, dass Ihr Mitarbeiter selbst seine Schlüsse aus Ihren Worten zieht und versteht, was sie ihm im Grunde sagen wollen.
- Wenn Sie argumentieren wollen, können Sie sagen: »Wäre es nicht besser, wenn alle Mitarbeiter zu jedem Meeting pünktlich wären?« Sie könnten die Vorteile auflisten, die das hätte, und so Ihren Mitarbeiter überzeugen.
- Wenn Sie predigen wollen, können Sie sagen: »Wer immer wieder zu spät kommt, demoralisiert die anderen Kollegen, stiftet sie zur Nachahmung an und trägt so zur allgemeinen Verlotterung des Unternehmens bei.« Ihr Mitarbeiter sieht das vielleicht nicht so streng, aber Sie stehen als der moralisch Erhabene da. Sie sind – scheinbar – der bessere Mensch. Das ist die belehrende Variante mithilfe des Glaubenssatzes »Pünktlichkeit ist unabdingbar«.
- Wenn Sie ein negatives Gefühl erzeugen wollen, können Sie sagen: »Wir alle waren, als Sie zum wiederholten Male zu spät gekommen waren, sehr traurig und betrübt.« Ein besseres Gefühl entsteht, wenn Sie sagen: »Schwamm drüber. Ich fände es toll, wenn Sie künftig pünktlich sind! Sie auch?«

Klartext-Tipp 37:
Geben Sie Ihrem Text eine Hauptausrichtung. Sie bestimmt die Tendenz Ihrer Story.

Was von alledem wollen Sie sagen? Selbst wenn alles hineinspielen soll – entscheiden Sie sich für eine vorrangige Ausrichtung, die die Tendenz bestimmt. Und überlegen Sie vorher, welche Dimension Sie vermitteln, damit Sie hinterher nicht Schäden begrenzen müssen, die nicht hätten entstehen müssen.

Finden Sie die Überschrift!

Erinnern Sie sich an den Unterschied zwischen Sache und Bedeutung? Das können Sie gut auf das Thema »Überschriften« übertragen: Eine gute Überschrift – zumindest in der Unternehmenskommunikation – transportiert die Bedeutung Ihrer Worte. In der Wissenschaft transportiert die Überschrift meist die Sache, obwohl es auch da oft spannend und machbar wäre, mit der Bedeutung einzusteigen.

Wir hatten ja schon überlegt, wie viel Sinn es hat, mit wissenschaftlichen Details auf die Bevölkerung zuzugehen, wenn wir die Tuberkulose eindämmen wollen. Beim Thema Tuberkulose besteht die Sache aus Unmengen höchst spannender Fakten – wenn man sich fachlich dafür interessiert. Die Bedeutung eines Vortrages oder Textes über die Tuberkulose kann in einem wissenschaftlichen Aspekt bestehen, sicher. Doch wenn es darum geht, die Tuberkulose einzudämmen, ist die Bedeutung des Vortrags oder Textes eine andere. Es geht um Hygiene und darum, wie man sich die Hände wäscht. Daraus ergibt sich, welche Überschrift wir wählen.

»Wir gegen Viren«? Falsch! Na und?

Nehmen wir ein ähnliches Beispiel: Krankheitsübertragungen im öffentlichen Raum. Wer in einem Uni-Gebäude oder einer Behörde unterwegs ist, sollte sich ab und zu die Hände waschen – es genügt schon, das Geländer zu berühren, und schon ist so eine Hand voller widerwärtiger, kleiner Fieslinge in Bakterienform. Das haben die Bundeszentrale für gesundheitliche Aufklärung (BZgA) und das Robert-Koch-Institut (RKI) erkannt, und so werben sie auf Aufklebern und Flyern fürs Händewaschen. Das tun sie aber nicht, indem sie irgendwelche Details zu Bakterien hervorheben, sondern sie schreiben: »Wir gegen Viren«. Phonetisch funktioniert diese Alliteration gut, der Spruch ist eingängig – auch wenn er inhaltlich falsch ist. Ein Mikrobiologe müsste einwenden, dass es bei den fraglichen Krankheitsübertragungen kaum um Viren geht, sondern vorwiegend um Bakterien.

Aber wissen Sie was? Das ist egal! Eine Überschrift muss nicht in erster Linie korrekt sein, sondern *funktionieren*. Ins Detail gehen und den Hintergrund wissenschaftlich korrekt darlegen, können wir immer noch im Text. Wenn wir Menschen dazu bringen wollen, etwas zu tun, ist zunächst nicht wichtig, dass wir uns korrekt und absolut fehlerfrei ausdrücken. Sondern was zählt, ist, dass wir die Menschen zunächst einmal *erreichen*. Und das tun wir weniger mit Korrektheit, sondern eben mit Funktionalität von Sprache.

Weite Teile des Bildungsbürgertums wenden nun ein, diese Herangehensweise sei »boulevardesk«. Das stimmt zum Teil: Boulevardzeitungen verkaufen sich kaum über Abonnements, sondern eher über den Kiosk, entsprechend wichtig ist die Seite eins als Verkaufsappell. Eine gute Boulevardschlagzeile funktioniert nach dem uralten AIDA-Prinzip: *attention, interest, desire, acting*. Sie schafft Aufmerksamkeit und erzeugt den Wunsch, mehr zu erfahren. Entsprechend sind in der Tat viele Boulevard-Schlagzeilen Mogelpackungen.

Das heißt aber nicht, dass Boulevard an sich schlecht wäre – denn oft bringt der Boulevard die Bedeutung der Dinge klarer rüber als eine Abonnementzeitung, deren Redakteuren es egal ist, ob jemand die Zeitung kauft. Auch heißt es nicht, dass die Kollegen bei den Aboblättern keine Mogelpackungen produzieren. Sie verkaufen ihre Leser mindestens ebenso für dumm, wenn sie schweigend eine PR-Aktion der EU-Regierungen mitmachen – so geschehen bei dem eigens inszenierten Demonstrationszug in Paris in einer Seitenstraße nach den Anschlägen vom 13. November 2015. Da schien es, als hätten die Politiker authentisch (also wahrheitsgemäß) an der Demonstration teilgenommen. Haben sie nicht! Und schließlich: Dass es Mogelpackungen gibt, bedeutet nicht, dass das Prinzip schlecht wäre, die Bedeutung in die Schlagzeile zu packen. Es gelingt durchaus, Überschriften zu finden, die die Bedeutung der Sache spannend transportieren, ohne dass wir dabei etwas skandalisieren oder verdrehen.

> **Klartext-Tipp 38:**
> **Wollen Sie wissen, wie gute Überschriften funktionieren? Achten Sie auf den Boulevard!**

»Wir gegen Viren« ist für mich ein hervorragendes Beispiel dafür, dass auch Wissenschaftler im öffentlichen Dienst anerkennen, wie wichtig es ist, die Bedeutung der Dinge zu transportieren statt nur die Dinge selbst. Mir macht das Hoffnung. Sowohl die BZgA als auch das RKI sind bis oben hin vollgestopft mit Doktoren und Professoren – und trotzdem funktioniert Klartext. Das ist gut! Oder schauen Sie sich die Wettervorhersage nach »heute« oder nach der »Tagesschau« an und vergleichen Sie sie mit der Wettervorhersage in der Vergangenheit. Die Sache, die wir früher gehört haben, mag ja »Deutsche Bucht 10« gewesen sein – aber inzwischen serviert man uns die Bedeutung der Dinge. Immer mehr Fachleute lernen das, und immer mehr Überschriften werden interessanter.

Wenn Marx und Engels verrückt werden ...

Ein weiteres schönes Beispiel ist die Überschrift »Marx und Engels werden verrückt« in einer Pressemitteilung der Berliner Verkehrsbetriebe (BVG). Was war geschehen? Im Zuge des Baus der U-Bahn-Linie 5 in Berlin-Mitte musste die Marx-Engels-Skulptur, die dort immer noch steht, kurz mal zur Seite. Sie wurden »verrückt«, im Wortsinne. Das Wortspiel schafft Aufmerksamkeit, und die Leute sind sofort im Thema. Einige Zeitungen haben die Überschrift übernommen – warum auch nicht? Viele PR-Leute denken, Journalisten seien so eitel, dass sie selbst auf eine gute Überschrift kommen wollen. Ich denke, Journalisten sind froh, wenn sie einen guten Text haben, den sie nicht mehr ändern müssen. »Marx und Engels werden verrückt« ist für eine harmlose Lokalstory prima. Natürlich sind Witze nicht angebracht, wenn es um Unglücksfälle und Straftaten geht, aber bei einer Baustelle passt das.

In meinen Seminaren bringe ich dieses Beispiel natürlich. Viele Teilnehmer wenden ein, in ihren Unternehmen gehe so etwas nicht, man sei viel zu seriös. Tja. Da frage ich gerne: Ist die BVG nicht seriös? Die BZgA? Das RKI? Vielleicht ist die Grenze bei einem Bestattungsunternehmen erreicht, das mag sein. Aber sonst? Wenn wir ehrlich sind, geht viel mehr, als wir für möglich halten. Wenn es um gute Überschriften geht, sollten wir mehr mit dem Bauch denken als mit dem Kopf, und das trauen wir uns traditionell eher nicht, wenn wir studiert haben. Aber ich will Sie wirklich ermuntern, es auszuprobieren! Wenn Sie eine Idee für eine gute Überschrift haben, schreiben Sie sie erst mal hin. Fragen Sie Kollegen. Streichen können Sie den Gedanken immer noch, es sind nur Buchstaben.

... und »Stahluminium« den Kerosinverbrauch minimiert

Ein anderes Beispiel entstammt einem PR-Seminar, das ich einmal an der Journalistenschule gegeben habe. Eine Ingenieurin meldete, dass man eine neue Legierung aus Stahl und Aluminium geschaffen habe. Kontext: Flugzeugbau.

Der klassische Ansatz eines naturwissenschaftlichen Denkers wäre es nun, in die Überschrift alle Aspekte hineinzupacken – so wie man das an der Uni eben lernt. »Max Mütze GmbH trägt mit neuer Legierung aus Stahl und Aluminium maßgeblich zur Verringerung des Kraftstoffverbrauchs im Luftverkehr bei« – oder so ähnlich – lauten dann die Überschriften. Aus Sicht des Unternehmens ist das

Ganze natürlich eine Heldentat, und man ist stolz darauf. Daher steht natürlich zu Beginn der Pressemeldung eine Sache hinter der anderen – leider ohne die Bedeutung. Der Klassiker ist, dass Unternehmen nur von sich selbst sprechen.

Jetzt über den eigenen Schatten zu springen und die Perspektive des Publikums einzunehmen, ist in meinen Augen eine der wichtigsten Schlüsselkompetenzen in der öffentlichen Kommunikation, doch kaum jemand beherrscht sie. Damit so eine Story in die Publikumsmedien kommt, also über die Fachmedien hinaus, genügt die Sache nicht. Wenn die Max Mütze GmbH mit dieser neuen Legierung dazu beiträgt, dass Flugzeuge weniger Kerosin verbrauchen, ist zwar die Folgerung nicht richtig, dass die Flugpreise sinken, aber den Umweltgedanken können wir beispielsweise hervorheben. Die Sache ist: Eine neue Legierung senkt den Kraftstoffverbrauch. Die Bedeutung ist: Das ist gut für die Umwelt. Sehen Sie, wie einfach es ist? Oft genügt es, nur den nächsten Schritt zu denken.

Klartext-Tipp 39:

Wenn Sie eine Haupt- und eine Unterüberschrift zur Verfügung haben, gilt: Die Bedeutung gehört in die Hauptüberschrift, die Sache in die Unterüberschrift. Die Unterüberschrift zeigt den Kontext oder erklärt die Details.

Bedeutung? Hauptüberschrift! Sache? Unterüberschrift!

Nun haben wir zwei Informationen: einmal die Sache – Legierung, Kraftstoff, Technik. Und wir haben die Bedeutung: gut für die Umwelt. Wenn Sie nun eine Kombination aus Haupt- und Unterüberschrift bilden können, gilt das simple Prinzip: Die Bedeutung wandert in die Hauptüberschrift, die Sache in die Unterüberschrift. Um den technischen Gedanken einfach zu halten, schlage ich vor:

Stahluminium
Neue Legierung spart Kerosin

Wenn Ingenieure Stahl und Aluminium physikalisch legieren können, können wir sie lexikalisch legieren. Dass das Kunstwort auf eine Legierung abzielt, ergibt sich aus der Unterzeile. Dass wir im Luftverkehr sind, verrät das Wort »Kerosin«. Der Umweltgedanke ist die Bedeutung.

Nehmen Sie Distanz zu Ihren Gedanken ein

Um eine gute Überschrift finden zu können, ist eines wichtig: Distanz! Nehmen Sie Distanz ein zu Ihren Gedanken, dann formulieren Sie leichter eine Story und machen sie für mehr Menschen verständlich. Kennen Sie den Effekt, dass Ihnen eine passende Formulierung erst dann einfällt, wenn Sie gerade nicht darüber nachdenken? Da sind Sie den ganzen Tag am Arbeitsplatz und zerbröseln sich den Kopf – und ausgerechnet beim Friseur oder beim Feierabendbier kommt Ihnen die Lösung. Dank der Distanz zu Ihrem Thema! Wie spezialisiert Ihr Wissen auch immer ist: Der Test für Ihre Verständlichkeit ist jede Situation zu Hause, unter Freunden, mit Kindern, im Privatleben. In diesen Situationen brauchen Sie meist auch keine

Klartext-Tipp 40:
Nehmen Sie Distanz zu Ihren Gedanken ein, dann formulieren Sie sie besser.

Luftblasen wie »innovative Technologien« oder »multilaterale Verhandlungen«. Sondern Sie sprechen von einer »neuen Technik« und von einem Gespräch, in dem Sie mit Vertretern mehrerer Seiten verhandelt haben.

Ganz einfach lässt sich Distanz herstellen, wenn Sie sich ins Denken eines anderen Menschen hineinversetzen. Stellen Sie sich vor, Sie kommen nach Hause, und Ihr Partner oder Ihre Partnerin fragt, was heute los war. Jetzt sagen Sie es in einem Satz. Das gelingt Ihnen in aller Regel, richtig? Was Sie vermutlich seit Jahren gewohnheitsmäßig praktizieren, ist der »Küchenzuruf« nach dem »Stern«-Gründer Henri Nannen, der einem etwas antiquierten Frauenbild anhing: Der Mann kommt nach Hause und ruft seiner Frau in der Küche zu, was heute los war. In der Regel formuliert er dabei keine überkomplizierten Fachinformationen wie: »Schatz, wir bekommen jetzt eine gemeinsame Währung mit anderen europäischen Nationen!«, sondern er bringt auf den Punkt, was los ist: »Schatz, die schaffen die D-Mark ab!« Oder er sagt eben: »Es gibt eine neue Legierung, die spart Kerosin!« Dass es um Stahl und Aluminium geht, ist erst dann relevant, wenn sich unser Gegenüber für die Details interessiert. Zunächst geht es um die nackte Nachricht.

Je spezialisierter Sie sind, desto besser ist der »Küchenzuruf« als Übung für Sie. Denn umso stärker müssen Sie Ihre Story runterbrechen, damit auch Ihre fachfremden Liebsten verstehen, was da aus Ihrem Munde dringt. In Alltagssituationen wird es Ihnen vermutlich leichter fallen, Ihre Story auf den Punkt zu bringen, als im

Job, wo es darauf ankommt. Der Grund dafür ist einfach: Im Job fürchten Sie möglicherweise, ...

- dass Sie sich nicht vollständig oder nicht korrekt ausdrücken. Und schon sitzen Sie in der Belanglosigkeitsfalle: Sie wollen alles zum Ausdruck bringen und scheitern dadurch wie ein detailverliebter Wissenschaftler daran, das Wesentliche zu benennen;
- dass Sie nicht den richtigen Ton treffen: Die »Sprachregelungen« des Unternehmens verhindern, dass Sie Ihren Gedanken freien Lauf lassen und kreativ sein können, denn das Unternehmen unterbindet Klartext;
- dass Sie etwas Falsches sagen und bestraft werden – sei es durch Mobbing, Karrierestopp oder Rauswurf.

Damit Sie nichts Unwichtiges erzählen, ist ein einfacher Trick sinnvoll: Stellen Sie sich vor, Sie haben eine extrem wichtige Nachricht zu vermitteln und Sie ...

- müssen Ihre Story per Handy durchgeben, wobei Sie sich bei nahezu leerem Akku in einem Funkloch befinden;
- schreiben Ihre Story auf einer kaputten Tastatur als Kurznachricht;
- bekämen für jede Silbe einen leichten, aber unangenehmen Stromschlag.

Sicher kann es sein, dass Sie am Anfang einige vermeidbare Stromschläge bekommen – doch mit der Zeit werden es immer weniger. Üben Sie! Dann werden Sie Ihre Botschaften schon bald auf den Punkt bringen. In der Folge drücken Sie sich für andere verständlich aus und sagen Dinge, die für andere relevant sind.

Was ist Ihre Botschaft?

Haben Sie Ihre Inhalte zur Botschaft verdichtet?

- Sagen Sie, was Sie sagen wollen – ist Ihre Botschaft eingegrenzt?
- Sagen Sie nichts, was Sie nicht sagen wollen – ist Ihre Botschaft abgegrenzt?
- Sagen Sie, was Ihre Zuhörer interessiert?
- Haben Sie Distanz zu Ihrer Botschaft, sodass auch andere sie verstehen?
- Stellen Sie Ihre Botschaft aus der Sicht Ihrer Zuhörer oder Leser dar?

Sehr gut! Dann können wir dazu übergehen, die Botschaft als Kurzfassung zu formulieren – als Synopsis.

Eine Synopsis ist eine Zusammenfassung, ähnlich einem »Abstract« bei einer wissenschaftlichen Arbeit. Auch Vorstandsvorlagen sind damit vergleichbar: Sie bringen in aller Kürze auf den Punkt, worum es geht. Dass dabei zahlreiche Hintergründe und Herleitungen fehlen, mag auf einen akademisch denkenden Menschen merkwürdig wirken – aber es ist so. Ein Top-Manager verlässt sich darauf, dass seine Mitarbeiter die Hintergründe fachlich sauber und sachlich richtig hergeleitet haben, denn dafür hat er sie ja angestellt. Also besteht die Aufgabe eines Mitarbeiters, sich in die Lage seines Chefs zu versetzen und ihn nicht mit Details zu belasten, nur weil sich der Mitarbeiter in den vergangenen Tagen und Wochen damit beschäftigt hat. Auf Nachfrage sollte der Mitarbeiter die Fakten parat haben, aber in der Synopsis haben sie zunächst einmal nichts verloren.

Im Vorwort hatte ich kurz von dem Ingenieur berichtet, der erst im siebten Absatz seiner E-Mail mit der Botschaft herausrückt, dass eine Behelfsbrücke eine Möglichkeit ist, den Verkehr während der Baustelle umzuleiten. Sechs Absätze lang erklärte er die Statik der defekten Brücke. Der Punkt aber ist: Die Presse will sofort eine Ansage, was denn nun sei. Und ebenso wie die Presse will ein Vorstand oder Geschäftsführer sofort in wenigen Worten erfahren, worum es geht. Was ist zu entscheiden? Welche Optionen stehen zur Wahl? Welche Option favorisiert die Fachabteilung und warum? Das wollen wir in aller Kürze lesen oder hören.

Klartext-Tipp 41:

Die meisten Chefs interessieren sich fürs große Ganze. Für die Details haben Chefs Mitarbeiter angestellt. Eine Vorstandsvorlage oder ein Bericht kommen klar auf den Punkt.

Also ist die Botschaft: »Wir schlagen eine Behelfsbrücke vor«. Die Botschaft ist nicht: »Nachdem die 110 Jahre alte Brücke über den Fuchsfluss zunehmend statische Abweichungen unzulässiger Größe aufweist, sind wir gezwungen, eine Lösung für diese Situation zu finden«. Sondern die Synopsis oder auch der »Küchenzuruf« lautet: »Behelfsbrücke!« Und mit etwas Fantasie ergibt sich auch noch eine passende Überschrift: »Behelfsbrücke überbrückt Brücke«. Natürlich überbrückt die Behelfsbrücke die Brücke nicht buchstäblich, denn sie befindet sich in der Regel nicht über der alten Brücke, sondern neben ihr. Aber das ist egal – die

Überschrift ist trotzdem gut. Als Goethe von »Wipfeln« geschrieben hat, war das auch falsch, weil es nicht nur über den Baumwipfeln windstill war, sondern im gesamten Wald. Fakt ist: Das Wortspiel mit »überbrücken« trifft sowohl wörtlich als auch metaphorisch zu – die Behelfsbrücke überbrückt das Tal oder die Eisenbahn, und die Idee der Behelfsbrücke überbrückt das Problem der defekten Brücke.

Und noch etwas ist wichtig in Sachen Synopsis: Wenn es Ihnen nicht gelingen will, Ihre Gedanken auf den Punkt zu bringen, dürften Ihre Gedanken noch nicht ausreichend durchdacht sein. Gedanken lassen sich in der Regel formulieren. Was sich formulieren lässt, lässt sich üblicherweise einfach formulieren. Es ist wie im Journalismus: Findet ein Redakteur partout keine Überschrift für seinen Text, ist die Story nicht klar. Entweder sie ist unvollständig und nicht zu Ende gedacht, oder sie ist widersprüchlich, oder sie besteht aus mehreren Storys verschiedener Genres, die der Redakteur voneinander trennen sollte. Ein Gastro-Text beispielsweise über Blumenkohl mit Muskat beinhaltet niemals zugleich das Rezept – für einen solchen Mix finden wir nur schwer einen Titel, weil nicht klar ist, ob wir es mit einem Sachtext über Blumenkohl zu tun haben oder mit einem Rezept. Doch wenn Sie all das geordnet haben – Sie sprechen über eine Sache, abgegrenzt von anderen – finden Sie auch eine Überschrift.

Spitzen Sie zu!

Den Kern Ihrer Botschaft zu isolieren, ist Pflicht. Kür ist es, sie zuzuspitzen. Wobei »zuspitzen« nicht zwangsläufig heißt, etwas zu verfälschen oder zu vereinfachen. Zuspitzen, runterbrechen – wie auch immer Sie es nennen – macht Dinge zunächst prägnanter und konkreter. Sicher gibt es Menschen, die manche Inhalte beim Zuspitzen verfälschen und dafür Geld bekommen. Manche Zeitung ist berühmt dafür. Doch das bedeutet nicht, dass wir beim Zuspitzen generell Inhalte verfälschen.

Klartext-Tipp 42:
Zuspitzen bedeutet, die Bedeutung dessen zu betonen, worüber Sie sprechen.

Zuspitzen bedeutet, ähnlich wie bei einer Karikatur, dass Sie sich einen Aspekt des Gedankens herausnehmen und in den Vordergrund stellen – allerdings ohne Dinge zu erzählen, die nicht den Tatsachen entsprechen. Der Satz »Am morgigen Tag treffen wir uns zur Besprechung des Schokobär-Projekts« klingt bürokratisch und öde. Aber er ist verbesserungsfähig: Aus dem Substantiv »Besprechung« können Sie die Tätigkeit »sprechen« isolieren, und Dinge direkt zu benennen, macht Ihre Sprache konkreter. Besser wäre also: »Morgen sprechen wir über den Schokobär.« Zuspitzen bedeutet nun, nicht nur die Sache zu bringen, sondern auch die Bedeutung. Warum treffen Sie sich morgen zu dieser Besprechung? Was ist das Ziel? Geht es um eine Entscheidung, wie es mit dem Schokobären weitergeht, dann dürfen Sie sagen: »Die Zukunft des Schokobären entscheidet sich morgen ab 8 Uhr in Raum E002.« Neu ist der Gedanke, dass es morgen darauf ankommt. Sie haben Dramatik eingebaut, und die Leute bangen: Wie wird es ausgehen? Und sofern Sie Partei pro oder kontra Schokobär ergreifen dürfen, können Sie auch noch durch Ihre Meinung polarisieren und die Story mit einer Wertung zuspitzen:

- Pro Schokobär: »Wird der Schokobär überleben? Entscheiden Sie mit! Morgen ab 8 Uhr in Raum E002.«
- Kontra Schokobär: »Ist nun Schluss mit Schokobär? Entscheiden Sie mit! Morgen ab 8 Uhr in Raum E002.«

Zuspitzung bedeutet also, die Bedeutung einer Sache zu betonen. Dabei kommen wir um Wertungen oft nicht herum – denn wir haben nun einmal verschiedene Vorstellungen über unterschiedliche Dinge und ihre Bedeutungen im Kopf. Wenn Sie der Ansicht sind, beim Schokobär-Meeting sei das Relevante, dass es das letzte Meeting im altehrwürdigen Raum E002 vor dem Umzug ins neue Hauptgebäude ist, gewinnen Sie der eigentlichen Debatte möglicherweise nichts ab.

Zuspitzen bedeutet auch, Wortspiele für den Kern Ihrer Story zu verwenden. Ein paar Beispiele:

- Kollegin Brigitta mit ihrem starken Hang zur Sicherheit kopiert jeden Zettel mit jeder Kleinigkeit? Sie heißt für die anderen nur »Kopierer«.
- Einer der Kantinenköche verwendet gerne mehr Pfeffer und Chili, als manchen Gästen lieb ist? Sein Spitzname ist »Scharfmacher«.
- Kollege Marc hat ständig Ärger mit seinem Auto? Die anderen begrüßen ihn mit den Worten: »Und? Was macht deine Autoaggression?«

Wichtig dabei ist: Sie dürfen Wörter verdrehen – solange Sie damit niemandem schaden und allen Beteiligten klar ist, welche Bedeutung Sie damit meinen. Unter einigermaßen intelligenten Kolleginnen und Kollegen wird vermutlich niemand jemanden wirklich für einen Kopierer halten. Wenn allen klar ist, dass es ein Wortspiel ist, lassen sich Wortspiele zum Zuspitzen gut gebrauchen.

Ebenfalls eine gute Art des Zuspitzens ist es, Bedeutungen zu formulieren, auf die die Menschen nicht ohne Weiteres kommen: Adolf Hitler ist keine sechzig Jahre nach Goethes Tod geboren. Haben Sie das schon einmal so gesehen? Oder: Die Sowjetunion wurde genauso alt wie das Deutsche Reich – 74 Jahre. Zufall? Zahlreiche Zuspitzungen sind möglich, wenn wir die Dinge einmal anders betrachten als gewohnt. Auch die »Bild« schrieb zur Euro-Einführung nicht, dass der Euro kommt, sondern sie griff das Denken der Menschen auf und formulierte, dass die D-Mark verschwindet. Das ist der »Küchenzuruf«. Es ist das Gleiche aus anderer Sicht und mit einem anderen Schwerpunkt – und hier hervorragend zugespitzt.

Auch Zusammenhänge zu verkürzen, eignet sich zum Zuspitzen: Wenn Ihr Hotel in Bahnhofsnähe liegt, ist es langweilig zu sagen, Ihr Hotel liegt in Bahnhofsnähe. Zugespitzt gesagt, fallen Sie aus dem ICE direkt ins Bett. Dabei ist der Trick, eine Abfolge zu reduzieren von ihrem Beginn direkt aufs Ende, ohne die Zwischenschritte zu erwähnen. Oder aber Sie verzichten auf relativierende Einschränkungen: In Deutschland fürchten wir, uns durchs Zuspitzen ungenau auszudrücken, und so lesen wir auf Zigarettenschachteln eben den überkorrekten Spruch »Rauchen kann tödlich sein«.

Klartext-Tipp 43:
Vorsicht beim Zuspitzen! Die Grenze zur Demagogie ist schnell überschritten.

Der Satz ist langweilig, um Präzision bemüht, nicht prägnant – eben nicht zugespitzt. Wenn auf englischsprachigen Zigarettenschachteln der Warnhinweis »Smoking kills« steht, ist das allerdings durchaus nicht falsch: Selbst wenn nur jeder Vierte am Rauchen stirbt, stimmt die Aussage »Rauchen tötet«. Die Zuspitzung ist korrekt, und wir sehen daran, wie unnötig es oft ist, bemüht Präzision herzustellen.

Meister der Zuspitzung ist die »Bild«, und tatsächlich sind viele ihrer Überschriften extrem treffend. Handwerklich armselig und inhaltlich unsinnig jedoch wird das Zuspitzen, wenn die »Bild« am 3. März 2016 über den Grünen-Politiker Volker Beck schreibt, er sei mit einer »Hitler-Droge« erwischt worden –

gemeint ist Chrystal Meth –, nur weil Adolf Hitler ein methamphetaminhaltiges Präparat namens Pervitin gespritzt haben *soll*. Nach dieser demagogischen Logik wäre jeder Nichtraucher, der einen Hund hat, mit Hitler gleichzusetzen, umso mehr, wenn er in einem Mercedes auf der Autobahn fährt. Jemand isst »Hitler-Essen«? Ein Vegetarier! Natürlich: »Bild« will hier Volker Beck diskreditieren – beim SPD-Politiker Michael Hartmann war in Sachen Chrystal Meth von Hitler keine Rede. Pikanterweise bedient »Bild« sich dazu einer Form der Zuspitzung, wie sie vor allem für Hitler und seinen Propagandaminister Joseph Goebbels typisch war: Sie erfindet einen aus der Luft gegriffenen Popanz, gegen den man sein muss, sodass man auch gegen Volker Beck sein muss, mit dem die »Bild« Hitler zusammenbringt. Und sie suggeriert, dass man gegen Volker Beck sein muss, wenn er diese Droge nimmt. So funktioniert die perfide Argumentation von Demagogen.

Zuspitzung hat also ihre Grenzen – dann, wenn sie Gedanken hervorruft, die falsch und niederträchtig sind. Darin macht kein Demagoge einem anderen etwas vor, ob es die Nazis sind, Stalin, die DDR, eine Sekte, das heutige Nordkorea oder eben die »Bild«. Natürlich ist die »Bild« nicht nationalsozialistisch, aber die Methoden der Demagogen sind die gleichen – sie beruhen auf indoktrinierender, weil verzerrend überhöhter Zuspitzung. Eine an und für sich schöne Methode des Auf-den-Punkt-Kommens erfährt ihren Missbrauch durch Ideologie und Propaganda.

> **Klartext-Tipp 44:**
> Wortspiele als Zuspitzungen sollten auf beiden Ebenen funktionieren: wörtlich und metaphorisch. Sonst sind sie schwach.

Natürlich ist nicht automatisch demagogisch, wer zuspitzt – diese Folgerung wäre nun falsch. Schon einfache Wortspiele ergeben gute Zuspitzungen. Wenn die »Süddeutsche Zeitung« im November 2012 den Bericht über den Besuch von Bundeskanzlerin Angela Merkel (* 1954) in Portugal mit »Der Besuch der kalten Dame« überschreibt, ist das prima: Zum einen kann man Frau Merkel in den Pleiteländern der EU als kalt empfinden, und zum anderen entspricht der Besuch tatsächlich dem »Besuch der alten Dame« von Friedrich Dürrenmatt (1921–1990). In Aussicht auf viel Geld fürs Dorf fordert die alte Dame den Tod eines Dorfbewohners – analog dazu fordert Merkel Opfer von Portugal, damit Portugal Geld von der EU bekommt. Auch die Überschrift »Ziehen Sie Erfolg an« spitzt das Thema Stilberatung hervorragend zu – damit haben wir »anziehen« in beiderlei Sinne abgedeckt, im Sinne von »to dress« und von »to attract«. Zugleich sind Wortspiele eher schwach, wenn sie nur auf der metaphorischen Ebene zutreffen, wörtlich aber keinen Sinn ergeben. Ginge es in Dürrenmatts Drama um etwas anderes, wäre die Überschrift hübsch, aber daneben. Auch die Überschrift »Der mit dem Golf tanzt« ist lediglich bemüht, wenn es im Text lediglich um VW geht und nicht explizit um einen irgendwie gearteten Tanz mit einem VW Golf.

Sie sehen vielleicht: Wenn es darum geht, eine relevante Botschaft herauszuarbeiten und zuzuspitzen, bedarf es viel weniger der fachlichen Qualifikationen, für die wir in Deutschland so berühmt sind. Sondern es bedarf des Gefühls und des Vorstellungsvermögens, für die wir in Deutschland immer weniger berühmt sind, seit wir die Dichter und Denker nicht mehr ernstnehmen und an deren Stelle den Technokraten die Regie überlassen. Eher noch geht es beim Formulieren von Botschaften darum, die fachliche Qualifikation zurückzustellen: Sie stört eher, als sie dienlich ist. Und es geht um ein wenig kulturelles und historisches Fingerspitzengefühl – so ganz ohne Bildung ist professionelle Kommunikation dann doch eher schwierig, auch wenn das viele Menschen versuchen und dabei nicht merken, dass ihre Unbildung durchscheint. Vor allem die Kompetenz, mit Sprache umzugehen, zählt – aber davon hat uns ja wie erwähnt sogar die Schule nicht viel verraten, die ja sonst das Thema Bildung hochhält. Also. Haben Sie Mut, ein wenig musischer zu denken, als es die meisten

Klartext-Tipp 45:

Betreffzeilen in E-Mails sind Überschriften! Wählen Sie hier besonders treffende Worte und vermitteln Sie vorrangig die Bedeutung.

Menschen hierzulande tun? Sind Sie bereit, stilsicher zuzuspitzen, sodass Ihre Botschaft wirklich trifft? Dann können Sie zum Pionier werden. Kaum jemand da draußen beherrscht dieses Handwerk.

Überschriften in E-Mails und Newslettern

Natürlich lässt sich das Prinzip, die Bedeutung in der Hauptüberschrift und die Sache in der Unterüberschrift zu bringen, auf Betreffzeilen von E-Mails und Newslettern übertragen. Die Hauptüberschrift gehört nach vorne, die Unterüberschrift nach hinten. Setzen Sie dazwischen einfach einen Doppelpunkt:

Stahluminium: Neue Legierung spart Kerosin

Planen Sie Ihren Text!

Die meisten Menschen scheinen relativ wenig zu denken, bevor sie sprechen oder schreiben. Sie formulieren einfach drauflos. Zwar hat uns die Schule beigebracht, vor der Reinschrift ein Konzept zu schreiben – jedenfalls zu Zeiten, als die Handschrift noch etwas mehr Wertschätzung erfahren hat als heute. Aber die Frage, wie wir einen Text aufbauen, zielte in meinen Augen viel zu sehr auf das aristotelische Prinzip von Einleitung, Hauptteil und Schluss ab. Viel zu sehr, weil wir in vielen Texten, vielleicht in den allermeisten, weder Einleitung noch Schluss brauchen, gerade wenn es um alltägliche Kommunikation geht, ob beruflich oder privat. In der mündlichen Kommunikation glauben zudem viele an das amerikanische Prinzip, alles anzukündigen, was man gleich sagen wird – auch das trägt zum allgemeinen Gelaber bei. Dass wir die einzelnen Aspekte unserer Botschaft zunächst einmal sammeln, bewerten und ordnen können, also die einfachste Art, einen geschriebenen oder gesprochenen Text zu strukturieren, hat sich noch nicht so sehr herumgesprochen wie die akademisch geprägten Zugänge zur Textplanung.

Eine entscheidende Frage bei der Textplanung ist die Überlegung, was relevant ist und was nicht. Nehmen wir das Beispiel eines Banküberfalls. Zwei maskierte

Klartext-Tipp 46:
Vergessen Sie die Regel, Sie bräuchten Einleitungen. Das ist Unsinn.

Männer (natürlich keine »maskierten Täter«, wie wir oft lesen, denn Täter sind die beiden ja nun einmal) überfallen eine Bankfiliale in der Schloßstraße in Berlin-Steglitz, bedrohen Angestellte und Kunden mit Pistolen, flüchten mit einer Beute von 3140 Euro in den U-Bahn-Tunnel und verschwinden. Das sind die groben Informationen. Wir wissen: Niemand ist verletzt worden, sonst hätten wir es erfahren. Über diesen Banküberfall können wir eine Meldung von acht Zeilen schreiben, dafür wissen wir bereits genug. Oder wir schreiben einen Bericht von sechzig Zeilen – dazu brauchen wir noch ein bisschen Futter. »Zeile« verstehen wir im Sinne einer Zeitung mit ungefähr dreißig bis fünfunddreißig Zeichen.

Je nachdem, wie viel wir bei unserer Recherche erfahren, gelangen nun immer mehr relevante Informationen in den Text: dass die Täter die Beute in einem blauen Rucksack mit Adidas-Streifen verstaut haben. Die Information ist relevant, sofern wir sie haben, aber sie ist nicht per se relevant. Das heißt: Unsere Geschichte – Journalisten sprechen bezeichnenderweise von »Geschichten«, wenn sie über etwas berichten – ist auch ohne die Rucksackinformation rund. Wenn wir aber erfahren, dass wegen des Trubels in der Bank der Klavierunterricht in der Wohnung darüber gestört war, dann ist das nicht relevant. Denn Relevanz hängt weder von zeitlicher noch von räumlicher Nähe ab, sondern lediglich von inhaltlicher Nähe. Löst sich beim Banküberfall ein Schuss aus einer Pistole, und trifft das Projektil die Decke, können wir das ignorieren, da der Schaden in der Decke nicht relevant ist. Wichtig ist, dass keine Menschen und Tiere zu Schaden kamen. Durchdringt das Projektil die Decke und beschädigt das Klavier, gehört die Information allerdings in den Text, wenn auch weiter hinten als Randaspekt. Trifft die Kugel einen Menschen im Klavierzimmer, so gehört das nach vorne – es ist wichtig.

Klartext-Tipp 47:

Denken Sie daran: Auch wenn Sie die Antwort auf eine naheliegende Frage nicht relevant finden, wollen die Menschen Orientierung. Also sollten Sie naheliegende Fragen beantworten.

Wie planen wir den Text nun? Ganz einfach: indem wir die relevanten Informationen zunächst sammeln und dann ordnen. Relevant ist die Zahl der Täter, dass sie entkamen, die Beute, Ort und Zeit, und dass die Täter bewaffnet waren. Relevant ist auch die Frage, ob Kunden und Mitarbeitern etwas passiert ist. Selbst wenn nicht, erwähnen wir es, damit wir unsere Leser und Hörer nicht mit der Frage danach alleine lassen. Dass naheliegende Fragen relevant sind, berücksichtigen sehr wenige Leute beim Kommunizieren, ob schriftlich oder mündlich. Sie scheinen davon auszugehen, dass auch die anderen Menschen wissen, was sie wissen.

Das Wichtigste gehört bei allem nach vorne – und schon durch diese Regel verbietet es sich, eine Einleitung zu formulieren. Was sollte das auch? »Im Folgenden berichten wir, was sich heute gegen 14.30 Uhr in Steglitz zugetragen hat«? Quatsch. Wir wollen gleich wissen, was los ist. Auch erzählerische Umwege gehen den Menschen auf die Nerven – wenn ein Journalist etwa mit dem Wetter anfängt oder irgendwelchen irrelevanten Randaspekten. »Der Spiegel« war eine Zeitlang berühmt dafür, dass man als Leser fast jeden Text mit dem zweiten oder dritten Absatz beginnen konnte, weil zu Beginn ohnehin nur Schaum stand in der Art: »Es war ein kalter Frühlingsmorgen, als Harry S., 47, in seinem schwarzen Audi auf der Potsdamer Lindenstraße im Stau stand.« Solches Geblubber kommt eben dabei heraus, wenn unkreative Leute auch einmal kreativ sein wollen, obwohl einfach

Journalismus gefragt ist. Schreiben ist zunächst einmal ebenso ein unkünstlerisches Handwerk wie die Arbeit mit einer Kettensäge. Wenn ein Arbeiter einen umgestürzten Baum kleinmachen soll, wollen die meisten Kunden einfach nur Handwerk sehen und keine hübschen Verkünstelungen, in denen sich der Arbeiter als Bildhauer austobt – auch wenn man mit einer Kettensäge spannende Skulpturen herstellen kann. So ähnlich ist das bei der Sprache: Die meisten Leute wollen einfach Informationen. Für Feuilletonismus, der so tut, als sei er wichtiger als die Botschaft, hat vermutlich kaum noch jemand Zeit.

Die Kunst des Weglassens

Was ich Ihnen und den Menschen in Vorträgen und Seminaren unbedingt empfehle: Haben Sie den Mut, Dinge wegzulassen. Es muss nicht alles rein in Ihre Story. Bei allem können Sie sich zunächst fragen: Wer würde die Information vermissen, wenn ich sie weglasse? Wenn nur wir selbst eine Information vermissen würden, ist die Information möglicherweise überflüssig. Natürlich würde niemand im Zusammenhang mit dem Banküberfall eine Information zum Rucksack der Täter vermissen, wenn von diesem Rucksack bisher keine Rede war, und dennoch ist die Information relevant. Hier gilt das Prinzip »Was ich nicht weiß, macht mich nicht heiß« nicht. Es gilt aber dann, wenn eine Information tatsächlich nur für uns interessant ist, für unsere Mitmenschen aber nicht.

Klartext-Tipp 48:
Überlegen Sie nicht nur, was alles rein muss in Ihren Text. Sondern überlegen Sie vor allem auch, was Sie weglassen können.

Nehmen wir den Aufkleber, der an jedem deutschen Bahnhof am Aufzug pappt: Ist der Aufzug defekt, sollen wir die »3-S-Zentrale« anrufen. Niemand würde die Information vermissen, wo wir landen, wenn wir die angegebene Nummer anwählen – wir wissen, dass wir bei der Deutschen Bahn an einer Stelle landen, die sich für den defekten Aufzug interessiert. Schließlich steht auf einem Feuerwehrauto auch nur: »Feuer 112« und nicht: »Sofern es bei Ihnen brennt, freuen wir uns auf Ihren Anruf! 112«.

Die Bahn selbst würde die Information »3-S-Zentrale« allerdings vermissen, da sie vermutlich sehr stolz ist auf ihre »3-S-Zentrale«. Dass sich außerhalb des

Unternehmens kaum ein Mensch zusammenreimen kann, was »3-S-Zentrale« wohl bedeuten könnte, scheinen die Leute im Unternehmen nicht zu erfassen. Der Begriff »3-S-Zentrale« ergibt eine naheliegende Frage, nämlich: Was bedeutet »3-S«? Leider nur führt die Antwort vom Thema weg – statt klar miteinander zu kommunizieren, spielen wir Ratespiele. Insider und interessierte Externe wissen, dass »3-S« so viel heißt wie »Sicherheit, Service, Sauberkeit« – aber das interessiert Kunden eigentlich kaum, wenn der Aufzug streikt. Witzigerweise übersetzt die Bahn den Begriff sogar ins Englische und schreibt vom »Triple-S Centre« – ohne zu ermessen, wie diese Information im Ergebnis wirkt: Kann ein fremdsprachiger Besucher eines Bahnhofes etwas damit anfangen? Nein. Nur wer die US-Armee kennt, kennt die Abkürzung »Triple-S« als Code für das, was der Soldat nach dem Aufstehen tut: »shower, shave, shit«. Wir haben es hier also mit einer Information zu tun, die niemand vermissen würde, wenn wir sie streichen – außer uns selbst. Eine relevante Information liefert sie nicht. Also weg damit!

Klartext-Tipp 49:

Informationen, die niemand außer uns selbst vermisst, können meistens raus. Meist sind sie nur für uns selbst relevant, nicht aber für andere. Oder wir wiederholen ständig dasselbe.

Neben Informationen, die nur aus unserer Sicht relevant sind, aber nicht aus Sicht unseres Publikums, begegnen wir oft auch dem Phänomen der Inflation gleicher Informationen. Einmal quälte mich ein Mensch mit vierhundert Fotos aus Irland, und fast alle Fotos sahen gleich aus. Mensch vor karger Landschaft eins, Mensch vor karger Landschaft zwei, Mensch vor karger Landschaft drei. Ein- und dieselbe Story wiederholte sich immer wieder. Der Mensch übertrieb »die Botschaft« und wiederholte sie endlos – ein klassisches Prioritätsproblem. Ich hätte gerne nur die zehn wesentlichen Bilder gesehen, aber sie gingen in der Flut unter. Und der angeblich so eindrucksvolle Urlaub stellte sich für mich als eine Ansammlung gleicher, austauschbarer Eindrücke heraus, wobei wir nichts vermissen, falls einer dieser Eindrücke fehlt.

Übertragen auf die Sprache begegnet uns das Phänomen, wenn jemand immer wieder das Gleiche sagt, wenn auch in anderen Worten. »Gestern bei dem Meeting in Mannheim« hat jemand etwas entschieden? Wobei »wir in Mannheim« alle relevanten Aspekte besprochen haben? Insofern war »das Meeting gestern in Mannheim« ein Erfolg? Und außerdem war ja auch Dr. Schlaumüller dabei bei dem

»Meeting in Mannheim«? Dann weiß die Welt, dass wir in Mannheim waren, aber vielleicht geht die Wiederholung dieser Information anderen auf den Geist. Etablieren wir also *einmal* den Gedanken, dass wir in einem Meeting in Mannheim waren, und sprechen wir dann einfach nur noch von den Inhalten und Ergebnissen. Solange wir den Schauplatz nicht wechseln, ordnen wir alles diesem Gedanken unter, und es ist klar, dass wir uns auf das Meeting in Mannheim beziehen.

Stellen Sie sich vor, Sie haben nur wenige Sekunden, um Ihre Botschaft rüberzubringen. Dann werden Sie die »3-S-Zentrale« weglassen, und Sie werden auch nicht ständig betonen, dass Ihr Meeting in Mannheim war. Dieser Trick hilft Ihnen bei der Kunst des Weglassens. Er zwingt Sie, sich zu entscheiden, was wichtig ist und was unwichtig.

Verlieben Sie sich nicht in Worte!

Dinge unerwähnt zu lassen, über die wir uns Gedanken gemacht haben, empfinden manche Menschen als schwierig. Schließlich haben wir Zeit hineingesteckt, Energie und Aufmerksamkeit! Dadurch steigt in unserem Denken der Wert unserer Überlegungen und damit der Wert unserer Worte. Dabei vergessen wir gern, dass die Menschen außerhalb unseres Gehirns sich weniger dafür interessieren, wofür wir Energie aufbringen, sondern eher dafür, was wir zu sagen haben. Wenn wir nun Gedanken beibehalten, weil wir es zu schade finden, sie in die Mülltonne zu werfen, ergeben sich fast automatisch Informationen, die für andere irrelevant sind.

Was zählt in der Kommunikation, ob schriftlich oder mündlich, ist alleine eine relevante und verständliche Botschaft aus Empfängersicht. Die Vorbereitung, unsere Herleitungen – all das mag für uns bedeutsam sein, aber ob sich auch andere dafür interessieren, ist zumindest fraglich. Erinnern Sie sich an meine Argumentation, dass es nicht darum geht, was *vor dem Kauf* mit einem Produkt geschieht? Genauso ist es eben auch mit Worten. Bei Produkten besteht der Fehler darin, dass die Produktentwickler sich in ihre Arbeit verlieben und das Unternehmen den Gedanken der Produktentwicklung in den Vordergrund rückt statt der Anwendung. Bei der Sprache besteht der Fehler, dass wir uns in Gedankengänge verlieben, in Herleitungen und in Formulierungen. Wir verlieben uns oft einfach nur in Text.

Doch Text ist nur Material! Stellen Sie sich vor, ein Bildhauer verliebt sich in sein Material und trauert jedem Stück Stein hinterher, das er wegmeißelt. Oder stellen Sie sich vor, ein Bildhauer oder ein anderer Handwerker verwirft eine schlechte Arbeit nicht – mit der Begründung, dass er so viel Zeit reingesteckt hat. Mit Texten ist es wie mit Geld: Meist ist es unklug, schlechtem Geld noch gutes hinterherzuwerfen. Wir sollten Misserfolge abhaken und ein totes Pferd nicht weiter reiten, wie ein indianisches Sprichwort sagt. Also weg mit halbgaren Gedanken, falschen Ideen, unglücklichen Formulierungen und Texten, die nicht funktionieren!

Lassen Sie andere ran!

Die Kunst des Weglassens mag dem einen oder der anderen schwer erscheinen. Ach, wüsste ich nur, welchen Gedanken ich streichen soll! Dieser ist so schön, und jener ist so interessant ... Wissen Sie was? Im Zweifel helfen Ihnen Ihre Mitmenschen dabei, Irrelevantes zu streichen. Ich bin sicher: Fast jeder Text wird besser, wenn jemand drüberschaut – und das muss gar kein Textprofi sein. Und Sie finden auch Ihre Überschrift leichter. Am besten lassen Sie andere Leute Ihre Worte zusammenfassen! Ihre Botschaft wird sicher besser und prägnanter.

»Aber wem kann ich meine wertvollen Gedanken anvertrauen?«, fragen Sie sich vielleicht. Keine Sorge! Fast jeder Außenstehende ist gut – Hauptsache, Sie wenden sich nicht an einen Wirrkopf. Die Qualifikation des Außenstehenden für diesen Text-Check ist nicht Intelligenz im landläufigen Sinne, sondern sein Gespür für geradlinige Gedanken. Ist er zudem fachfremd, ist es noch besser: Dieser Tester sieht Ihre Belange von außen – wie die meisten anderen Menschen auf der Welt auch. Gerade wenn fachfremde Menschen Ihre Botschaft in eigene Worte packen, erkennen Sie, wie Ihre Botschaft aus Sicht anderer Menschen aussieht. Die filtern alles an unverständlicher Textschlacke und unklaren Aussagen rigoros heraus.

Klartext-Tipp 50:

Jeder Text wird besser, wenn Sie jemand anders ranlassen. Derjenige darf auch fachfremd sein. Andere Menschen haben einen externen Blick und helfen Ihnen aus Ihrer Betriebsblindheit möglicherweise heraus.

Lassen Sie uns dazu ein Beispiel nehmen: Stellen Sie sich den Wissenschaftler Markus vor, der nichts faszinierender findet als Statistiken aus dem Umfeld von Medizin, Krankenkassen und Prävention. Markus brütet wochenlang über einem Vortrag vor Experten. Und eines Abends fällt ihm die genialste aller Formulierungen ein, und er präsentiert seiner Frau Andrea stolz seine Story:

Bei bereits diagnostizierten Krebserkrankungen verlangsamt das
Rauchen Wundheilungsprozesse, etwa nach operativen Eingriffen.

Seltsamerweise ist Andrea gar nicht so begeistert. Sie sagt, das klinge »zu kompliziert«. Nun ist Markus akademisch gebildet. Ihm liegt auf der Zunge, es sei ja nun auch eine komplizierte Materie, und darum lasse sich die Formulierung nicht vereinfachen. Außerdem hat er in Fachkreisen gelernt, dass ein Laie schon gar keine Ahnung habe von fachlichen Formulierungen. Außerdem sei Andrea ja »nur« Assistentin der

Klartext-Tipp 51:
Seien Sie nicht eitel! Auch wenn Sie der Ranghöchste oder der Höchstqualifizierte sind, schreiben und sprechen Sie nicht automatisch am besten. Wer im Team findet die besten Formulierungen? Lassen Sie ihn das machen!

Geschäftsführung in einem mittelständischen Unternehmen und habe ihm als Arzt schon gar nichts zu sagen. Innerhalb weniger Sekunden durchströmen sämtliche Vorurteile der gesamten Fachkreise-Arroganz sein Gehirn. Doch zum Glück versteht Markus etwas von Abstraktion: Er vertraut darauf, dass Andrea gerade als Fachfremde einen externen Blick hat, der seinen Formulierungen letzten Endes helfen wird. Und die Assistentin der Geschäftsführung, die es gewohnt ist, komplexe Inhalte für ihren Chef in wenige knappe Worte zu packen, zeigt ihm als Fachfremde, was der hochgebildete Arzt eigentlich meint. Andrea fragt:

Meinst du, Operationswunden nach Krebs-OPs heilen langsamer,
wenn der Patient raucht?

Oft brauchen wir die Selbstdistanz: Eine »bereits diagnostizierte Krebserkrankung« ist »Krebs«, ein »Heilungsprozess« ist die »Heilung«, und ist die »verlangsamt«, heilen Wunden eben langsamer. Den Kontext musste Andrea erfragen – da war unser Wissenschaftler höchst ungenau.

Wenige Wochen nach diesem Gespräch kommt Markus von einem Mediziner-Kongress in den USA zurück. Er berichtet begeistert, wie einfach sich Fachleute in den USA oft ausdrücken – es ist gar nicht so schwer, sie zu verstehen! Statt »bereits diagnostizierte Krebserkrankung« sagen sie einfach »cancer« – und das ist weder »zu einfach« noch fachlich falsch. Es ist gemeint.

Wie Sie sagen, was Sie sagen wollen

Über die Kunst, mit Wörtern und Sätzen so zu jonglieren, dass die heiße Luft entweicht, über die Kunst, Buchstabenketten zu knackigen Inhalten zusammenzukochen, und über ein paar Tricks aus dem Werkzeugkoffer des Journalismus, die selbst viele Journalisten inzwischen vergessen haben.

Gelang es uns als Kindern noch, einfach und klar zu sagen, was wir wollten, verknoteten Ausbildung und Universität und zuletzt das Arbeitsleben unsere Sprache immer mehr. Und es bildet sich eine Form der Schizophrenie heraus – ein deutlicher stilistischer Unterschied zwischen unseren privaten Formulierungen und unseren Formulierungen am Arbeitsplatz. Im Unternehmen sagen wir: »Ihre Leistungen, Herr Müllermeierschulze, erscheinen in letzter Zeit sehr verbesserungswürdig.« Kommt unser Sohn mit einer schlechten Note nach Hause, sagen wir aber nicht: »Nach deinen jüngsten Leistungen im Fach Mathematik in den vergangenen Wochen und Monaten erscheint es uns einmal mehr als eine überlegenswerte Option, über Optimierungspotenziale zu sprechen.« Sondern wir reden normal, wenn wir privat sind. Zugleich entfernt sich unser Unternehmen mit seiner Kunstsprache immer mehr von den Menschen, die es doch erreichen will – Kunden. Ob im Privatkundengeschäft oder »business-to-business«: Letzten Endes hören und lesen Menschen unsere Texte, nicht Maschinen. Also sollten wir menschlich kommunizieren.

Klartext-Tipp 52:

Letztlich lesen und hören Menschen unsere Texte. Also sollten wir menschlich kommunizieren. Suchmaschinenoptimierte Texte mögen Texte leichter findbar machen – aber sie sollten für Menschen lesbar sein.

Wie gelingt es nun, die Sprache so zu vereinfachen, dass sie einfach und klar wird? Ohne dass es Mühe macht, Dinge zu formulieren? Ich bin überzeugt davon, dass wir unsere Kommunikation wesentlich verbessern, wenn wir die Dinge beim Namen nennen. Und das geht: Fast alle komplizierten Wörter und Sätze lassen sich eindampfen, ohne dass Inhalt und Sinn verloren gehen. Der Code der Sprache ist an sich sehr einfach: Wir sitzen auf einem Stuhl, wir trinken einen Kaffee, wir blicken auf den Bildschirm. Im Grunde müssen wir nur sagen, was Sache ist – nicht mehr und nicht weniger. Und die meisten Bedeutungen sind klar. Ebenso, wie wir die Sprache zu schwulstigem Unfug aufblasen können, können wir die Luft rauslassen und es vor allem von Anfang an vermeiden, die Sprache mit heißer Luft anzufüttern. Das Ergebnis dieser Klartext-Kommunikation ist automatisch eine Kombination aus klarer Botschaft und Zuspitzung: Wir sagen, was ankommen soll.

Sprache ist ein Werkzeugkasten, Sprechen ist Handwerk

Und ich will es gerne noch einmal betonen: Mit Sprache umzugehen, ist eine Frage des Handwerks. Es mag ja sein, dass der Wissenschaftler auf dem Gebiet der Krebsforschung ein höchst kompetenter Experte ist, aber zugleich kann er in puncto Sprache ein Laie sein. Das soll nicht despektierlich klingen, aber es ist so, wenn wir das Formulieren als Handwerk ansehen – schließlich erkennen auch die Fachleute sehr genau, wer ihnen fachlich ebenbürtig ist und wer nicht. Auf Sprachprofis wirken zahlreiche Fachleute wie Amateure – einfach weil sie vom Handwerk der Sprache nichts verstehen. Doch um die Sprache zu beherrschen, bedarf es ebenso einiges Know-hows wie auf anderen Fachgebieten. Wer nichts von Anatomie weiß, sollte vielleicht keine Gelenke operieren. Und wer nicht weiß, dass Passivsätze die Sprache schwer verständlich machen, sollte nicht glauben, er sei der Richtige, um einen Text zu verfassen. Was natürlich nicht heißt, dass die Menschen Amateure bleiben müssen:

Klartext-Tipp 53:
Natürlich kann Sprache schön sein. Doch im Alltag geht es kaum darum, mit Sprache zu gefallen. Betrachten Sie Sprache als Werkzeug!

Wir können so gut wie alles lernen – natürlich auch die Kunst der Sprache.

Am besten also betrachten Sie die Sprache als Werkzeug und das Sprechen als Handwerk. Beide sind Mittel zum Zweck. Die Sprache steht uns mit all ihren Tricks als Werkzeugkasten zur Verfügung – das Sprechen und Schreiben selbst ist dann die Anwendung dieses Wissens, die Praxis. Und ebenso, wie eine Knie-Operation keinen Selbstzweck hat – wir operieren im Idealfall nicht nur, um zu operieren –, ist auch der Sinn des Schreibens und Sprechens nicht das Schreiben und Sprechen selbst. Sondern es geht ausschließlich darum, Inhalte zu vermitteln und damit Dinge zu bewirken. Ganz einfach. Damit ist unsere Sprache automatisch nicht mehr selbstgefällig.

Oder vergleichen wir die Sprache mit dem Autofahren: Um von ihrer Garage zu ihrem Arbeitsplatz zu kommen, nehmen die meisten Menschen den kürzesten oder den schnellsten Weg. Welchen Grund sollten unnötige Umwege haben? Bei der Sprache gilt das Gleiche: Viele Menschen wählen unnötige Umwege und Schleifen – ohne es zu merken, während sich Sprachprofis darüber wundern. Auf jede erdenkliche Weise machen die Leute den Weg zum Ziel, um zu zeigen, wie toll sie mit der Sprache umgehen können. Doch letztlich zeigt die gewundene Sprache nur, dass die Botschaft nicht so wichtig zu sein scheint. Betrachten wir die Sprache also pragmatisch – ungeachtet dessen, dass sie natürlich auch schön sein kann und durchaus auch ein Mittel der Kunst ist. Im Alltag spielt das eher kaum eine Rolle.

Gute Wörter, schlechte Wörter

Erinnern Sie sich an die Nachricht über »Tirili«? Die Botschaft war: Der Anteil weiblicher Kunden wächst! Und das spitze ich jetzt zu: »Tirili wird immer weiblicher!« Vermutlich zückt der eine oder die andere unter Ihnen bei dem Ausdruck den inneren Rotstift und zeiht mich der völligen Unfähigkeit zu formulieren:

- Das Adjektiv »weiblich« lässt sich nicht steigern!
- Entweder ist etwas weiblich oder nicht!
- Gibt es für diesen Typen auch »ein bisschen schwanger«?

Nun – Sie haben Recht. Ich weiß, dass der Ausdruck »immer weiblicher« falsch ist. Nur: Er ist gut. Er bringt die Sache auf den Punkt. Und indem er falsch ist, schafft er Aufmerksamkeit. Er provoziert. Und das ist möglicherweise nicht schlecht.

Nur weil etwas falsch ist, muss es nicht schlecht sein: Ausdrücke wie »unkaputtbare Flasche« – einst erfunden von Coca-Cola – und auch die »abe Hand« nach dem Silvesterknallerunfall sind sicher grauslich falsch – aber wenn man diese Dinge ausspricht, verstehen alle, worum es geht. Es gibt nun einmal einen Unterschied zwischen Korrektheit und Prägnanz. Ebenso erinnern Sie sich vielleicht an das »Stahluminium«: Das Wort ist falsch, weil es nicht existiert. Was ich damit sagen will: »Richtig« und »Gut« beziehungsweise »Falsch« und »Schlecht« entspringen vollkommen verschiedenen Kategorien. Kurz: Was falsch ist, ist nicht automatisch schlecht. Und was noch viel wichtiger ist: Was richtig ist, ist deswegen noch lange nicht gut.

Und hier sehen Sie, dass wir wieder einmal einem Dogma des Bildungsbürgertums widersprechen: Bisher denken die meisten Menschen, ein Text sei dann gut, wenn er keine Fehler mehr enthält. Ein Unternehmen verfasst eine Pressemeldung – und sobald der Germanistik studierende Praktikant alles mit dem »Duden« abgeglichen hat, geht die Meldung raus. Ganz egal, ob sie relevant ist, verständlich und auf Anhieb nachvollziehbar. Hauptsache korrekt! Wir unterliegen dem Irrglauben, ein fehlerfreier Text sei deswegen automatisch gut.

Richtig und falsch? Oder gut und schlecht?

Bisher reiten Rhetoriker und Sprachästheten meist darauf herum, ob Sprache »richtig« ist. Den »Duden« sehen sie als Herrn über »Richtig« und »Falsch« an. Wer etwas »korrigiert«, »hat recht«, und damit sind die meisten Diskussionen über Texte beendet. Sie merken schon: Hinter der Richtig-falsch-Dimension steht eine Geisteshaltung. Horden hochgebildeter Akademiker machen sich über »Uschi's Frisiersalon« und den darin enthaltenen »Deppen-Apostrophen« lustig – zugegeben: ich auch. Aber was soll die Aufregung? Uschi weiß es nun mal nicht besser. Und immerhin sagt sie klar, welche Leistung sie anbietet.

Ich finde den Aufwand übertrieben, mit dem viele Bildungsbürger den Uschis dieser Welt irgendwelche Regeln einpauken wollen, die die Uschis nicht interessieren – einmal abgesehen davon, dass es ein herablassender Kampf von oben nach unten ist, ein Kampf der Besserwisser. Mit der gleichen Intensität sollten die Gebildeten mal für verständliche – also gute – Sprache sorgen.

Klartext-Tipp 54:
Machen Sie sich klar: »Richtig« ist nicht gleich »Gut«, »Falsch« ist nicht gleich »Schlecht«. Ein Text ist nicht gut, nur weil er fehlerfrei ist.

Natürlich möchte ich nicht, dass wir Fehler machen: Ein Text sollte, bevor er rausgeht, schon möglichst fehlerfrei sein. Der Punkt ist nur: Bevor wir an die Korrektur gehen – also daran, einen Text »richtig« zu machen –, sollte er gut sein. Es hat, wie bereits erwähnt, keinen Sinn, einen schlechten Text zu korrigieren.

Sprache sollte also »gut« sein. Und das geht selbst dann, wenn Teile von ihr »falsch« sind. Das Wort »unplattbar« zum Beispiel existiert ebenso wenig wie »unkaputtbar«, wenn wir den »Duden« als Maßstab nehmen. Es gibt die Verben »kaputten« und »platten« eben nicht. Trotzdem beschreibt »unplattbar« im Zusammenhang mit einer neuen Generation von Fahrradreifen genau die Botschaft. Insofern ist das Wort »unplattbar« zwar falsch, aber gut.

»Falsch« muss also nicht »schlecht« sein. Die Kategorien »falsch/richtig« und »gut/schlecht« bilden, grafisch dargestellt, ein Kreuz:

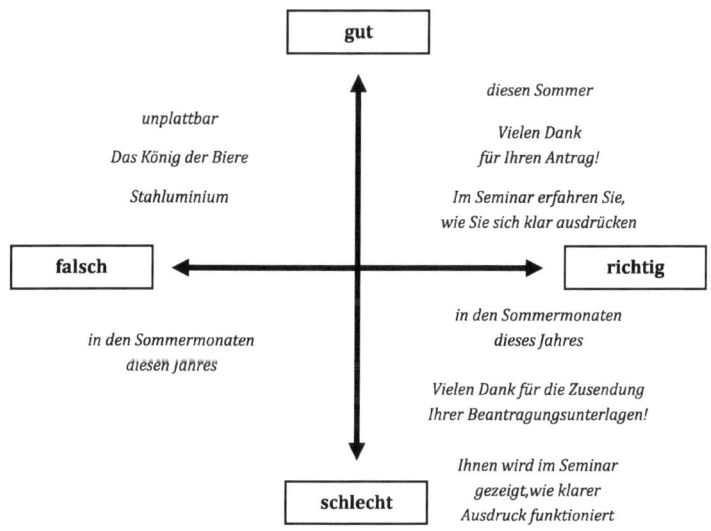

Vier Kombinationsmöglichkeiten: Das Kreuz der Sprache

Die Darstellung zeigt vier Möglichkeiten: Sprache ist entweder ...

- richtig und gut;
- richtig und schlecht;
- falsch und gut oder
- falsch und schlecht.

Beginnen wir mit »falsch und schlecht«: Immer wieder gerne gehört sind Formulierungen wie »die Sommermonate diesen Jahres«. Falsch ist es, weil es nicht »diesen Jahres« heißt, sondern »dieses Jahres« – und dieser Fehler wird auch dann nicht richtig, wenn wir ihn immer wieder lesen. Es sind »die Fenster dieses Hauses« – ganz einfach. Aber selbst wenn wir den Fehler korrigieren, wird die Formulierung noch lange nicht gut: »In den Sommermonaten dieses Jahres« ist aufgeblasen für »diesen Sommer«. Denn der Sommer besteht nun einmal aus Monaten; aber ebenso gut besteht er aus Wochen, und wir könnten »Sommerwochen« sagen. Wir tun es aber nicht, weil es Blödsinn ist – ebenso wie die »Sommermonate«. Es ist eben der »Sommer«.

Oder nehmen wir die Formulierung »Vielen Dank für die Zusendung Ihrer Beantragungsunterlagen«. Dass der Kunde uns die Unterlagen zugesandt hat, ist klar – sonst könnten wir uns dafür nicht bedanken. Also kann die »Zusendung« raus. Eine »Beantragung« ist der »Antrag«, und »Unterlagen« sind es ohnehin. Also: »Vielen Dank für Ihren Antrag« – fertig.

»Richtig und schlecht« sind auch Sätze wie »Ihnen wird im Seminar gezeigt, wie klarer Ausdruck funktioniert« – gut ist dagegen »Im Seminar erfahren Sie, wie Sie sich klar ausdrücken«. Die

Klartext-Tipp 55:

Unsere Welt ist voller korrekter und schlechter Formulierungen. Akzeptieren Sie nicht länger das Argument, eine Formulierung sei korrekt! Gut muss sie sein – und das heißt nicht, dass eine Formulierung dann falsch wäre.

schlechte Variante ist störrisch, die gute flüssiger. Woran das liegt, will ich hier schon einmal vorwegnehmen: »Ihnen wird gezeigt« ist ein Passivsatz – und Passivsätze machen Texte schon einmal sehr hölzern, weil sie kaum ein Bild im Kopf entstehen lassen. »Ihnen wird gezeigt« ist zudem wenig empfängerorientiert – wir kommunizieren aus unserer Sicht als Seminaranbieter. Die Formulierung »wie klarer Ausdruck funktioniert« schließlich ist hölzern, weil wir das Geschehen in einem Substantiv unterbringen statt in einem Verb, wozu Verben nun einmal da sind. De facto wird sich jemand irgendwie »ausdrücken«, und unsere Sprache wird besser, wenn wir in einem Verb sagen, was jemand tut.

Am liebsten ist mir gewiss »richtig und gut«. Doch auch »falsch und gut« ist mir recht: Beim falschen und guten Wort »unplattbar« entsteht eine Vorstellung im Kopf, wir haben sofort die Botschaft im Sinn. Natürlich ist es falsch, weil wir jeden Luftgummireifen platt bekommen – es ist eine Frage des Nagels. Ein abstraktes Sprachmonster wie »Witterungsbedingungen« dagegen wird erst dann bildhaft, wenn wir es auf seinen Kern »Wetter« zuspitzen – ebenso wie die »Sommermonate«.

Vielleicht fällt Ihnen auf, dass unsere Gegenwart voll von korrekten Formulierungen ist, die im Kreuz der Sprache unter »schlecht« stehen würden: Überall und ständig erzählen die Leute von »Zielsetzungen«, von »Aufgabenstellungen« und »Fragestellungen« und nerven ihre Umwelt mit zwar »richtigen«, aber zugleich »schlechten« Vokabeln. Wie leicht wäre es doch, diese Wortungetüme auf ihre Kerne »Ziel«, »Aufgabe« und »Frage« zu reduzieren und damit gut zu machen! Richtig wären sie dennoch. Nehmen wir einen Satz, der korrekt ist und dennoch dringender Überarbeitung bedarf:

Es wird die Beantragung der Erstattung der Aufwendungen für die Durchführung der Weihnachtsfeier seitens der Abteilung Personal in Erwägung gezogen.

Und jetzt lassen Sie mich kurz zeigen, warum dieser Satz grottenschlecht ist:

- Das Subjekt ist »Es« – nichtssagend und wenig bildhaft. Wer handelt?
- Das Prädikat und damit der Sinn des Satzes erschließen sich erst am Ende: »wird ... gezogen« – und das ist zu spät.
- Das Verb »in Erwägung ziehen« ist sprachlicher Bombast für das einfache Wort »erwägen«. Ein bisschen weniger geschwollen sind die Wörter »überlegen« und »nachdenken«.
- Das Substantiv »Beantragung« ist Bombast für das Wort »Antrag«, und darin steckt die Tätigkeit, etwas zu »beantragen«.
- Die Substantive »Erstattung«, »Aufwendungen« und »Durchführungen« sind Bombast für Dinge, die ich in Form von Verben hören will oder noch lieber streichen würde: Wer erstattet was, worin bestehen die Aufwendungen, und was sind »Aufwendungen für die Durchführung der Weihnachtsfeier« anderes als »Aufwendungen für die Weihnachtsfeier«?
- Die »Abteilung Personal« sind die Trümmer des Wortes »Personalabteilung« und etwa genauso grottiges Deutsch, wie es das »Ministerium Bildung« wäre.

- Die Formulierung »seitens der Abteilung Personal« ist nicht auf Anhieb verständlich: Beantragt die Personalabteilung die Erstattung, oder beantragt jemand die Erstattung bei der Personalabteilung? Wer?

Zugleich lässt sich der Satz so einfach auf seinen Kern zusammenkochen:

Kann nicht die Personalabteilung die Weihnachtsfeier bezahlen?
Wir denken darüber nach, das zu beantragen.

Differenzieren Sie also bitte zwischen »gut oder schlecht« einerseits und »richtig oder falsch« andererseits! Einen kleinen Überblick über übliche Phrasen verschafft Ihnen diese Tabelle:

Phrase	Gut? Schlecht?	Warum?	Richtig? Falsch?	Warum?
nicht unweit von hier	schlecht	abgegriffene Floskel	falsch	nicht unweit = nicht nah = weit weg – gemeint ist meist »nah«
abdrucken, anmieten, einsparen, aufkaufen, besagen ...	schlecht	aufgeblasen – alle diese Verben sagen ohne ihre Vorsilben dasselbe	richtig	Diese Wörter existieren leider so
Marketingbereich, Schulbereich, Vertriebsbereich ...	schlecht	aufgeblasen – alle diese Substantive sagen ohne den Zusatz »-bereich« dasselbe	richtig	Diese Wörter existieren leider so
Verantwortlichkeit, Anständigkeit, Sorgfältigkeit	schlecht	Silbenmüll kaschiert den Kern: »Verantwortung«, »Anstand«, »Sorgfalt«	richtig	Diese Wörter existieren leider so
Bitte nehmen Sie die Beantwortung der vorliegenden Fragestellungen vor	schlecht	aufgeblasen: »Bitte beantworten Sie diese Fragen« genügt	richtig	Kein Fehler zu finden – leider
unkaputtbar	gut	bringt den Gedanken auf den Punkt	falsch	Das Wort existiert nicht
unplattbar	gut	bringt den Gedanken auf den Punkt	falsch	Das Wort existiert nicht
immer weiblicher	gut	beschreibt eine Tendenz	falsch	Das Adjektiv »weiblich« lässt sich nicht steigern

Und noch einmal: Ich sage nicht, »falsch« sei »gut«. Ich sage nur: Manche falsche Formulierung ist gut – als Ausnahme. Letztlich geht es in einer guten Sprache um beides: Formulierungen sollten gut sein und darüber hinaus korrekt. Wie oft lesen wir in den Nachrichten, jemand hätte bei der Polizei eine »Anzeige aufgegeben« – obwohl wir eine »Anzeige« eben in der Zeitung »aufgeben«, bei der Polizei aber »erstatten«? Das lässt sich nicht mit künstlerischer Freiheit rechtfertigen, sondern es ist falsch und damit schlechtes Handwerk. Und wie oft hören und lesen wir »Sinn machen«, nur weil das irgendwann einmal irgendein Scherzkeks falsch aus dem Englischen übersetzt hat? Es ist und bleibt falsch und damit schlecht. Ebenso gruselig ist die immer öfter gelesene falsche unregelmäßige Imperativbildung:

Gebe dir einen Ruck, rufe an, nehme teil, mache mit und lese das Buch!

Es heißt »gib«, »ruf«, »nimm«, »mach« und »lies«! Wer das nicht weiß, sollte vielleicht erst Deutsch lernen, bevor er öffentlich kommuniziert.

Von »ADAC Mitgliedern« und »VW-Kunden«

Klartext-Tipp 56:
Überlegen Sie sich gut, ob Sie im Unternehmen wirklich aus Marketinggründen die Rechtschreibung mit Füßen treten. Indem eine Schreibweise wie »ADAC Mitglied« statt »ADAC-Mitglied« normale Menschen befremdet, reduziert sie Ihre Reichweite.

Zu Anfang des Kapitels »Arbeit mit Text ist Handwerk« hatte ich ja schon über die »Motorwelt« des ADAC geschrieben. Es geht um den gängigen Fehler, den Bindestrich bei zusammengesetzten Wörtern wegzulassen, wenn ein Markenname beteiligt ist. Diese Unsitte pflegt nicht nur der ADAC, sondern wir finden ihn fast in der gesamten Unternehmenswelt. An dieser Stelle will ich noch einmal auf die Sache mit dem Strich zurückkommen, weil es ein überaus wichtiges Indiz dafür ist, ob jemand Distanz zu seinen Gedanken einnimmt oder nicht.

Eine »Motorwelt«-Redakteurin schreibt mir zu der Frage, der ADAC habe 2011 den »Wildwuchs an Schreibweisen« vereinheitlichen wollen, wogegen nichts spricht – doch hier wäre es natürlich auch möglich gewesen, die korrekte Schreibweise mit dem Strich zur Vereinheitlichung zu nehmen. Die dann folgende Begründung aber ist viel interessanter. Die Redakteurin schreibt: »Zudem folgen wir mit der Vereinheitlichung der Orthografie ohne Kopplung von ›ADAC‹ dem in der werblichen Kommunikation allgemein gebräuchlichen Umgang mit Markennamen.«

Und das ist es, worum es geht. Was sie unfreiwillig damit sagt, ist: Hinter der »Motorwelt« steht kein Journalismus, sondern sie ist »werbliche Kommunikation«. Wie auch sonst ist es zu erklären, dass der ADAC von »ADAC Mitgliedern« ohne Strich schreibt, aber von »VW-Kunden« mit Strich? Warum behandelt der ADAC seine Marke werblich, die Marke VW aber redaktionell? Weil das Blatt offenbar keine Zeitschrift sein will, sondern ein Flyer. Dass die aus Marketingsicht wertige Schreibweise auf den Leser draußen billig wirkt und die auflagenstärkste Zeitschrift Europas zu Trash reduziert, ist dem ADAC offenbar egal. Warum? Und ist der Redaktion nicht klar, dass der Leser zwischen den Schreibweisen einen Widerspruch sieht und damit einen Fehler?

Deswegen steht dieser Gedanke hier noch einmal: Nehmen wir zu uns selbst keine Distanz ein, ignorieren wir die Sicht anderer Menschen, für die wir eine Marke unter vielen sind. Indem wir einzig unsere Marke als besonders hervorheben, treten wir die Kundensicht mit Füßen und inszenieren Selbstüberhöhung. Wir sprechen dann eine andere Sprache als die Menschen und entfernen uns von ihnen. Der ADAC will zwar nach seiner Krise die Kluft zwischen den Vereinsorganen und den Mitgliedern verringern, aber tatsächlich sabotiert eine simple Marketingschreibweise, über die kaum jemand nachdenkt, genau das. Auch wenn das ADAC-Präsidium die falsche Schreibweise schon lange vor der Krise als richtig definiert hat, könnte die Krise ein Anlass sein, darüber noch einmal nachzudenken.

Das wichtigste Argument dafür, den Strich zu setzen, ist aus meiner Sicht übrigens gar nicht, dass es korrekt ist. Sondern es ist die emotionale Wirkung der falschen Schreibweise. Vor allem musikalische Menschen, die beim stillen Lesen eine Störung in der Satzmelodie wahrnehmen, stolpern über den Fehler – der Lesefluss ist unterbrochen. Warum reduzieren Unternehmen ihre Reichweite um empfindsame Menschen, indem sie deren Empfindungen mit Füßen treten? Machen wir die Gegenprobe, würde einem unsensiblen Technokraten bei der korrekten Schreibweise nichts auffallen. Ihm fehlt ja aber nun eben das Gespür dafür.

Weiter schreibt die Redakteurin, ein Markenname habe »die gleiche Bedeutung wie ein grafisches Logo«. Dem entgegne ich, dass ein Logo in einem Text nichts zu suchen hat und wir nach ihrer Logik den Begriff »Coca-Cola« in Schreibschrift schreiben müssten. Dass ein Markenname die gleiche Bedeutung habe wie ein grafisches Logo, ist schlichtweg Quatsch. So denken vielleicht Werbeagentur-Leute, aber nicht normale Menschen mit normalem Denken und Empfinden.

Das ist übrigens ein Punkt, in dem wir von der Politik lernen können: Parteien entfernen die Menschen nicht von sich durch Marketing-Sprache. Sondern wir lesen in Parteiveröffentlichungen von der »CDU-Vorsitzenden Angela Merkel«, von der »SPD-Landtagsfraktion Hessen« und von »FDP-Vize Wolfgang Kubicki« – und eben nicht von der »CDU Vorsitzenden«, von der »SPD Landtagsfraktion« und dem »FDP Vize«. Würde die CDU es so halten wie der ADAC, würde sie sich selbst ohne Strich schreiben und die anderen Parteien mit Strich – und jeder Bürger würde sich fragen, wie absurd die CDU hier kommuniziert. Aber die

Klartext-Tipp 57:

Lernen Sie von der Politik: Dort schreibt niemand vom »CSU Chef«, sondern es heißt korrekt »CSU-Chef«. Obwohl Parteien Marken sind, sprechen sie über sich selbst normal.

Politik weiß eben, worum es geht: Es geht darum, die Menschen für sich zu gewinnen, statt sie zu befremden und mit selbstgebastelter Rechtschreibung zu irritieren, Marke hin oder her. Und deshalb nehmen Parteien in aller Regel Distanz zu sich selbst ein und beschreiben in Pressemitteilungen die Lage aus Sicht des Externen, den internes Gedöns nicht kümmert. Man mag es für ungewöhnlich halten, aber hier ist die Politik gut. Auch die oft gescholtenen Journalisten arbeiten in diesem Punkt handwerklich sauber, während Marketing und Werbung die Sprache an dieser Stelle verbiegen und verhunzen.

Es mag sein, dass das alles Kleinigkeiten sind. Aber wer die Sprache liebt, kann in meinen Augen nicht anders, als auf diese Weise für sie zu kämpfen. Wenn wir Menschen gewinnen wollen, gelingt das mit einer normalen Sprache. Es gelingt nicht, indem wir Kunstprodukte – Marken – vermenschlichen. Zumal sich Wortkombinationen mit den Namen von Menschen in der Praxis durchweg korrekt mit Strich schreiben: »Franz-Josef-Strauß-Ring«, »Dr.-Hans-Werner-Müller-Straße«. Da stehen keine Leerzeichen, weil irgendjemand sagt, der Name sei eine Marke und halte sich daher nicht an die Regeln der Sprache. Die Vermenschlichung kann also kein Argument sein – sie ist eher ein Gegenargument.

Wir brauchen wieder mehr Gefühl in der Kommunikation. Wir dürfen das Feld nicht den Technokraten überlassen, deren Finger prinzipiell erst mal auf dem

Nummernblock zu Hause sind statt in der Welt der Sprache. Das ist vor allem dann interessant, wenn in den Markenwerten des Unternehmens Emotionales steht. Der Markenkern von BMW beispielsweise lautet »Freude«, und einer der BMW-Markenwerte lautet »Ästhetik«. Das sind höchst emotionale und wunderschöne Begriffe. Und so verbietet sich bei einer Marke wie BMW von selbst jede technokratische Schreibweise – wie zum Beispiel das technokratische Datumsformat »15.06.17« anstelle des menschlichen Ausdrucks »15. Juni 2017«. Die nerdige Tekkie-Variante ist unästhetisch und ein No-Go für eine ästhetische Marke.

Auch in anderen Bereichen könnte das Marketing einmal überlegen, was es alles so von sich gibt. Die Deutsche Bahn zeigte im Februar 2016 auf einem Display im ICE, es gebe »auf ausgewählten Strecken« WLAN. Die Bahn sagt damit, sie wähle aus, welche Strecken des WLANs würdig seien. Was für ein Unfug! Der Punkt ist doch, dass die Bahn noch nicht auf allen ICE-Strecken WLAN anbieten kann – und

Klartext-Tipp 58:

Prüfen Sie die Sprache Ihres Marketings! Die notorische Schönfärberei widerspricht oft genug der wahrgenommenen Realität. Schauen Sie, dass Sie Ihr Unternehmen nicht der Lächerlichkeit preisgeben.

das ist auch völlig in Ordnung, das muss man nicht schönfärben. Wäre das Unternehmen so ehrlich und würde schreiben: »Schon auf sieben Strecken sind wir so weit! Wir arbeiten daran«, würden die Menschen das würdigen und wären dem Unternehmen gewogen. Doch leider muss das Marketing den Leuten unbedingt auch jeden Mangel als Gold verkaufen. Als würden die Menschen das nicht merken. Ich finde, es gibt keinen Grund, die Menschen für blöd zu halten, die letztlich die Arbeitsplätze der Mitarbeiter eines Unternehmens finanzieren – vor allem dann nicht, wenn wir alle, der Staat, Eigentümer eines Unternehmens wie der Bahn sind.

Zwölf Gebote für klare Sprache

Nachdem wir unterschieden haben zwischen Richtig und Falsch, Gut und Schlecht, will ich Ihnen zeigen, wie Ihre Sprache einfach und verständlich wird. Als Zusammenfassung finden Sie auf den folgenden beiden Seiten meine zwölf Gebote für klare Sprache. Sie dürfen sie gerne kopieren und über Ihren Schreibtisch hängen. Dafür sind die zwei Seiten da. Anschließend leite ich die wichtigsten Punkte her.

Die zwölf Gebote klarer Sprache

1. Wir sagen nur, was wir meinen.
Steigen die Beiträge »an«? Nein: Sie steigen. Meinen Sie »Pflicht«? Dann ist das Wort »Verpflichtung« nicht nötig. Meinen Sie »Operation«? Dann wirkt ein »operativer Eingriff« zu schwammig. Eine »Krebserkrankung« ist Krebs. Was können Sie streichen? Was wir nicht meinen, sagen wir nicht – also kann es weg.

2. Wir schreiben nicht wie gesprochen, sondern sprechbar.
Es geht nicht darum, Alltagssprache zu schreiben. Sondern es geht darum, sprechbar zu schreiben. Sagen wir: »Der Kollege soll sich nicht in Sachen einmischen, wo er keine Ahnung von hat«, lässt sich das nicht schreiben. Aber schreiben wir: »Der Kollege sollte sich nicht in Dinge einmischen, von denen er nichts versteht«, dann lässt sich dieser Satz auch sprechen. Damit wird Sprache eingängig, ohne flapsig zu sein.

3. Wir formulieren Tätigkeiten mit Verben, nicht mit Substantiven.
Nehmen Sie eine »Befragung« vor? Nein: Sie »befragen«. Verben machen Sprache konkret. Wo können Sie Nominalstil in Verbalstil umwandeln?

4. Wir verwenden Adjektive richtig.
Adjektive beschreiben oder unterscheiden. »Der gut gekleidete Anwalt« beschreibt, »der gegnerische Anwalt« unterscheidet. Oft sind Adjektive auch sinnlos oder falsch bezogen: Der »anwaltliche Berater« ist ein »Anwalt«. »Empfänger gesetzlicher Renten« sind keine »gesetzlichen Rentenempfänger«.

5. Wir bringen wichtige Gedanken in Hauptsätzen, nicht in Nebensätzen.
»Daraus folgt, dass die Funktion wieder zur Verfügung steht.« Hier ist die gerettete Funktion Nebensache. Besser: »Daraus folgt: Die Funktion steht wieder zur Verfügung.« Jetzt ist die gerettete Funktion Hauptsache.

6. Wir lösen Bandwurmsätze auf.
Der Gedanke, das Wichtige vorne zu bringen, verleitet zu Bandwurmsätzen. Ein Bandwurmsatz oder Stopfsatz ist ein überlanger Hauptsatz: »Zur Fortsetzung der oben erwähnten Beratungen haben sich die Vertreter der beteiligten Unternehmen am Mittwoch erneut in Zürich getroffen.« Doch es geht nicht darum, dass alle Informationen in einem Satz stehen, sondern darum, dass sie sich der Reihe nach plausibel erschließen: »Am Mittwoch fand das nächste Treffen statt. In Zürich haben die Vertreter der beteiligten Unternehmen weiter beraten.«

7. Wir lösen Schachtelsätze auf.

Schachtelsätze sind Satzkonstruktionen mit mehreren Nebensätzen und mit Nebensätzen von Nebensätzen. Schachtelsätze sollten Sie auflösen und Prädikate beieinander lassen. Das Prinzip ist, dass Sie die beiden Enden der jeweiligen Schachtel zusammenziehen: Aus »Er legte an dem Steg, der zum Haus seiner Eltern gehörte, an« wird »Er legte an dem Steg an, der zum Haus seiner Eltern gehörte«. Oder Sie bilden zwei Sätze: »Er legte an. Der Steg gehörte zum Haus seiner Eltern.«

8. Wir verwenden Relativsätze richtig.

Der Relativsatz »Rehabilitationen, die lange dauern, sind aufwendig« ist doppeldeutig. Er meint entweder »Wenn ...« oder »Weil Rehabilitationen lange dauern, sind sie aufwendig«. Achten Sie darauf, dass Relativsätze eindeutig sind.

9. Wir bilden Aktivsätze statt Passivsätze.

»Das Problem konnte gelöst werden.« Von wem? Das Passiv unterschlägt den Akteur. Bildlicher ist: »Die Abteilung XY hat das Problem gelöst.« Ist der Akteur unklar wie bei »Das Problem kann gelöst werden«, bilden Sie möglichst ebenfalls Aktivsätze: »Das Problem lässt sich lösen.«

10. Wir formulieren positiv statt negativ.

»Nicht schlecht« wirkt negativ, obwohl es rechnerisch positiv ist. Bei doppelten Verneinungen muss das Gehirn zu viel denken: Wie weit ist »nicht unweit von hier«? »Unweit« ist »nah« – »nicht unweit« ist also »fern«. Eine positive Sprache sagt, was ist – nicht, was nicht ist. Also sagen wir: »strittig« statt »nicht unstrittig«. »Steht« eine Zahlung »bevor«, schreiben wir nicht, sie lasse sich »nicht umgehen«. Ist »ohne Ihre Bankverbindung« ein Vertrag »nicht möglich«, »benötigen« wir »Ihre Bankverbindung«.

11. Wir formulieren konkret statt abstrakt.

Was gab es zum Essen? »Fisch mit Gemüse«? Nein – es gab »gegrillten Zander mit gedünstetem Blumenkohl«. Je konkreter Sie formulieren, desto klarer ist Ihre Sprache, desto besser entstehen Bilder im Kopf, desto lieber liest man Ihre Texte.

12. Wir sprechen und schreiben zeitlos.

Eine gute Sprache ist zeitlos und ohne Marotten wie »Sinn machen« und »einmal mehr«. Zugleich ist sie aktuell und vermeidet Höfisches wie »Wir bitten Sie höflichst«.

© 2016 *Thilo Baum: »Komm zum Punkt! So drücken Sie sich klar aus«*

Der Sinn von Sprache

Die zwölf Gebote klarer Sprache auf den vorigen beiden Seiten dienen Ihnen als Übersicht – so sehen Sie auf einen Blick die üblichen Schwachstellen in der Kommunikation und was Sie dagegen tun können. Zugleich ergeben sich die zwölf Gebote logisch aus der Frage nach dem Sinn von Sprache.

Kommen wir noch einmal auf die Unterscheidung zwischen »Warum« und »Wozu« zurück. Die meisten Menschen überlegen, warum sie etwas sagen oder schreiben sollen – wer dagegen ergebnisorientiert denkt, fragt nach dem Wozu. Daraus ergibt sich automatisch: Wir sagen und schreiben nichts mehr aus einem bestimmten Grund, sondern nur noch zu einem bestimmten Zweck. Das erste Gebot klarer Sprache leitet sich genau daraus ab: Wir schauen nicht, welche Wörter es so gibt, sondern überlegen erst, was wir sagen wollen, und wählen dann genau das Wort, das diesen Inhalt trifft. Zwangsläufig plappern wir nichts mehr nach, und wir sagen nicht mehr »Verpflichtung«, wenn wir »Pflicht« meinen. Wenn unser Ziel ist, etwas über eine Pflicht zu sagen, gibt es keinerlei Grund, ein anderes Wort zu wählen als genau das Wort »Pflicht«. Wozu auch sollten wir etwas anderes sagen, als wir meinen?

Klartext-Tipp 59:

Wenn Sie ergebnisorientiert denken, sagen oder schreiben Sie nichts mehr, was Sie nicht sagen oder schreiben wollen. Sie verwenden zwangsläufig keine Formulierungen mehr, nur weil andere Menschen sie verwenden. Damit werden sowohl Ihr schriftlicher als auch mündlicher Ausdruck sinnorientiert.

Im Übrigen sorgen Sie mit der kurzen Form auch im Verständnis für mehr Klarheit: Das Wort »Verpflichtung« ist streng genommen doppeldeutig. Neben der »Pflicht« kann damit auch das Verpflichten selbst gemeint sein, also der Vorgang. Ist das Verpflichten nicht gemeint – und es ist meist nicht gemeint –, sind Sie mit dem kürzeren Wort »Pflicht« auf der sicheren Seite. Es ist eindeutig.

»Antrag« ist also besser als »Beantragung«, »Ziel« besser als »Zielsetzung«, »ausdrücken« besser als »zum Ausdruck bringen«, und hinter der »Verschwiegenheitsverpflichtung« steckt einfach nur eine »Schweigepflicht«. Denn wir meinen nur die jeweils kurze Variante. Wenn wir von dem Ergebnis ausgehen, das wir mit unseren Worten erzielen wollen, wählen wir automatisch die kürzere Form – ob schriftlich oder mündlich.

Erst denken, dann sprechen

Wenn Sie erst denken und dann sprechen, heben Sie sich wohltuend vom allgemeinen Wortgeklingel ab – Sie werden zu einer interessanten Minderheit. Sie selbst und Ihr Unternehmen, wenn Sie wollen, unterscheiden sich deutlich von der labernden Mehrheit. Und das macht Sie attraktiv. Denn was wir heute in und aus Unternehmen hören (und auch lesen), ist meist von solcher Gestalt:

Carolin: *Was ist eigentlich bei eurem Führungskräfte-Wochenende herausge-*
kommen?

Klaus: *Bei einem ersten Treffen am Freitagabend haben wir beim Grillen über die*
Zielsetzungen des Unternehmens gesprochen, und das hat wirklich Sinn
gemacht, weil man endlich mal Verantwortlichkeiten und Zuständigkeiten
aus anderen Unternehmensbereichen kennenlernen konnte. Am Samstag
ging es um Unternehmensleitlinien und ihre Implementierung im Workflow
und darum, die anstehenden nötigen inhaltlichen Veränderungen im
Produktportfolio mit der Optimierung personeller Ressourcen durch mehr
Eigeninitiative und der finanziellen Ausstattung in Übereinstimmung zu
bringen. Am Sonntag kristallisierten sich Erkenntnisse heraus, dass die
Eigendynamik einiger Projekte hier im Haus zur Problematik geworden ist
und die entsprechenden Projektleiter sich keine Hoffnungen machen sollten,
dass diese Projekte fortgesetzt werden, denn mit denen erreichen wir die
globale Marktführerschaft sicher nicht.

Nehmen Sie solche Leute auch nicht ernst? Klaus' Gehirn ist vollgestopft mit Unwörtern der Marketing- und Management-Welt. Gehen wir ins Detail:

- *»Bei einem ersten Treffen«:* Es gibt nur ein einziges »erstes Treffen«, also heißt es »Bei *dem* ersten Treffen«, denn das zweite Treffen ist kein erstes Treffen mehr, sondern eben das zweite. Es ist eine aufgeblasene Sprache, die dem Sprecher etwas Besonderes verleihen soll.
- *»die Zielsetzungen des Unternehmens«:* Wir hören das übliche Blähwort »Zielsetzung« statt »Ziel«. Was die Mehrzahl angeht, vermuten wir wohlwollend, es gibt tatsächlich nicht nur »das eine Unternehmensziel«.

- *»Das hat Sinn gemacht«:* modernes Agentur- und Konzerngeschwätz, das auf einer falschen Übersetzung aus dem Englischen beruht: »to make sense« heißt im Deutschen »Sinn haben«, »Sinn ergeben« oder »sinnvoll sein«. Diese Marotte soll dem Sprecher den Anschein geben, »up-to-date« zu sein, zeigt aber eher, dass er Moden hinterherrennt, statt selbst zu denken.
- *»Verantwortlichkeiten und Zuständigkeiten aus anderen Unternehmensbereichen«:* Hinter den Substantivmonstern im Plural stecken Menschen, die verantwortlich und zuständig sind. Es ist eine unkonkrete, abstrakte Sprache, die den Sprecher zu etwas Wichtigerem machen soll.
- *»Unternehmensleitlinien und ihre Implementierung im Workflow«:* modernistisches Konzerngeschwätz für den einfachen Gedanken, dass alle Mitarbeiter stets im Sinne der Unternehmensziele handeln. Diese abstrakte Substantiv-Sprache soll den Sprecher als Herrscher über die Technik des Managements darstellen.
- *»die anstehenden nötigen inhaltlichen Veränderungen«:* Blabla, welches den Gegenstand der Veränderungen verschleiert, die möglicherweise nur eine Veränderung sind und darüber hinaus natürlich »inhaltlich«. »Anstehend« und »nötig« sind zwar nicht dasselbe, aber da die Adjektiv-Häufung nur der Wichtigtuerei dient, können wir mindestens eines der beiden streichen.
- *»Optimierung personeller Ressourcen«:* Schönfärberisches Vernebelungswort, das verschleiert, was sich in der Personalpolitik genau ändern soll.
- *»Eigeninitiative«:* Aufgeblasenes Konzern-Modewort, hinter dem meist nur die »Initiative« steckt. Die Gegenprobe entlarvt den Unfug: Das Unternehmen erwartet von den Mitarbeitern schließlich keine »Fremdinitiative«.
- *»finanzielle Ausstattung«:* Verwandt mit den »finanziellen Mitteln«: aufgeblasen, abstrakt und wichtigtuerisch für »Geld«.
- *»in Übereinstimmung bringen«:* Die Tätigkeit steckt nicht im Verb, sondern im Substantiv. Gemeint ist: »etwas zusammenbringen«.
- *»kristallisierte sich heraus«:* Modewort von Menschen, die nicht auf den Punkt kommen – bei ihnen müssen sich Gedanken erst »herauskristallisieren«. Gemeint ist: »Es ergab sich«, »Heraus kam …«.
- *»Erkenntnisse«:* Sind meist nur eine Erkenntnis.
- *»Eigendynamik«:* Ist meist nur eine Dynamik, vergleichbar mit der »Eigeninitiative« – eine »Fremddynamik« wäre bemerkenswert.

- *»Problematik«:* aufgeblasenes Modewort der Selbstfindungsszene der Siebziger und Achtziger, die sich nicht mit einem »Problem« zufriedengibt, sondern es erst zu »Problemen« vermehrt und dann über die »Problematik« gern bis zum »Problemfeld« aufbläst. Verwandt sind »Themen«, »Thematik« und »Themenfelder« – letztlich schlicht das »Thema«.
- *»sich keine Hoffnungen machen«:* sinnlose Pluralbildung. Gemeint ist: »sich keine Hoffnung machen«. Verwandt damit sind »Gerüchte«, die in Wahrheit nur ein »Gerücht« sind.
- *»globale Marktführerschaft erreichen«:* modernistische Business-Vokabel mit Adjektiv-Missbrauch, die die Tätigkeit im Substantivmonster versteckt. Gemeint ist: »Weltmarktführer werden«.

Wenn Sie nach den Ausführungen von Klaus das untrügliche Gefühl haben, dass Klaus eine Luftpumpe ist, dann könnten Sie richtigliegen: Klaus betreibt eine solche Vernebelungsrhetorik, dass tatsächlich fraglich ist, ob er überhaupt etwas zu sagen hat. Angenommen, er hätte etwas zu sagen – warum sagt er es dann nicht einfach? Redigieren wir Klaus:

Carolin: *Was ist eigentlich bei eurem Führungskräfte-Wochenende herausgekommen?*

Klaus: *Am Freitagabend haben wir beim Grillen über die Unternehmensziele gesprochen. Das war sinnvoll, weil wir dadurch endlich einmal die Führungskräfte aus anderen Ecken des Unternehmens kennenlernen konnten. Am Samstag ging es darum, wie wir die Leitlinien so umsetzen, dass sie jeder Mitarbeiter beherzigt. Ab Januar werden wir das Produkt Dumdideldei nicht mehr selber machen, sondern einkaufen. Da werden eine Menge Leute gehen. Es sei denn, sie sind so schlau und bieten Dumdideldei als Selbstständige an – so kosten die Leute das Unternehmen weniger Geld. Am Sonntag hat der Chef dann noch den Meier und den Müller gerügt und ihre Projekte gekippt. Es sei völlig aussichtslos, mit den Ideen der beiden Weltmarktführer zu werden, sagt er.*

Jetzt ist Klaus mir sympathischer. Er sagt, was zu sagen ist. Er lässt unnötige Silben weg, bildet keine sinnlose Mehrzahl und macht sich nicht mit modernistischen Begriffen wichtiger, als er ist. Was zu sagen ist, sagt er – und zwar einfach.

Wenn wir nur sagen, was wir meinen, wird unsere Sprache automatisch relativ einfach – ohne dass wir dabei Kompliziertes zu sehr vereinfachen würden. Denn auch wenn wir es mit komplizierten Sachverhalten zu tun haben, gilt: Wir sagen, was wir meinen.

Klartext-Tipp 60:
Denken Sie, bevor Sie sprechen oder schreiben.

Daraus ergibt sich das zweite der zwölf Gebote: Wenn wir sagen, was wir meinen, gibt es keinen Grund, flapsige Formulierungen zu verwenden, die sich nicht auch schreiben lassen. Denn diese flapsigen Formulierungen meinen wir ja nicht. Klaus braucht nicht zu sagen:

Ab Januar werden wir das Produkt Dumdideldei ja nicht mehr selber machen.

Sondern es genügt, wenn er sagt:

Ab Januar werden wir das Produkt Dumdideldei nicht mehr selber machen.

Das Wörtchen »ja« ist typisch fürs gesprochene Wort – es wirkt geschrieben aber unglücklich. Zugleich vermissen wir es nicht, wenn es jemand nicht sagt – denn es hat keine entscheidende Bedeutung. Mehr zum zweiten Gebot (»Wir schreiben nicht wie gesprochen, sondern sprechbar«) finden Sie auf den Seiten 33 und 34.

Weg mit den überflüssigen Silben

Sagen und schreiben wir also nicht, was wir nicht meinen! Das betrifft sogar die Silben – also sehr kleine Wortteile. Obwohl Wörter wie »zeigen« und »treffen« definiert und damit eindeutig sind, bemühen wir umständlichen Schnickschnack wie »vorzeigen« und »zusammentreffen«. Wir hören von Menschen, die etwas »ausdifferenzieren« und »aufaddieren«. Was soll das? Sagen Sie also bitte nicht ...

- »verschicken«, wenn Sie »schicken« meinen;
- »überprüfen«, wenn Sie »prüfen« meinen;
- »behelfen«, wenn Sie »helfen« meinen;
- »Befürchtung«, wenn Sie »Furcht« meinen.

Das Prinzip dabei ist einfach: Prüfen Sie jede Silbe! Dass Sie dabei nicht sinn-entstellend kürzen sollten, dürfte klar sein: Nicht immer bleibt der Sinn erhalten, wenn wir ohne nachzudenken Vor- und Nachsilben entfernen. Eine »Beanstan-dung« ist nicht gleich »Anstand«, »Verantwortung« ist keine »Antwort«, und auch ein »Gebäude« vermittelt eine andere Bedeutung als der Begriff »Bau«. Denken Sie eben mit beim Kürzen – Sie wissen, was gemeint ist.

Weg mit der sinnlosen Mehrzahl

In der Schule haben wir mal davon gehört: Singular ist »eins«, Plural sind »mehrere«. Auf Deutsch: Es geht um Einzahl und Mehr-zahl. Meistens verbraucht die Mehrzahl mehr Buchstaben und damit mehr Zeit – aber selbst wenn die Mehrzahl

Klartext-Tipp 61:
Prüfen Sie jede Silbe! Ist sie nötig? Ist die Mehrzahl nötig, oder genügt die Einzahl?

ebenso schnell zu sprechen ist wie die Einzahl, sollten wir die Mehrzahl nicht ohne Sinn bilden. Für Russland erhält ein Mensch nach wie vor ein »Visum«, kein »Visa«. Zum einen ist die Mehrzahl oft falsch, und zum anderen – was ich wichtiger finde – gibt es keinen Anlass, etwas zu sagen, was wir nicht sagen wollen. Wenn wir ein Visum meinen, meinen wir ein Visum, fertig.

Bitte sagen und schreiben Sie also nicht:

- »Gelder«, wenn Sie »Geld« meinen;
- »Befindlichkeiten«, wenn Sie »Befindlichkeit« oder »Befinden« meinen;
- »Bundestagswahlen«, wenn Sie »Bundestagswahl« meinen;
- »Gerüchte«, wenn Sie »Gerücht« meinen;
- »Umstände«, wenn Sie »Umstand« meinen;
- »Risiken« und »Chancen«, wenn Sie »Risiko« und »Chance« meinen;
- »Ängste«, wenn Sie »Angst« meinen;
- »Depressionen«, wenn Sie »Depression« meinen;
- »Anstrengungen«, wenn Sie »Anstrengung« meinen;
- »Zugriffsberechtigungen«, wenn Sie »Zugriffsrecht« meinen.

Ansonsten wird Ihre Sprache aufgebläht, und der Inhalt wird diffus und vage.

Zugleich gibt es Wörter, die Sie in der Mehrzahl formulieren sollten: Im Deutschen finden wir »weitere Informationen« im Handbuch – auch wenn es im Englischen Einzahl ist und »further information« heißt. Auch hier gilt die Regel: Kürzen Sie nicht mechanistisch, sondern denken Sie mit.

Weg mit den sinnlosen Zusatzbegriffen

Auch ganze Wörter können wir mitunter streichen – dann nämlich, wenn sie nichts sagen. Auch hier kürzen wir nicht, um zu kürzen, denn es geht nicht darum, die Sprache kurz- und kleinzuhacken. Sondern es geht darum, den Sinn unserer Botschaften besser sichtbar zu machen, und dazu entfernen wir den Müll. Wir putzen sozusagen unsere Sätze. Sagen Sie beispielsweise nicht »Zukunftsinvestition«, wenn Sie »Investition« meinen – denn wofür sollte eine Investition sein, wenn nicht für die Zukunft? Für die Vergangenheit? Wenn Sie den Wortteil »Zukunft« streichen, wird das Wort nicht schwächer, sondern stärker – auch wenn die meisten Menschen zu denken scheinen, Bombast erzeuge Kraft. Es hängt einfach davon ab, was wir kürzen. Streichen wir etwas Relevantes, wird ein Text natürlich schwächer; streichen wir aber etwas Irrelevantes, wird er in aller Regel stärker:

Klartext-Tipp 62:
Wenn Sie etwas Relevantes kürzen, wird Ihr Text schwächer. Wenn Sie etwas Irrelevantes kürzen, wird er stärker.

- Ein »Verkauf« ist schwächer, wenn Sie »Abverkauf« meinen und es tatsächlich darum geht, Restposten loszuwerden;
- eine »Feier« ist stärker als eine »Feierlichkeit« oder gar »Feierlichkeiten«, sofern es tatsächlich nur eine Feier ist.

Wenn Sie Ihre Sprache und die Sprache anderer Menschen untersuchen, werden Sie vermutlich feststellen, dass wir meistens etwas Irrelevantes kürzen können:

- Der »Prozess« im Wort »Entwicklungsprozess« kann raus, weil die Entwicklung ein Prozess ist;
- liegt etwas »klar auf der Hand«, dann ist es »klar« oder liegt »auf der Hand«;

- geschieht etwas »frühzeitig«, geschieht es »früh« oder »zeitig«;
- ein »Kenntnisstand« ist »Kenntnis«;
- ein »Glücksfall« ist meistens »Glück«: »Sie ist mein Glück« klingt stärker als »Sie ist ein Glücksfall für mich«;
- eine »Wirkungsweise« ist meist eine »Wirkung«.

Weg mit den Redensarten

Zu sagen, was man meint – dieser Gedanke klingt einigen Zeitgenossen viel zu banal. Sie sagen lieber etwas anderes. Im Journalismus ist das deutlich zu beobachten: Statt zu sagen, dass die EU und Russland einander verständigen, sagen Medienleute, Brüssel bewege sich auf Moskau zu. Verschiebt sich etwa die Erdkruste? »Na kommen Sie, es ist doch klar, was gemeint ist«, lautet oft die Antwort so kritisierter Kollegen. Natürlich ist es eine Metapher, etwas ist im übertragenen Sinne gemeint. Wir können das vermuten. Aber wollen wir das? Mutmaßen, was der Künstler sich dabei gedacht haben könnte? Ich nicht. Spätestens wenn jemand von »Berlin« spricht, wissen wir nicht mehr, ob die Bundes- oder die Landesebene gemeint

> **Klartext-Tipp 63:**
> **Verschonen Sie die Menschen mit Redensarten. Redensarten sind unklar. Sagen Sie doch einfach, was Sie mit einer Redensart meinen.**

ist. Zudem: Was spricht dagegen, zu sagen, was wir meinen? Ist so ein pseudointellektuelles Wortspiel wichtiger als unsere Botschaft? Offenbar.

Die Rede ist von Redensarten. Redensarten beschreiben vage eine allgemeine Situation anhand einer Metapher oder eines Wortspiels und liegen damit automatisch nicht in der Mitte unserer Zielscheibe, wenn es um eine prägnante Botschaft geht. Was soll es denn heißen, wenn jemand »die Kirche im Dorf« lassen soll? Dass er übertreibt? Dass er sich etwas anmaßt? Dass er ungeduldig ist? Keine Ahnung! Ich weiß nur: Wer die Redensart verwendet, könnte auch gleich sagen, was er meint – das wäre in jedem Fall freundlicher gegenüber den anderen.

Es mag ja sein, dass jemand gerne Gedichte interpretiert und einen schöngeistigen Zugang zur Sprache hat. Ich habe auch nichts dagegen, wenn jemand Redensarten für höchst originell hält. Ich frage mich nur, wie etwas originell sein kann, das nicht von uns selbst stammt, sondern nachgeplappert ist. Und wenn ich mir – noch einmal – Goethe vergegenwärtige, dann kam er ohne Redensarten aus. Er hat einfache Sprache zusammengedichtet, und genau das ist originell und stark. Und ich frage mich: Wenn wir in der öffentlichen Kommunikation unterwegs sind, wenn es um Marketing und PR geht, um Journalismus und Politik, um schriftliche und mündliche Kommunikation am Arbeitsplatz und in der Familie – worum geht es denn? Dass man uns barrierefrei versteht, oder dass wir uns in altklugen Wortspielchen gefallen?

Manche Menschen sprechen fast nur noch in Redensarten, erschreckend viele davon sind Journalisten. Die zunehmend altväterliche Ausdrucksweise in Lokalzeitungen trägt durchaus dazu bei, dass immer weniger Leute die klassischen Medien ernstnehmen – vor allem, wenn es um Redensartengewitter geht wie:

Der Wettergott meinte es gut mit den Petrijüngern, die sich am Karpfenteich ein munteres Stelldichein gaben. Für das leibliche Wohl war gesorgt. Zu vorgerückter Stunde wurde eifrig das Tanzbein geschwungen.

Der Journalistenkollege Hardy Prothmann hat für diese Ausdrucksweise den Begriff »Bratwurstjournalismus« erfunden – weil es bei den zahlreichen Ereignissen von selbst lokal mäßiger Bedeutung meistens Bratwurst gibt. Prothmann sagt in einem Interview im Blog der »Nürnberger Zeitung«: »Der typische Bratwurstjournalist schreibt immer dieselben bloden, langweiligen, ausgelutschten Formulierungen, wie man sie täglich in fast jeder Lokalzeitung lesen kann.« Wer genau hinsieht, erkennt: Der »Bratwurstjournalismus« basiert fast ausnahmslos auf Redensarten. Und die nachzuplappern, zeugt schlicht von einem Mangel an Fantasie: Fantasievolle Menschen plappern nichts nach, sondern denken selbst.

Die Tragik des »Bratwurstjournalisten« ist dabei: Eben aufgrund seines Mangels an Fantasie und Sprachgefühl merkt er gar nicht, was er für einen Quatsch verzapft. Er hält seine Sprache für gewandt. Nun darf ein Mensch natürlich unmusikalisch sein – er sollte nur den Fehler nicht machen und alle seine Zeitgenossen ebenfalls für unmusikalisch halten. Wer Sprachgefühl hat, erkennt den Mangel sofort wie bei einem Code: Wer weiß, dass man im Business zu schwarzen Schuhen keine weißen Socken trägt, erkennt anhand dieses Codes sofort den Stillosen. Das heißt: Redensarten brandmarken Sie als sprachlich unbegabt.

Das ist meine Argumentation gegen Redensarten – wenn Sie sie plausibel finden, lassen Sie Redensarten künftig weg. Sie bereichern damit unsere Sprache.

Weg mit den Floskeln

Redensarten gibt es viele – als Sprichwörter, eingeschliffene Ausdrücke und auch als einzelne Wörter. Und es ist tatsächlich so: Unsere Sprache wird nicht lebendiger und spannender, je mehr Modewörter und trendige Floskeln wir verwenden, sondern je weniger. In der folgenden unvollständigen Liste zähle ich auf, welche Floskeln Sie besten Gewissens künftig vergessen dürfen:

Unwort	Abteilung	Problem / Alternative
anstandslos	modischer Unsinn	ohne Anstand? Vermutlich gemeint: ohne Grund zur Beanstandung
auf dem Prüfstand stehen	abgegriffene Floskel	etwas prüfen
auf die Fahnen schreiben	abgegriffene Floskel	sich etwas zum Ziel setzen
auf Hochtouren laufen	abgegriffene Floskel	(beschreiben, was läuft, und das konkretisieren)
Auslagerung von Geschäftsaktivitäten	aufgeblasen	Geschäft(e) auslagern
Belastung	aufgeblasen	Last
bittere Wahrheit	abgegriffene Floskel	Adjektiv soll Stimmung machen – aber weil die Floskel so ausgenudelt ist, entsteht nur noch ein Klischee. Gemeint ist: Wahrheit
bitterer Ernst	abgegriffene Floskel	Adjektiv soll Stimmung machen – aber weil die Floskel so ausgenudelt ist, entsteht nur noch ein Klischee. Gemeint ist: Ernst
blanker Hohn	abgegriffene Floskel	Adjektiv soll Stimmung machen – aber weil die Floskel so ausgenudelt ist, entsteht nur noch ein Klischee. Gemeint ist: Hohn
blankes Entsetzen	abgegriffene Floskel	Adjektiv soll Stimmung machen – aber weil die Floskel so ausgenudelt ist, entsteht nur noch ein Klischee. Gemeint ist: Entsetzen
bleibende Erinnerung	abgegriffene Floskel	Erinnerung, die nicht bleibt, ist Vergessen. Gemeint ist: Erinnerung.
bleierne Stille	abgegriffene Floskel	Adjektiv soll Stimmung machen – aber weil die Floskel so ausgenudelt ist, entsteht nur noch ein Klischee. Gemeint ist: Stille
blutiger Anfänger	abgegriffene Floskel	Adjektiv soll Stimmung machen – aber weil die Floskel so ausgenudelt ist, entsteht nur noch ein Klischee. Gemeint ist: Anfänger
brennende Frage	abgegriffene Floskel	Adjektiv soll Stimmung machen – aber weil die Floskel so ausgenudelt ist, entsteht nur noch ein Klischee. Gemeint ist: wichtige Frage
Da bin ich bei Ihnen	modischer Unsinn	Da bin ich Ihrer Meinung
die Menschen mitnehmen	modischer Unsinn	die Menschen einbinden / begeistern
dringen auf	modischer Unsinn	falsch, denn Menschen dringen nicht. Wasser dringt, Menschen drängen auf etwas
Eigeninitiative	aufgeblasen	Initiative
Einschnitte, drastische / schmerzhafte	abgegriffene Floskel	beschreiben, worin die Einschnitte bestehen, Adjektive streichen
Einsparpotenziale	aufgeblasen	Gemeint ist Sparpotenzial
Ende der Fahnenstange	abgegriffene Floskel	Schluss, Ende

Entwicklungsprozess	aufgeblasen	Entwicklung
etwas auf den Weg bringen	abgegriffene Floskel	etwas starten, beginnen
etwas erinnern	modischer Unsinn	falsch aus dem Englischen übersetzt. Gemeint ist: sich an etwas erinnern
etwas ins Auge fassen	abgegriffene Floskel	sich etwas vornehmen
fahrbarer Untersatz	unnötiges Ersatzwort	Auto, Fahrrad
fieberhaft	abgegriffene Floskel	vermittelt den Anschein, jemand arbeite intensiver als sonst. Streichen
gegenfinanzieren	aufgeblasen	verschweigt, dass zur Finanzierung des einen Geld beim anderen gestrichen wird. Klar machen, was wer wie umschichtet.
Grundprinzip	aufgeblasen	Prinzip
Grundvoraussetzung	aufgeblasen	Voraussetzung
häufig gestellte Fragen	aufgeblasen	häufige Fragen
Heilungsprozess	aufgeblasen	Heilung
helle Begeisterung	abgegriffene Floskel	Adjektiv soll Stimmung machen – aber weil die Floskel so ausgenudelt ist, entsteht nur noch ein Klischee. Gemeint ist: Begeisterung
hermetisch abgeriegelt	aufgeblasen	Adjektiv soll Stimmung machen – aber weil die Floskel so ausgenudelt ist, entsteht nur noch ein Klischee Gemeint ist: abgeriegelt
im Brustton der Überzeugung	abgegriffene Floskel	überzeugt
im vollen Gange	abgegriffene Floskel	beschreiben, was geschieht
im Vorfeld	abgegriffene Floskel	vorher
in 2017	modischer Unsinn	im Jahr 2017
in ihrer Gesamtheit	aufgeblasen	ganz
in keinster Weise	aufgeblasen	nicht
in trockenen Tüchern	abgegriffene Floskel	bereit / fertig
jemandem die kalte Schulter zeigen	abgegriffene Floskel	etwas ablehnen, jemanden abbürsten
jemandem unter die Arme greifen	abgegriffene Floskel	jemandem helfen
jemanden zur Kasse bitten	abgegriffene Floskel	von jemandem Geld verlangen
kein Blatt vor den Mund nehmen	abgegriffene Floskel	sagen, was man denkt
konjunkturelle Situation	aufgeblasen	Konjunktur
konstruktive Gespräche	abgegriffene Floskel	gute Gespräche, Gespräche mit Ergebnis
Licht am Ende des Tunnels	abgegriffene Floskel	streichen
mögliches Risiko	aufgeblasen	Risiko
nicht kleckern, sondern klotzen	abgegriffene Floskel	streichen
nicht unstrittig	aufgeblasen	strittig
nicht wirklich	modischer Unsinn	nicht
noch und nöcher	modischer Unsinn	streichen
Opfer bringen	abgegriffene Floskel	Die Floskel verschweigt, wer das Opfer ist. Gemeint ist: opfern. Was?
panische Angst	abgegriffene Floskel	Adjektiv soll Stimmung machen – aber weil die Floskel so ausgenudelt ist, entsteht nur noch ein Klischee. Gemeint ist: Angst
permanente Dauerbelastung	abgegriffene Floskel	Dauerlast
Problemfeld	aufgeblasen	Problem
Rahmenbedingungen	aufgeblasen	Bedingungen

Rückantwort	aufgeblasen	Antwort
rückhaltlose Aufklärung	abgegriffene Floskel	Was soll Aufklärung ohne Rückhalt sein? Gemeint ist: Aufklärung
schlechterdings	abgegriffene Floskel	streichen
schlussendlich	modischer Unsinn	schließlich
schmaler Grat	abgegriffene Floskel	streichen
Schritt in die richtige Richtung	abgegriffene Floskel	sagen, worin dieser Schritt besteht
sich wie ein Lauffeuer verbreiten	abgegriffene Floskel	sich schnell verbreiten
Sinn machen	modischer Unsinn	Sinn haben, Sinn ergeben
sintflutartige Regenfälle	abgegriffene Floskel	Regen fällt nun einmal. Warum Plural? Starker Regen!
so sicher wie das Amen in der Kirche	abgegriffene Floskel	streichen
Sorgfältigkeit	aufgeblasen	Sorgfalt
springender Punkt	abgegriffene Floskel	streichen
Stellung beziehen	abgegriffene Floskel	wiedergeben, was jemand meint oder sagt
suboptimal	Management-Blabla	schlecht
Synergieeffekte	aufgeblasen	Synergie
Task Force	Manipulationswort	Soll glauben machen, dass nun endlich fähige Leute ans Werk gingen
über den großen Teich	abgegriffene Floskel	in die USA
überschattet von	modischer Unsinn	streichen
ungeschminkte Wahrheit	abgegriffene Floskel	Adjektiv soll Stimmung machen – aber weil die Floskel so ausgenudelt ist, entsteht nur noch ein Klischee. Gemeint ist: Wahrheit
unabdingbare Voraussetzung	aufgeblasen	Voraussetzung
Unkosten	aufgeblasen	Kosten
unlängst	modischer Unsinn	kürzlich
unzweifelhaft	aufgeblasen	klar
Vertrauensverhältnis	aufgeblasen	Vertrauen
verzweifelte Lage	abgegriffene Floskel	Verzweiflung
völliger Stillstand	aufgeblasen	Adjektiv soll Stimmung machen – aber weil die Floskel so ausgenudelt ist, entsteht nur noch ein Klischee. Gemeint ist: Stillstand
vor einem Wandel stehen	abgegriffene Floskel	sagen, was sich wie ändern wird
vor Ort	abgegriffene Floskel	dort, hier
Voranmeldung	aufgeblasen	Anmeldung
vorprogrammiert	aufgeblasen	programmiert, vorherbestimmt, absehbar
wie Sand am Meer	abgegriffene Floskel	streichen
Zeitfenster	aufgeblasen	Zeit
Zeitleiste	aufgeblasen	Zeit
zeitnah	aufgeblasen	bald
Zeitschiene	aufgeblasen	Zeit
Zielsetzung	aufgeblasen	Ziel
zu einem späteren Zeitpunkt	aufgeblasen	später
zu keinem Zeitpunkt	aufgeblasen	nie
Zukunftsinvestition	aufgeblasen	Investition
zur Anwendung bringen	aufgeblasen	anwenden
zur Stunde	modischer Unsinn	jetzt, im Moment
zwischenzeitlich	aufgeblasen	inzwischen

Weg mit dem Unsinn

Zu sagen, was man meint, bedeutet auch, die Wörter tatsächlich in ihrem Sinn zu verstehen und nicht anders. Das klingt wieder sehr banal. Doch selbst mit den einfachsten Wörtern schrammen Menschen immer wieder am Thema vorbei. Sie wollen das eine sagen, sagen aber das andere:

- Wenn wir in der deutschsprachigen Gastronomie einen Kaffee mit Milch bestellen, bekommen wir zum Kaffee meistens keine Milch, sondern Kaffeesahne. Obwohl wir deutlich »Milch« gesagt haben und obwohl das Wort »Milch« definiert ist. Als Gast fühlen wir uns irgendwann genötigt, »richtige Milch« zu sagen, obwohl wir nicht wissen, was »falsche« Milch sein sollte.
- Ebenfalls in der deutschsprachigen Gastronomie können wir uns dumm und dusselig reden, wenn wir »die Rechnung« bestellen. Woraus eine Rechnung bestehen sollte, ist definiert. Dennoch bekommen wir zuverlässig nur den Kassenzettel. Was sollen wir noch tun? »Richtige Rechnung« sagen? Oder gar bürokratisch »Bewirtungsbeleg«?
- Wenn wir bei der Polizei arbeiten und eine Täterbeschreibung aufnehmen, sollten wir die Zeugen fragen, ob sie wirklich »Zopf« meinen und nicht etwa »Pferdeschwanz«. Männer mit Zopf kenne ich aus »Asterix«, aber die Leute halten Pferdeschwänze konsequent für Zöpfe.
- Ebenso sollten wir die Formulierung »Der Wagen fuhr in nördlicher Richtung« hinterfragen. Vermutlich fuhr der Wagen Richtung Norden, aber sind wir uns da ganz sicher? Können wir garantieren, dass der Zeuge genau das meint, was wir zu verstehen glauben?
- Eine Versicherung fragt schriftlich nach dem »Wert der gemieteten Büroräume«. Wie soll man das als Mieter von Geschäftsräumen wissen? Und dennoch glaubt man bei der Versicherung, man habe eine klare Frage gestellt.

Sie sehen: Das Missverständnispotenzial ist enorm – und das betrifft die einfachsten Formulierungen. Oft sagen wir tatsächlich etwas völlig anderes als das, was wir sagen wollen. Sagen Sie also nicht ...

- »altes Teil«, wenn Sie »gebrauchtes Teil« meinen (was bei Taschentüchern gilt, gilt auch im Maschinenbau);

- »Neid«, wenn Sie »Missgunst« meinen (der Neidische begehrt, was der andere hat; der Missgünstige missgönnt es ihm);
- »langjährig«, wenn Sie »mehrjährig« meinen (Jahre sind, abgesehen von Schaltjahren, gleich lang);
- »leise«, wenn Sie »still« meinen (»still« ist geräuschlos, »leise« nicht);
- »Das müssen wir schnell machen«, wenn Sie »Das müssen wir bald machen« meinen (sonst können Sie es auch in zwei Jahren noch schnell machen);
- »Es hatte keinen Sinn«, wenn Sie »Es hatte keinen Erfolg« meinen (manche scheinbar sinnlose Bemühung hatte Sinn, aber das Ziel nicht erreicht);
- »optimieren«, wenn Sie »verbessern« meinen (weil »optimal« nicht das Beste ist, machen Sie schon im Vorhinein einen Kompromiss);
- »abends«, wenn Sie »am Abend« meinen (»abends« ist jeden Abend, mit »am Abend« können Sie auch von einem konkreten Abend sprechen);
- »falsch verstehen«, wenn Sie »nicht verstehen« meinen (entweder Sie verstehen jemanden, oder Sie verstehen jemanden nicht – »falsch verstehen« ist unmöglich);
- »seitdem ich als Controller arbeite«, wenn Sie meinen »seit ich als Controller arbeite« (auf »seit« folgt der Zeitpunkt, »seitdem« bezeichnet den Zeitpunkt selbst);

Klartext-Tipp 64:
Reden Sie keinen Unsinn. Und hinterfragen Sie alles, was Ihnen als gebräuchlich vorkommt.

- »trotzdem«, wenn Sie »obwohl« meinen (»Trotzdem ich es dir drei Mal gesagt habe« statt »Obwohl ich es dir drei Mal gesagt habe«);
- »im Gegensatz«, wenn Sie »im Unterschied« meinen und der Unterschied kein Gegensatz ist (im Gegensatz zu Männern sind Frauen weiblich; aber im Unterschied zu Hunden sagen Katzen »Miau«);
- »Mund-zu-Mund-Propaganda«, wenn Sie »Mundpropaganda« meinen (aber bitte »Mund-zu-Mund-Beatmung« statt »Mundbeatmung«);
- »scheinbar«, wenn Sie »anscheinend« meinen (was »scheinbar sicher« ist, ist nicht sicher; was »anscheinend sicher« ist, kann sicher sein);
- »nützen«, wenn Sie »nutzen« meinen (dieses Buch »nützt« Ihnen hoffentlich, und Sie »nutzen« dieses Buch).
- »mehrfach«, wenn Sie »mehrmals« meinen (niemand ist »mehrfacher Vater«, sondern höchstens »mehrmals Vater geworden«).

Wortarten richtig verwenden

Auch wenn wir keine Redensarten und Floskeln mehr verwenden, lässt sich unsere Sprache noch weiter aufräumen. Dazu ist es hilfreich, wenn wir die Wortarten richtig verwenden. Das klingt erst mal nach Grundschule, und Sie denken vielleicht, das sei ein alter Hut. Denn sicher haben Sie schon einmal gehört, dass Verben Tätigkeiten, Substantive Dinge und Adjektive Eigenschaften benennen. Und dennoch verstoßen die Menschen massenhaft gegen diese Grundsätze. Die Menschen wiederholen insbesondere zwei Fehler ständig:

- Sie formulieren Tätigkeiten mit Substantiven statt mit Verben – wenn sie beispielsweise »einen Beschluss fassen«, statt »etwas zu beschließen«.
- Sie benennen Dinge durch Adjektive statt durch Substantive – wenn sie beispielsweise »einen anwaltlichen Berater« suchen statt »einen Anwalt«.

Sicher gibt es noch mehr Wortarten, aber bei Verben, Substantiven und Adjektiven lauern die meisten Fallen. Daher geht es jetzt um die Gebote 3 und 4: »Wir formulieren Tätigkeiten mit Verben, nicht mit Substantiven« und »Wir verwenden Adjektive richtig«. Was genau sind Verben, Substantive und Adjektive?

- Verben sind sogenannte »Tun-Worter« – jemand tut etwas. Verben sind beispielsweise »geben« und »schreiben« (jemand *schreibt*). Verben sind ideal dafür, etwas zu benennen, was geschieht oder was jemand tut: »Es *regnet*«, »Wir *beantragen* einen Zuschuss.« Verben machen die Sprache lebendig.
- Substantive benennen alles, was *ist*. Das klingt ein wenig philosophisch, ist aber ganz einfach: Wenn wir sagen, »es regnet«, dann *geschieht* das, es *ist* nicht. Was aber *ist*, ist »der Regen«. Was also kann alles sein? »Der Zustand«, »das Unternehmen«, »die Chefin«, »der Hausmeister«. All das *ist*.
- Adjektive benennen die *Eigenschaften* dessen, was ist. Sie beziehen sich also auf Substantive. »Der *unerträgliche* Zustand«, »das Unternehmen ist *erfolgreich*«, »die Chefin ist heute *abwesend*«, »der Hausmeister ist *lustig*« – all das sind Adjektive. Bezieht sich ein Adjektiv auf ein Verb (»schnell verstehen«, »langsam schreiben«, »fürchterlich aussehen«), dann ist es ein *Adverb*. Adverbien bezeichnen die Eigenschaften dessen, was geschieht oder was jemand tut: Etwas geschieht *schnell*, oder jemand handelt *sinnvoll*.

Es tut mir leid, dass ich Sie hier ein wenig mit Grammatikunterricht nerve – aber um Wortarten richtig zu verwenden, ist dieses Grundwissen nötig. Die Funktionen von Wortarten beschreiben das Prinzip. Es gibt keinen Grund, davon abzuweichen, auch wenn das die meisten Menschen und Unternehmen tun. Wir fahren immer noch am besten, wenn wir uns an

Klartext-Tipp 65:

Verben benennen, was geschieht oder was jemand tut. Substantive benennen Dinge. Adjektive benennen Eigenschaften.

die simplen Regeln halten und Tätigkeiten mit Verben formulieren statt mit Substantiven und Dinge durch Substantive statt mit Adjektiven.

Was geschieht, wenn wir Wortarten falsch verwenden? Dann wird die Sprache störrisch, schwer verständlich und bürokratisch. Wie sieht das konkret aus?

Wir drücken Tätigkeiten durch Substantive aus

Wenn Sie eine »Beantragung vornehmen«, dann ist das beteiligte Verb »vornehmen« ohne das Substantiv bedeutungslos. Es bekommt erst mit dem Substantiv »Beantragung« einen Sinn. In diesem Substantivmonster, das den Gedanken des »Antrags« hinter allerlei Silbenmüll versteckt, steckt die Tätigkeit – Sie beantragen etwas. Das ist das, was konkret geschieht. Indem Sie also eine »Beantragung vornehmen«, bemühen Sie ein Substantiv, um die Tätigkeit zu benennen, dass Sie »etwas beantragen«. Und dafür sind Substantive nicht da.

Oder wenn Sie an der Raumstation ISS »Wartungsarbeiten durchführen«, dann weiß die Menschheit zwar, dass da irgendjemand an irgendetwas herumschraubt, aber nicht genau, woran. Am Eiswürfelspender? Aus »Wartungsarbeiten« können Sie das Verb »warten« im Sinne von »inspizieren« isolieren, und schon wirft sich die Frage auf: Was warten die Techniker denn nun? Und das verraten Sie uns mit Ihrer hübschen Wortgirlande »Wartungsarbeiten durchführen« nicht. Mit Substantiven Tätigkeiten zu formulieren, ist vor allem bei Politikern sehr beliebt, weil man damit so prima um den heißen Brei herumreden kann.

Um zum Punkt zu kommen und Klartext zu sprechen, bringen Sie Tätigkeiten mit lebhaften Verben zum Ausdruck. Das zwingt Sie, Ross und Reiter zu nennen. Lebhafte Verben sind einfache Verben, bei denen Bilder im Kopf entstehen: gehen, sprechen, laufen, lachen, fordern, verweigern, versprechen, verhindern, zwingen, lassen, geben, nehmen. Und eben auch »sich setzen« statt »Platz nehmen« und »einschalten« statt »in Betrieb nehmen«.

Klartext-Tipp 66:
Verwenden Sie lebhafte Verben, um Tätigkeiten auszudrücken.

Verben, die ohne Substantiv keine Bedeutung haben, weisen übrigens meist auf Substantiv-Missbrauch hin: »durchführen«, »umsetzen«, »vornehmen«, »erbringen« und diverse andere. Bei diesen sollten Sie sofort aufmerken – Substantivitis-Gefahr! Sagen Sie also nicht:

- »Leistung erbringen«, wenn Sie »leisten« sagen können;
- »Behandlung durchführen«, wenn Sie »behandeln« sagen können;
- »zum Einsatz bringen«, wenn Sie »einsetzen« sagen können;
- »einen Beschluss fassen«, wenn Sie »beschließen« sagen können;
- »eine Verabredung treffen«, wenn Sie »sich verabreden« sagen können;
- »ein Ausscheiden wäre ein Desaster«, wenn Sie sagen können: »auszuscheiden wäre ein Desaster«;
- »eine Untersuchung durchführen«, wenn Sie »untersuchen« sagen können;
- »die Vertretung übernehmen«, wenn Sie »vertreten« sagen können.
- »unsere Servicequalität steigern«, wenn Sie »unseren Service verbessern« sagen können;
- »die Widerstandsfähigkeit verbessern«, wenn Sie »widerstandsfähiger machen«, sagen können.

Wir verwenden Adjektive falsch

Die eiserne Regel bei den Adjektiven lautet: Setzen Sie Adjektive nur ein, wenn sie etwas beschreiben oder unterscheiden. Ansonsten haben Adjektive keinen Sinn. Es ist Unsinn zu sagen: »Heute Abend fahre ich mit meinem blauen Auto nach Hause«, wenn ich nicht mehrere Autos habe, von denen nur eines blau ist. Denn unsere Hörer und Leser denken sofort, das Adjektiv »blau« sei unterscheidend und würde das blaue Auto abgrenzen von Autos in anderen Farben. Eine geflissentliche Beschreibung unseres Autos funktioniert so nicht. Wenn wir das Adjektiv »blau« tatsächlich beschreibend meinen sollten, sollten wir einen eigenen Satz einfügen:

»Heute Abend fahre ich mit meinem Auto nach Hause. Mein Auto ist übrigens blau.« Sollte die Farbe des Autos irrelevant sein, streichen wir den zweiten Satz: Wir fahren mit dem Auto – in Abgrenzung zur Bahn und zum Flugzeug. Das genügt als Information, die Farbe ist unwichtig.

Am Beispiel des blauen Autos sehen Sie: Menschen machen automatisch die Gegenprobe dessen, was sie hören oder lesen. Hören oder lesen wir »blaues Auto«, prüfen wir, ob Autos in anderen Farben einen Sinn ergeben. Hören oder lesen wir von »praktischen Problemen«, prüfen wir sofort, ob es unpraktische Probleme gibt – um dann festzustellen, dass Probleme in aller Regel unpraktisch sind und es hier wohl eher um »Praxis-Probleme« oder »Probleme in der Praxis« geht. Wir suchen sofort nach einer Abgrenzung. »Probleme in der Praxis« wiederum haben nur dann Sinn, wenn es auch »Theorie-Probleme« gibt. Je nach Kontext hat der Begriff »Praxis-Problem« also Sinn: In der Physik gibt es Theorie-Probleme, also ist die Formulierung »Praxis-Problem« hier sinnvoll. Die Formulierung beschreibt das Problem nicht in erster Linie, sondern grenzt es vor allem vom »Theorie-Problem« ab. Das Adjektiv »praktisch« im »praktischen Problem« ist abgrenzend gedacht.

Sinnvoll sind Adjektive also, wenn sie beschreiben oder unterscheiden:

Klartext-Tipp 67:
Setzen Sie Adjektive nur ein, wenn sie etwas beschreiben oder unterscheiden.

- Das Adjektiv in dem Satz »Der Anwalt ist gut gekleidet« beschreibt.
- Das Adjektiv in dem Satz »Das ist der gegnerische Anwalt« unterscheidet.

Und selbst beim »gut gekleideten Anwalt« machen wir sofort die Gegenprobe und schauen, wie die anderen anwesenden Anwälte gekleidet sind – weil wir eben ein Adjektiv zunächst einmal für ein unterscheidendes Adjektiv halten. Wie beim »blauen Auto«. Entsprechend unsinnig sind Adjektive wie hier:

- »feste Überzeugung«: Die Gegenprobe ergibt, dass nicht feste Überzeugungen schlicht Meinungen wären und keine Überzeugungen, da Überzeugungen per se fest sind. Insofern unterscheidet das Adjektiv »fest« nicht. Es eignet sich aber auch nicht zur Beschreibung, denn eine »Überzeugung« ist ohne Adjektiv ausreichend beschrieben. »Fest« wäre überflüssig.

- »auf gleicher Augenhöhe«: Die Gegenprobe ergibt, dass es keine ungleiche Augenhöhe gibt – wir meinen schlicht »auf Augenhöhe«. Auch hier eignet sich das Adjektiv nicht zur Beschreibung – es erzeugt nur heiße Luft.

- »dunkle Ahnungen«: Die Gegenprobe ergibt, dass helle Ahnungen lediglich »Vermutungen« wären – eine Ahnung hat per se etwas Dunkles. Ebenso eignet sich das Adjektiv nicht zur Beschreibung.

- »polnisches Warschau«: Die Gegenprobe mag ergeben, dass es mehrere Warschaus in verschiedenen Ländern gibt, aber das Adjektiv eignet sich weder zur Beschreibung noch zur Unterscheidung. Wenn wir sagen, unsere Tagung fand in »Warschau« statt, weiß jeder Leser und Hörer, dass wir die polnische Hauptstadt Warschau meinen. Das wissen die Leute durch die Gegenprobe: Wäre ein anderes Warschau gemeint, wäre das erwähnt.

- »mögliche Gefahren«: Die Gegenprobe ergibt, dass »unmögliche Gefahren« keine Gefahren sind – Sie meinen »Gefahren« oder je nach Kontext vermutlich nur eine »Gefahr«. Das Adjektiv »möglich« unterscheidet also die Gefahr nicht von anderen Gefahren, und ebenso wenig beschreibt es sie.

- »permanente Dauerbelastung«: Eine Dauerbelastung ist per se permanent, denn Permanenz und Dauer sind dasselbe – Sie meinen eine »Dauerbelastung« oder auch nur eine »Dauerlast«. Das Adjektiv »permanent« unterscheidet also nicht und beschreibt auch nicht – es ist nur Geplauder.

- »der hessische Innenminister«: Das Adjektiv ist unsinnig, weil »Hessens Innenminister« oder »der Innenminister von Hessen« gemeint ist – und der kann auch westfälisch sein. Das Adjektiv »hessisch« ist also weder unterscheidend noch beschreibend. Einzig Sinn hätte das Adjektiv in »der hessische Innenminister Bayerns« – wenn er denn ein Hesse ist. Da Bayern nur einen Innenminister hat, kann das Adjektiv hier nur beschreibend sein.

Durchschauen Sie die Logik? Das Prinzip der Gegenprobe läuft darauf hinaus, dass Adjektive entweder beschreiben oder unterscheiden. Und wir können alle möglichen Formulierungen zerlegen, ändern und sogar löschen – selbst dann, wenn wir sie jeden Tag in den Nachrichten hören oder in Unternehmensmitteilungen lesen. Wenn wir Adjektive auf Unterscheidung beziehungsweise Beschreibung prüfen, rücken wir dem Kern unserer Aussage immer näher. Oder freuen Sie sich nach dem eingenommenen Frühstück und der verbrachten Zeit im Bus auf das durchzuführende Meeting? Die meisten Adjektive können wir getrost streichen.

Wir benennen Dinge durch Adjektive statt durch Substantive

Eine weitere Falle beim Thema Adjektive ist es, mit Adjektiven Dinge zu bezeichnen, für die es Substantive gibt. Hier gilt das Prinzip: Verwenden wir Wörter, die existieren! Es gibt keinen Grund, dies nicht zu tun. Dazu einige Beispiele:

- »geschäftliche Beziehungen«: Wir meinen »Geschäftsbeziehung«. Das ergibt auch die Gegenprobe: Über eine ungeschäftliche Beziehung – etwa eine Privatbeziehung – würden wir nicht sprechen. Wir missbrauchen die unterscheidende Funktion des Adjektivs, um ein Wort zu definieren, das bereits mit »Geschäftsbeziehung« ausreichend definiert ist.
- »elterliches Haus«: Wir meinen »Elternhaus«. Sonst gäbe es auch »kindische Zimmer« und »schweinische Ställe«.
- »globale Marktführerschaft erreichen«: Wir wollen Weltmarktführer werden, nichts weiter. Zudem ist der Bezug falsch: Das Adjektiv »global« bezieht sich bei dem zusammengesetzten Substantiv auf den letzten Teil, also auf die »Führerschaft«. Gemeint ist aber, den globalen Markt zu führen – und für diesen gibt es das Wort »Weltmarkt«.
- »positive Entwicklungen«: Wir meinen »Verbesserung«.
- »militärische Kampftruppen«: Wir meinen »Soldaten«.
- »finanzielle Mittel«: Wir meinen »Geld«.
- »datenschutzrechtliche Gründe«: Wir meinen »Datenschutzgründe« oder auch nur den »Datenschutz«.
- »erotische Buchhandlung«: Wir meinen »Erotik-Buchhandlung« – denn nicht die Handlung ist erotisch, sondern die Bücher darin. Wieder bezieht sich das Adjektiv auf den letzten Teil des zusammengesetzten Substantivs.
- »politischer Berater«: Wir meinen »Politik-Berater« – denn nicht der Berater ist politisch, sondern das Thema, in dem er berät.

Sehr viele Dinge auf der Welt sind definiert und bedürfen keiner neuer Wortschöpfungen: Um eine »Warnung« zu verstehen, bedarf es keines »warnenden Hinweises«, ein »Steuerberater« wird nicht besser als

Klartext-Tipp 68:

Missbrauchen Sie Adjektive nicht, um Dinge zu benennen, für die es Substantive gibt. Wörter, die existieren, dürfen wir verwenden!

»steuerlicher Berater«. Auch brauchen wir keine Adjektiv-Krücke, um »gestern«
oder »morgen« zu sagen – doch Kohorten von Sprachverknotern bemühen den
»gestrigen« und den »morgigen Tag«. Den »vorgestrigen« und den »übermor-
gigen Tag« gibt es zum Glück ebenso selten wie die »nächstwöchige Woche«.

Im Zusammenhang mit Zeitangaben lassen sich »kommenden« und »vergangenen« fast immer streichen:

- »Am Montag werden wir uns treffen« sagt das Gleiche wie »Am kommenden Montag werden wir uns treffen«.
- »Am Montag haben wir uns getroffen« sagt das Gleiche wie »Am vergangenen Montag haben wir uns getroffen«.

Adjektive verleiten zu Redundanz und Unsinn

Schließlich verleitet der Missbrauch von Adjektiven zu Tautologien beziehungsweise Pleonasmen – das ist Schlaudeutsch fürs Doppeltgemoppelte. Die »richtige
Lösung« ist eben die »Lösung«, und der »gelernte Bäcker« und der »studierte
Arzt« wären ohne Lehre und Studium weder Bäcker noch Arzt. Die bekannteste Tau-
tologie dürfte der »weiße Schimmel« sein – tja, ein Schimmel ist nun einmal weiß, sofern es um ein Pferd

Klartext-Tipp 69:

**Vermeiden Sie Adjektive, die eine Eigenschaft
beschreiben, die bereits das Substantiv enthalt:
Ein Orkan ist stark, ein Greis ist alt.**

geht. Ein »starker Orkan« ist ebenso unsinnig – ein Orkan ist nun einmal stark.
Hinzu kommt Adjektiv-Unsinn wie bei den im Wetterbericht inzwischen gängigen
»bewölkten 18 Grad«: Die 18 Grad selbst sind nicht bewölkt, sondern der Himmel
ist es – wir meinen bestenfalls »18 Grad Celsius und Wolken«. Schließlich haben
wir auch keinen »hungrigen Durst«, sondern sind hungrig und durstig.

Für unser Ziel, uns prägnant auszudrücken und eine knackige Botschaft zu
formulieren, bedeutet das: Adjektive verführen uns zur Redundanz – also dazu,
Dinge zu formulieren, die schon klar sind. Wir sollten daher alle Adjektive prüfen
und nur dann einsetzen, wenn sie wirklich Sinn ergeben.

Sätze richtig bilden

Subjekt, Prädikat, Objekt – das ist die einfachste Folge in einem Satz. Das Subjekt bezeichnet, wer etwas tut. Das Prädikat bezeichnet das Verb – was geschieht genau? Und das Objekt – sofern vorhanden – ist das, womit etwas geschieht. »Lina füttert den Hund« ist so ein Satz: »Lina« ist das Subjekt, »füttert« ist das Prädikat, und »den Hund« ist das Objekt.

So einfach, so klar. Doch was lesen wir schon in der Zeitung, beispielsweise in der »Märkischen Allgemeinen«? So etwas:

> *Sieben Hühner und einen Hahn soll in Papenbruch ein Hund auf dem Grundstück des Nachbarn gerissen haben.*

Auch das ist Lokaljournalismus: Man versucht zwanghaft, einen flotten Schreibstil durch Tausch von Subjekt und Objekt zu erreichen, ähnlich wie beim Bratwurstjournalismus – und erzeugt dadurch schwer verständlichen Quark. Oder wir lesen:

> *Mit einem Damhirsch ist am Dienstag gegen 18 Uhr auf der Straße zwischen Alt Lutterow und Schweinrich ein Auto zusammengestoßen.*

Hauptsache originell – das Subjekt (»Auto«) steht möglichst weit hinten. Dass der Schreiber dem Leser damit das Lesen erschwert, interessiert ihn nicht. Oder:

> *Mit 2,43 Promille hat die Polizei am Sonntag um 7.20 Uhr einen 21-Jährigen auf der A 24 zwischen Neuruppin und Herzsprung aus dem Verkehr gezogen.*

Hier fällt dem Redakteur die Originalität seines eigenwilligen Satzbaus auf die Füße – denn nach dem, was da steht, war die Polizei alkoholisiert, nicht der 21-Jährige. Manche sagen nun, es sei doch klar, was gemeint sei – und ich sage, nein, das ist es nicht. Beziehungsweise: Wenn der Redakteur weiß, was gemeint ist, warum schreibt er es dann nicht hin? Es wäre so einfach:

> *Die Polizei hat am Sonntag um 7.20 Uhr auf der A 24 zwischen Neuruppin und Herzsprung einen 21-Jährigen mit 2,43 Promille aus dem Verkehr gezogen.*

Wir brauchen die gleiche Zeichenzahl, um zu sagen, was wir meinen – wir haben nur ein paar Wörter umgestellt. Es scheint also vom Satzbau abzuhängen, ob wir den Kern unserer Botschaft treffen. Und das ist tatsächlich so. (Falls Ihnen der Satz zu lang ist: Wir kürzen ihn gleich im Kapitel »Bandwurmsätze« ab Seite 150.)

Wenn eine Zeitung zum Thema Schulessen titelt:

Gemüse kann auch schmecken

... dann fragen wir uns, was Gemüse noch so kann, denn das Wort »auch« bezieht sich nach der Stellung im Satz klar auf »schmecken«. Gemeint aber ist, dass das Wort »auch« sich aufs »Gemüse« bezieht. So wäre die Aussage klar:

Auch Gemüse kann schmecken

Wieder haben wir nur ein Wort umgestellt. Der Vollständigkeit halber können wir ergänzen:

Auch Gemüse kann gut schmecken

... aber das ist eine Kleinigkeit. Der Punkt ist, und das frage ich mich beim Zeitunglesen oft: Wieso ist es offenkundig so schwer, Sätze richtig zu bilden? Die »Märkische Allgemeine« schreibt:

Seit 1946 wird das Epiphaniasfest in Heiligengrabe gefeiert.

Und das ist Unsinn. Denn bei diesem Satzbau gäbe es das Epiphaniasfest nur in Heiligengrabe – nach dem Motto: Wenn Epiphaniasfest, dann in Heiligengrabe. Richtig ist es andersherum, und die Operation ist nun wirklich geringfügig:

Seit 1946 wird in Heiligengrabe das Epiphaniasfest gefeiert.

Warum nicht gleich so? Über einem Beitrag über Imker lese ich die Überschrift:

Jeder Imker wird einmal gestochen

... was wirklich merkwürdig ist, denn manchen Imker stechen die Bienen sicher auch mehrmals. Dabei wäre es so einfach, durch eine kleine Satzoperation Klarheit zu schaffen und die Aussage der Überschrift in die Mitte der Zielscheibe zu rücken:

Irgendwann wird jeder Imker gestochen

Warum fällt heutigen Journalisten so etwas Einfaches nicht mehr ein? Warum sagen sie, es sei doch klar, was gemeint sei, obwohl es gerade ihre Aufgabe ist, Klarheit zu schaffen und zweifelsfrei verständliche Botschaften zu liefern?

Wer redaktionell arbeitet, kennt die Ausrede, man habe lediglich eine Meldung übernommen, die so beispielsweise von der Polizeipressestelle gekommen sei. Als Profis wissen wir, dass die Ausrede nicht stichhaltig ist. Bei allem Respekt: In Pressestellen von Behörden – und von vielen Unternehmen – arbeiten in aller Regel Laien, was die Sprache betrifft. Oft sind die Menschen dort hervorragende Fachleute auf anderen Gebieten, denken aber, die Kunst zu schreiben hätten sie in der Schule erworben. Dass das ein Irrtum ist, haben wir ja schon festgestellt. Wichtiger aber ist, was für uns daraus folgt: Eine Redaktion, in der Sprachprofis arbeiten, muss den Unfug in klare Sprache übersetzen – das ist ihr Job. Als Kommunikatoren dürfen wir den Unsinn nicht stehen lassen. Niemals gilt die Ausrede, es sei doch klar, was gemeint sei. Es ist nicht klar, solange es niemand klarmacht.

> ### *Klartext-Tipp 70:*
> **Seien Sie sorgfältig beim Satzbau! Vom Satzbau hängt es entscheidend ab, ob Ihre Leser und Hörer sofort verstehen, was Sie meinen. Mangel an Achtsamkeit führt oft zu Aussagen, die Sie gar nicht treffen wollen.**

Es ist also gar nicht so einfach, einen richtigen Satz zu bilden. Wichtig ist: Schon kleine Fehler und Unachtsamkeiten können unsere Aussage massiv ändern, und plötzlich sagen oder schreiben wir etwas, was wir gar nicht meinen. Das betrifft schon die einfachsten Hauptsätze – es beginnt bei falsch verstandener Originalität, wenn jemand unbedingt anders schreiben will, als es üblich ist, um sich und seinen Stil zwanghaft vom Rest der Welt abzuheben.

Und da es auch kompliziertere Sätze gibt, nähern wir uns dem Thema Satzbau jetzt Schritt für Schritt an.

Wichtiges in Hauptsätze

Im Grunde gibt es zwei Arten von Sätzen: Hauptsätze und Nebensätze. Das fünfte Gebot für klare Sprache sagt: Was wichtig ist, gehört in einen Hauptsatz; was weniger wichtig oder nachgeordnet ist, gehört in einen Nebensatz. Vor allem wenn Menschen sehr formalistisch denken, sind Sätze folgender Art üblich:

Es wird festgestellt, dass unsere Prüfung des Berichts keine
Fehler ergeben hat.

Im Hauptsatz steht, etwas werde festgestellt. Ist das die Hauptsache? Nein. Die Hauptsache ist: Die Prüfung des Berichts hat keine Fehler ergeben. Doch diese Information steht leider in einem Nebensatz. Die Information im Hauptsatz ist dabei so unwichtig, dass wir sie getrost weglassen können: Denn indem wir sagen, dass die Prüfung keine Fehler ergeben hat, stellen wir es ja fest:

Unsere Prüfung des Berichts hat keine Fehler ergeben.

Zu sagen, der Bericht enthalte keine Fehler, ginge zu weit – das geben unsere Informationen nicht her. Wir haben lediglich keine Fehler gefunden. Bestenfalls können wir also sagen:

Der Bericht ist unserer Prüfung zufolge fehlerlos.

In anderen Fällen ist die Aussage im Hauptsatz nicht ganz so unwichtig, dass wir den Hauptsatz komplett löschen können. Oft sind einfach nur die Prioritäten verkehrt wie in folgendem Beispiel:

Aus dem Protokoll geht hervor, dass die Ware mangelfrei ist.

Wenn wir nun lediglich sagen, die Ware sei mangelfrei, fehlt die Herleitung des Gedankens – also sollte der Aspekt »Protokoll« erhalten bleiben. Tauschen wir Haupt- und Nebensatz, haben wir die Prioritäten richtig geordnet:

Die Ware ist mangelfrei, wie aus dem Protokoll hervorgeht.

Alternativ dazu können wir zwei Hauptsätze bilden. Dabei nennen wir zuerst die Hauptsache und dann die Nebensache – so, wie es auch der Bedeutung entspricht. Denn das Wichtige kommt zuerst:

Die Ware ist mangelfrei. Das geht aus dem Protokoll hervor.

Substantiv-Ungetüme und Passivkonstruktionen finden sich oft im Zusammenhang mit Bandwurmsätzen und Schachtelsätzen. Gemeinsam sind sie stark und verkleben uns das Gehirn – und ohnmächtig beklagen wir die Bürokratisierung unserer Sprache. Was sind Bandwurm- und Schachtelsätze?

- Ein Bandwurmsatz ist ein langer Hauptsatz ohne Nebensätze, in den der Sprecher alle Informationen hineinpresst: *»Angesichts zahlreicher negativer Erfahrungen mit der Unzuverlässigkeit von Praktikanten und hinsichtlich der strikteren Kanalisierung des unternehmensinternen Informationsflusses wird die Geschäftsleitung ab sofort keine Mitnachhausenahme von Unterlagen jedweder Art mehr dulden.«*
- Ein Schachtelsatz ist ein Gebilde aus einem Haupt- und mehreren Nebensätzen, wobei mindestens zwei der Nebensätze einander untergeordnet sind: *»Vor allem ist klar, dass wir den Praktikanten, der die Agenturunterlagen am Wochenende zu Hause hatte, obwohl er wusste, dass wir die Unterlagen dringend brauchten, sicher nicht übernehmen.«*

Beide Satzkonstruktionen sind überfrachtet und wuchtig: Sie liefern viel zu viele Gedanken auf einmal, statt strukturiert die Gedanken zu entwickeln, wie es das sechste und siebte Sprachgebot beim Satzbau fordern. Sicher ist Einschüchterung oft das Ziel solcher Krawumm-Rhetorik – vor allem wenn sich in Bandwurm- und Schachtelsätzen auch noch kafkaeske Substantiv-Zombies wie »Mitnachhausenahme« finden. Die wichtigsten Argumente gegen beide Arten überlanger Sätze, ob am Stück oder verschachtelt:

- Wir erfassen Sinnzusammenhänge in Sätzen – also formulieren wir viele Informationen in vielen Sätzen und nicht in einem. Wir sollten natürlich kein Hauptsatz-Staccato liefern. Rhythmus und Abwechslung sind erlaubt.
- Wenn wir zehn Informationen in fünf Sätzen bringen statt in einem Satz, brauchen wir auch nicht viel mehr Zeit, Platz oder Worte. Wenn wir die Zahl der Sätze erhöhen, muss sich die Zahl der Informationen darin nicht ändern.
- Unsere Leser und Hörer verstehen viel schneller und viel leichter, was wir sagen wollen, wenn wir unsere Gedanken klarer strukturieren.
- Wir sollten unsere Mitmenschen nicht mit dem komplizierten Zustandekommen unserer Gedanken belästigen, sondern ihnen aus ihrer Sicht darstellen, worum es geht – sodass sich unsere Gedanken in deren Köpfen ganz einfach ergeben.

Keine Bandwurmsätze

Klartext-Tipp 72:

Zerlegen Sie Bandwurmsätze in mehrere Sätze. Fragen Sie sich zuerst: Was ist im Kern der Punkt? Daraus formulieren Sie den ersten Satz. Nachgeordnete Informationen folgen danach.

Fangen wir mit den Bandwurmsätzen an. Bandwurmsätze sind, wie gesagt, überlange Hauptsätze ohne Nebensatz. Ein anderes Wort für »Bandwurmsatz« ist »Stopfsatz«, weil solche Sätze mit Informationen vollgestopft sind.

Lassen Sie mich noch einmal auf das Beispiel der alkoholisierten Polizei zurückkommen. Wir hatten den Satz aus der Zeitung folgendermaßen redigiert:

Die Polizei hat am Sonntag um 7.20 Uhr auf der A 24 zwischen Neuruppin und Herzsprung einen 21-Jährigen mit 2,43 Promille aus dem Verkehr gezogen.

Der Satz ist insofern in Ordnung, als nun nicht mehr die Polizei betrunken ist, sondern der 21-jährige Autofahrer. Aber er ist zu lang. Viel zu viel steckt drin: Wer was wann wo genau mit wem genau getan hat, und eine konkrete Eigenschaft dieses Menschen steckt auch noch im Satz – nämlich sein Blutalkoholwert. Zu viel!

Wieso zu viel? Das dürften Sie sich jetzt fragen, wenn Sie irgendwo gelernt haben, Sie müssten alle »W-Fragen« gleich am Anfang beantworten, also: Wer, was, wo, wie – und so weiter. Das stimmt im Prinzip: Die wichtigsten Informationen gehören an den Anfang. Doch das heißt noch lange nicht, dass alle diese Informationen in einen einzigen Satz gehören, nämlich in den ersten. Denn wie gesagt: Ob Sie Ihre gesammelten Informationen in einen Satz stopfen oder auf vier Sätze verteilen, spielt kaum eine Rolle. Der Leser und der Hörer lesen und hören Ihre Gedanken ohnehin der Reihe nach – da ist es doch egal, ob Sie Punkte setzen.

Schauen wir einmal, wie viele Informationen der Satz birgt. Ich finde sechs:

- »Die Polizei«. Das ist die Antwort auf die Frage: Wer? Was hat sie getan?
- »aus dem Verkehr gezogen« – also jemanden. Wen?
- »einen 21-Jährigen«. Was war mit dem?
- Er hatte »2,43 Promille«. Das ist eine relevante Information, wenn jemand Auto fährt. Da darf die Polizei schon mal eingreifen.
- Das Ganze geschah »auf der A 24 zwischen Neuruppin und Herzsprung«.
- Und wann war es? »Am Sonntag um 7.20 Uhr«.

Wir können die Informationen »auf der A 24« und »zwischen Neuruppin und Herzsprung« auch voneinander trennen – ebenso wie wir den Tag und die Uhrzeit voneinander trennen können. Dann haben wir eben acht Informationen in einem Satz. Aber da wir Ort und Zeit jeweils zusammenlassen sollten, sind es sechs.

Wenn wir den Bandwurmsatz nun zerlegen, stellen wir uns zuallererst die Frage: Was ist *eigentlich* passiert? Was ist der Kern? Ist der Kern, dass der Fahrer 21 Jahre alt war oder vielleicht dass das Ganze am Sonntag passiert ist? Nein, das ist nicht der Kern. Der Kern ist simpel und besteht aus vier Informationen:

Die Polizei hat einen 21-Jährigen mit 2,43 Promille aus dem Verkehr gezogen.

Nachdem das klar ist, bilden wir mit den beiden restlichen Informationen den nächsten Satz:

Er war am Sonntag um 7.20 Uhr auf der A 24 zwischen Neuruppin und Herzsprung unterwegs.

Ende der Geschichte: Wir erzählen das Gleiche und brauchen dazu nur wenige Wörter mehr. Aber unsere Leser und Hörer folgen leichter unseren Gedanken.

Keine Schachtelsätze

Während im Bandwurmsatz alle Informationen in einem Hauptsatz stehen, sind sie im Schachtelsatz auf mehrere Nebensätze verteilt. Es macht nichts, wenn ein Satz einen Nebensatz hat – und in Maßen sind auch Nebensätze von Nebensätzen erträglich. Wir brauchen Nebensätze, schon damit unsere Sprache mehr Rhythmus bekommt. Schwierig wird es dann, wenn wir unsere Informationen so verschachteln, dass Leser und Hörer sie kaum noch auf Anhieb erfassen können. Wie Sie mit Schachtelsätzen umgehen, finden Sie zusammengefasst im siebten Gebot auf Seite 123.

Klartext-Tipp 73:
Zerlegen Sie Schachtelsätze in mehrere Sätze. Fragen Sie sich zuerst: Was ist im Kern der Punkt? Diese Information ist in Schachtelsätzen meist in einem Nebensatz versteckt.

In jedem Schachtelsatz findet sich ein Hauptsatz, auf den sich der Rest des Satzes bezieht. Nehmen wir als Beispiel folgenden Schachtelsatz:

Vor allem ist klar, dass wir den Praktikanten, der die Agenturunterlagen am Wochenende zu Hause hatte, obwohl er wusste, dass wir die Unterlagen dringend brauchten, sicher nicht übernehmen.

Was ist darin der Hauptsatz? Der Hauptsatz lautet: »Vor allem ist klar.« Hm. Was ist klar? Wie beim Bandwurmsatz fragen wir nun, was *eigentlich* Sache ist. Die Antwort lautet: »Dass ...« und so weiter. Ist das die Story? Dass »klar ist«? Nein. Was ist dann der Punkt? Dass der Praktikant keine Anstellung bekommt! Also sollten wir diese Hauptsache auch im Hauptsatz sagen. Es könnte sich ergeben:

Den Praktikanten, der die Agenturunterlagen am Wochenende zu Hause hatte, obwohl er wusste, dass wir die Unterlagen dringend brauchten, übernehmen wir sicher nicht. Das ist klar.

Was klar ist, ist klar. Also streichen wir den Zusatz, dass es klar ist. Was bleibt, ist immer noch ein Schachtelsatz – und in dem ist der Hauptsatz durch zahlreiche Nebensätze auseinandergerissen, wie das oft bei Schachtelsätzen vorkommt:

Den Praktikanten, der die Agenturunterlagen am Wochenende zu
Hause hatte, obwohl er wusste, dass wir die Unterlagen dringend
brauchten, übernehmen wir sicher nicht.

Der Hauptsatz lautet: »Den Praktikanten ... übernehmen wir sicher nicht.« Und jetzt suchen wir in dem Hauptsatz das Subjekt – also denjenigen, der etwas tut. Das Subjekt ist: »Wir«. Es ist das drittletzte Wort in unserem Schachtelsatz. Viel zu spät! Ich will früher wissen, wer was tut. Und wo ist das Prädikat – also das Verb, das uns sagt, *was* jemand tut? Das Prädikat lautet: »übernehmen«. Und auch das Prädikat kommt viel zu weit hinten.

Lassen Sie uns Subjekt und Prädikat also nach vorne nehmen, weil diese beiden Satzteile die wesentlichen Informationen transportieren:

Wir übernehmen den Praktikanten, der die Agenturunterlagen am Wo-
chenende zu Hause hatte, obwohl er wusste, dass wir die Unterlagen
dringend brauchten, sicher nicht.

Nun haben wir zwar Subjekt und Prädikat nach vorne geholt, aber der Sinn ergibt sich immer noch erst am Ende. »Wir übernehmen den Praktikanten ...« – und dann? Viel später erfahren wir: »... sicher nicht«. Wer soll diesen Satz verstehen, wenn er ihn von Anfang an hört oder liest? Es ist kaum möglich. Das ist einer der Punkte, an dem uns die deutsche Sprache tatsächlich Handwerk abverlangt. Wenn Sie schon einmal eine internationale Konferenz besucht haben, dann kennen Sie das: Die Dolmetscher fluchen bei solchen Sätzen, wenn sie sie ins Englische übersetzen sollen. Denn erst müssen sie lange auf den Sinn warten – und haben sie den Sinn schließlich erfasst, weil der Satz endlich zu Ende ist, müssen sie ganz schnell übersetzen, weil der Sprecher schon den nächsten Satz spricht.

Zudem haben wir noch immer einen Schachtelsatz. Der Hauptsatz lautet: »Wir übernehmen den Praktikanten sicher nicht.« Zwischen den Wörtern »Praktikanten« und »sicher« stehen drei eingeschobene Nebensätze: Der erste Nebensatz hängt vom Hauptsatz ab, der zweite Nebensatz vom ersten Nebensatz, der dritte Nebensatz vom zweiten Nebensatz – und so weiter. Das ist die klassische Schachtel, wobei der Hauptsatz alle Nebensätze umschließt. Denken wir wie bei einem alten, modrigen Schloss in Kellergeschossen, siedeln sich die Nebensätze jeweils untereinander an:

	Hauptsatz Teil 1	Nebensatz 1	Nebensatz 2	Nebensatz 3	Hauptsatz Teil 2
EG	Wir übernehmen den Praktikanten,				sicher nicht.
1. UG		der die Agenturunterlagen am Wochenende zu Hause hatte,			
2. UG			obwohl er wusste,		
3. UG				dass wir die Unterlagen dringend brauchten,	

Die Schachtel besteht darin, dass die drei Nebensätze wie bei einer russischen Matrjoschka in den Rahmen der beiden Hauptsatzfragmente gepresst sind. Gemessen an der Frage nach »Richtig« und »Falsch« sind wir auf der sicheren Seite: Ein Fehler im Sinne der Grammatik findet sich nicht. Aber stilistisch ist der Satz grottenschlecht! Denn was tun diese Nebensätze in ihrer Schachtel?

- Sie unterbrechen unseren Hauptgedanken und bringen unsere Leser und Zuhörer vom roten Faden ab.
- Sie machen jeweils eigene Gedanken auf und überfrachten das Gehirn unserer Leser und Zuhörer.

Das ist Gift für die Kommunikation. Also sollten wir die jeweiligen Gedanken zusammenfügen. Nehmen wir unseren Hauptsatz als Ganzes und fügen an dessen Ende die folgenden Nebensätze an:

	Hauptsatz Teil 1	Nebensatz 1	Nebensatz 2	Nebensatz 3
EG	Wir übernehmen den Praktikanten sicher nicht,			
1. UG		der die Agenturunterlagen am Wochenende zu Hause hatte,		
2. UG			obwohl er wusste,	
3. UG				dass wir die Unterlagen dringend brauchten.

Die Schachtel ist aufgelöst! Doch noch immer sind es zu viele Kellergeschosse. Der nächste Trick hilft: Wir bilden mehrere Sätze. Es gibt wie beim Bandwurmsatz keinen Grund, möglichst viele Gedanken in einen Satz zu pressen. In unserem Beispiel war die Hauptsache, dass wir den Praktikanten nicht übernehmen, weil er die Unterlagen zu Hause hatte. Nun kommt der nächste Gedanke: Er wusste doch, dass wir die Unterlagen brauchten! Ist das nicht einen neuen Hauptsatz wert? Also:

	Hauptsatz 1	Nebensatz 1	Hauptsatz 2	Nebensatz 2
EG	Wir übernehmen den Praktikanten sicher nicht,		Er wusste,	
1. UG		der die Agenturunterlagen am Wochenende zu Hause hatte.		dass wir die Unterlagen dringend brauchten.
2. UG				
3. UG				

Wenn es nach mir geht, können wir den Satz so stehen lassen. Wir haben nun keinen Schachtelsatz mehr, sondern nur noch zwei Hauptsätze mit jeweils einem Nebensatz. Aus reinem Purismus zeige ich Ihnen noch eine Version mit drei Hauptsätzen, von denen nur noch einer einen Nebensatz bildet:

	Hauptsatz 1	Hauptsatz 2	Hauptsatz 3	Nebensatz 1
EG	Wir übernehmen den Praktikanten sicher nicht.	Er hatte die Agenturunterlagen am Wochenende zu Hause.	Dabei wusste er,	
1. UG				dass wir die Unterlagen dringend brauchten.
2. UG				
3. UG				

Welche Version Ihnen am besten gefällt, ist in meinen Augen Geschmackssache – handwerklich argumentiert, sind für mich beide Versionen in Ordnung. Wichtig ist: Die Schachtel ist aufgelöst. Und natürlich geht es nicht darum, die Sprache zu zerhacken und Staccato zu sprechen. Auch ein Nebensatz von einem Nebensatz ist mal in Ordnung, wenn im weiteren Verlauf des Textes wieder kürzere Sätze folgen.

Vorsicht bei Relativsätzen

Erinnern Sie sich an die Adjektive? Adjektive haben im Grunde nur die Funktion, etwas zu unterscheiden oder zu beschreiben. Von einem »blauen Auto« zu sprechen, hat nur dann Sinn, wenn es im Kontext Autos in anderen Farben gibt – weil wir Adjektive zunächst unterscheidend verstehen. Verwandt mit dieser Besonderheit beim Adjektiv ist der Relativsatz – es geht ums achte Gebot für klare Sprache. Ein Relativsatz ist ein Nebensatz, der sich auf ein Substantiv im Hauptsatz bezieht. Der folgende Nebensatz ist ein Relativsatz:

Klartext-Tipp 74:
Relativsätze verstehen wir als unterscheidend. Daher eignen sie sich nicht zur Beschreibung.

Der Praktikant, der die Agenturunterlagen zu Hause hatte, ...

Wir verstehen den Relativsatz automatisch als unterscheidend: Es geht um einen Praktikanten in Abgrenzung zu anderen Praktikanten, die keine Unterlagen zu Hause hatten. Insofern wirkt ein Relativsatz wie ein Adjektiv.

Der gängige Fehler ist nun, Relativsätze zur *Beschreibung* zu verwenden statt zur Unterscheidung:

Wolkenkratzer, die hoch sind, ...

Hier will uns jemand beiläufig erklären, dass Wolkenkratzer hoch sind – dabei macht die Höhe ja einen Wolkenkratzer aus. Leider nur verstehen wir den Relativsatz intuitiv als unterscheidend und fragen uns: Welche Wolkenkratzer sind denn nicht hoch? Und schon können wir daraus ableiten, dass sich Relativsätze nicht dazu eignen, Dinge zu beschreiben – auch wenn wir solchen Versuchen in den Medien immer wieder begegnen.

Wie irreführend die Interpretationsmöglichkeiten »Unterscheidung« und »Beschreibung« sind, zeigt sich sehr gut an dem Beispiel mit den Rehabilitationen im achten Gebot. Der Satz dort lautet: »Rehabilitationen, die lange dauern, sind aufwendig«. Bei diesem Satz können wir nicht wissen, was gemeint ist:

- Ist gemeint: »Wenn Rehabilitationen lange dauern, sind sie aufwendig«? Dann ist der Relativsatz unterscheidend.
- Oder ist gemeint: »Weil Rehabilitationen lange dauern, sind sie aufwendig«? Dann ist offenbar die beschreibende Variante gemeint.

Sie sehen: Dem Anspruch an klaren Ausdruck widersprechen Relativsätze, wenn sie beschreibend sind. Daher ist es klug, sie nur zur Unterscheidung einzusetzen.

Vergessen Sie die Regel, Sie müssten vollständige Sätze bilden

Und noch eine Regel ist Unsinn, mit denen uns Generationen von Deutschlehrern gequält haben: Sätze müssten vollständig sein. Ich sage nicht: »Was ist das für ein Quatsch!« Sondern ich sage es ohne Prädikat: »Was für ein Quatsch!« Ich formuliere keinen vollständigen Satz und befinde mich damit in bester Gesellschaft. Schauen Sie die »Tagesschau« oder die »Tagesthemen« an, also das Hochamt des deutschen Journalismus:

Das hat Amerika nicht verdient. Einen Präsidenten, den selbst seine eigenen Parteifreunde nur noch als Witzfigur betrachten. Zwei Präsidentschaftskandidaten, die zur Finanzkrise nur wenig Substanzielles zu sagen haben. Und ein Repräsentantenhaus, dessen Abgeordnete während der größten Finanzkrise der Neuzeit erst einmal seelenruhig in den Kurzurlaub fahren.

So kommentierte Ralph Sina am 30. September 2008 im Ersten die Ereignisse in den USA vor der Präsidentenwahl – und nur die ersten fünf Wörter bilden einen Satz. Bei allen weiteren Konstruktionen finden die Prädikate lediglich in Nebensätzen statt. Und es geht mit der gleichen Dramaturgie weiter:

Es geht nicht um Zahlenspiele. Nicht um das Schicksal irgendwelcher Wallstreet-Broker, die heute verlieren und übermorgen wieder gewinnen. Nein, es geht vielmehr um das Schicksal von Millionen Mittelstandsamerikanern, die wegen der Finanzkrise zunächst ihre Häuser verlieren. Dann ihre Jobs. Und damit ihre Krankenversicherung. Und ihre ohnehin dürftigen Altersrücklagen.

Würde der Kommentator jedes Mal einen Satz bilden – es wäre fürchterlich umständlich und langatmig. Woraus wir wieder einmal folgern dürfen, dass »richtig« oft »schlecht« bedeutet: Nur die »korrekte« Sprache verlangt von uns vollständige

Klartext-Tipp 75:

Vergessen Sie die Regel, Sie müssten unbedingt vollständige Sätze bilden. Das ist ein akademischer Ansatz, bei dem es mehr um theoretische Korrektheit geht als um Anwendbarkeit.

Sätze. Aber weil sich Gedanken und Zusammenhänge im Gehirn unserer Zuhörer und Leser anders erschließen als in einem vollendet korrekten Text, zwingt uns diese Korrektheit dazu, Überflüssiges zu sagen. Und das wiederum ist schlecht im Sinne der Klarheit und Verständlichkeit.

Aktiv statt Passiv

Der letzte Aspekt beim Satzbau – und zugleich einer der wichtigsten – bezieht sich auf Aktiv- und Passivsätze. Mit »Passiv« meine ich keine passive Haltung, sondern die grammatikalische Form. »Passiv« ist Lateinisch, ist mit »Passion« verwandt und bedeutet so viel wie »Leidensform« – im Unterschied zum »Aktiv«, das mit »Aktion« verwandt ist und so viel bedeutet wie »Handelnsform«. Sehr viele Inhalte lassen sich aktiv und passiv formulieren:

- »Wir essen Kuchen« – das ist Aktiv. Wir sagen klar, wer was tut. Subjekt ist das »Wir«, also Menschen, die aktiv Kuchen essen.
- »Der Kuchen wird gegessen« – das ist Passiv. Wer was tut, steht im Hintergrund. Im Vordergrund steht, was mit dem Kuchen geschieht, der selbst passiv ist. Der Satz verschweigt, wer den Kuchen aktiv isst.
- »Der Kuchen wird von uns gegessen« – das ist ebenfalls Passiv, auch wenn in der Formulierung »von uns« klar wird, wer den Kuchen ist. Das Subjekt im Passivsatz ist der Kuchen – also das, womit etwas geschieht. Im Aktivsatz wäre das »Wir« – das Subjekt.

Was davon klingt konkret, was störrisch und abstrakt? Genau: Das Aktiv klingt konkret, das Passiv störrisch. Der Grund ist einfach: Das Passiv ist komplizierter als nötig und erzeugt so gut wie kein Bild im Kopf. Gegenständlich und bildhaft ist Sprache viel mehr im Aktiv – wenn ein einfacher Satz ein klares Subjekt benennt und ein Verb, mit dem der Satz beschreibt, was das Subjekt tut. Wenn wir in der Presse lesen, dass »den Theatern die Mittel gestrichen werden«, erfahren wir nicht, wer die Mittel streicht. Entsprechend störrisch wirkt die Sprache. Und entsprechend beliebt ist das Passiv bei Politikern und Unternehmen, wenn sie nicht so gern mit schlechten Nachrichten herausrücken wollen. Wir können mit dem Passiv einfach sehr gut die Dinge verschleiern.

Zugleich stoßen wir oft auf Passivsätze, bei denen es gar nichts zu verschleiern gibt:

Dem Kunden wird folgendes Angebot gemacht.

In solchen Sätzen steht das Passiv oft nur aus Gewohnheit – viele Mitarbeiter in Unternehmen wissen gar nicht, dass sie damit ihre Sprache und damit die Sprache des Unternehmens hölzern machen. Hier könnten wir auch ganz einfach sagen:

Wir machen dem Kunden folgendes Angebot.

Noch konkreter wird es, wenn wir aus dem Substantiv »Angebot« die Tätigkeit herausholen und zum Verb machen:

Wir bieten dem Kunden Folgendes an.

Indem Sie Passivsätze in Aktivsätze umwandeln oder – noch besser – von Anfang an nur Aktivsätze bilden, wird Ihre Sprache greifbarer und deutlicher – Ihre Formulierungen werden Klartext und rücken in die Nähe der Zielscheibenmitte. Natürlich können wir auch manche Passivsätze stehen lassen:

Klartext-Tipp 76:

Formulieren Sie möglichst keine Passivsätze. Fast alle Passivsätze lassen sich in Aktivsätze umwandeln. Fragen Sie dabei immer: Wer tut konkret was? Und dann formulieren Sie einen Aktivsatz mit handelndem Subjekt.

Der Täter wurde festgenommen.

Wenn ein Täter vernommen wird, ist das handelnde Subjekt in aller Regel die Polizei – und wenn nicht, dann stünde es vermutlich dabei. Lassen Sie uns auch hier nicht päpstlicher sein als der Papst: Es geht darum, die Zahl der Passivsätze in unserer Sprache *insgesamt* zu reduzieren. Wir sollten, *wenn möglich*, Aktivsätze statt Passivsätze schreiben. Es geht nicht darum, dass wir uns bei einer Formulierung wie »Der Täter wurde festgenommen« Beine ausreißen, um zu recherchieren, welcher Polizist genau welcher Abteilung ihn festgenommen hat. Wenn das Wichtige ist, dass der Täter nun erst mal geschnappt ist, und nicht, wer der Polizist war, können wir so einen Passivsatz ruhig einmal durchgehen lassen.

Klartext-Tipp 77:

Vorsicht: Das Verb »werden« eignet sich nur zum Teil als zuverlässiges Signalwort für Passiv. Im Passiv »wird« zwar etwas »getan« oder »werden« Dinge »gemacht« – aber daneben existiert noch das Verb »werden«. Wenn Sie Marketingchef »werden«, ist das ein Aktivsatz. Manche Wendungen mit »werden« sind auch einfach Aktivsätze in der Zukunftsform: »Wir werden gewinnen.«

Besonders übel finde ich das Passiv, wenn wir es mit reflexiven Verben bilden. Ein reflexives Verb ist ein Verb, das sich aufs Subjekt bezieht: »Wir halten uns an die Regeln«. Sprachlich können wir niemanden an eine Regel halten außer uns selbst – das Verb ist reflexiv. Wenn ich nun lese oder höre: »An die Regeln wird sich gut gehalten«, dann bin ich mit meiner Erfahrung am Limit – mir fällt kaum noch etwas ein, was sprachlich störrischer ist als das Passiv beim reflexiven Verb.

Und einen kleinen Trick noch: Wenn Sie einen Passivsatz nicht sauber auflösen können, weil Sie das handelnde Subjekt nicht kennen, könnten Sie das Passiv manchmal zumindest verstecken. Zum Beispiel mit dem »Lassen-Trick«:

- Statt »Das Unternehmen kann saniert werden« sagen Sie: »Das Unternehmen lässt sich sanieren«.
- Statt »Das Unternehmen muss saniert werden« sagen Sie: »Das Unternehmen ist zu sanieren«.

Die Dinge positiv sagen

»Die Dinge positiv sagen« – diese Überschrift klingt zunächst schwierig. Ich weiß: Sie wittern möglicherweise den Positivismus-Appell, wie ihn viele Rhetorik-Bücher predigen. Sie denken sich vielleicht: »Einerseits fordert er Klartext, und andererseits sollen wir doch alles schönfärben? Doch so meine ich es nicht. Ich meine »positiv« als Grundform. Sagen Sie nicht alles aufgehübscht, sondern eben nicht negativ. »Positiv« bedeutet nicht von vornherein Jubelperser-Rhetorik.

Bei Adjektiven zeigt sich die Bedeutung des Wortes »positiv« am deutlichsten: Die ungesteigerte Form »schlecht« ist das Positiv, »schlechter« ist der Komparativ und »am schlechtesten« der Superlativ. Mit dem Wort »positiv« meine ich also das Adjektiv »schlecht«. Das klingt erst mal merkwürdig, aber es ist eben die Grundform. Negativ wäre es, mit Verneinungen und Gegensätzen zu hantieren wie beispielsweise mit der Formulierung »nicht gut«. Oder eben auch mit »nicht schlecht«, wenn »gut« unser positives Grundwort ist. Genau dieses Denken meint das zehnte Gebot auf Seite 123.

»Positiv« heißt nicht »schönfärberisch«

»Positiv« bedeutet für mich also nicht »schönfärberisch«. Ich finde es in Ordnung und ehrlich, wenn Sie Ihre Mitarbeiter und Kollegen kritisieren, wenn sie etwas »schlecht« gemacht haben. Das Schlechte ins Negative zu verkehren, wäre dann die entsprechende Umdeutung ins Schönfärberische, und Sie würden Wörter wie »verbesserungswürdig« verwenden. Schon würden Sie in puncto Klartext eine morastige Schlammwiese betreten – alles wird schwammig, und es ist nicht klar, was Sie meinen. Heißt »verbesserungswürdig« nicht, dass etwas schon gut ist? Denn ist »besser« nicht die Steigerung von »gut«?

Doch, natürlich – aber trotzdem meinen wir etwas anderes. Statt einfach nachzuvollziehen, was Sie sagen, brauchen Ihre Leute Codes, um Sie zu verstehen: Das Wort »verbesserungswürdig« heißt in diesem Code das Gegenteil von »gut«, also »schlecht«. Obwohl wir etwas, das wir besser machen sollen, erst mal gut machen sollten. Wer soll das verstehen, der linear von A über B nach C denkt? Wozu diese Interpretationsspielchen, wo wir doch klare Wörter haben, die jegliche Missverständnisse vermeiden würden? Verwenden Sie solche Codes mit derartigen

Schönfärbereien, lägen Sie zwar im Trend der Weichspülersprache unserer Gegenwart, aber klar kommen Sie damit nicht rüber. Auch Ihr Unternehmen nicht. Letzten Endes können Sie es halten, wie Sie wollen. Aber ich rege an, dass Sie die Dinge beim Namen nennen, damit Sie besser wirken. Das heißt nicht, dass Sie sich unhöflich oder gar obszön ausdrücken – denn das würde ja voraussetzen, dass Sie unhöflich oder obszön denken. Sofern Sie ein höflicher Mensch sind, wovon ich ausgehe, dürfte also keine Gefahr bestehen, dass klare Worte Ihr Niveau abstürzen lassen. Richtig?

Klartext-Tipp 78:

Äußern Sie Wörter in ihrem einfachen, positiven Ausdruck. Wenn Sie »schlecht« meinen, ist das Wort »schlecht« positiv. Negativ wäre es, »nicht gut« zu sagen.

Also: Klammern Sie das Böse und Schlechte auf dieser Welt bitte nicht aus. Es existiert, und nur wenn wir es aussprechen, können wir etwas dagegen tun. Nennen Sie das Negative daher beim Namen – und das eben positiv in dem Sinne, dass Ihre Worte ihren Bedeutungen ohne Umwege entsprechen. Hören Sie auf zu glauben, dass Sie mit jedem Wort positive Gedanken erzeugen müssten. Sonst könnten Politiker im Wahlkampf niemals die Fehler ihrer Gegner in den Staub treten, Ärzte müssten das Wort »Syphilis« vermeiden, und Sie dürften in keiner Besprechung einen Misserfolg beim Namen nennen. Ich kenne natürlich auch das »Gesetz der Anziehung«, wonach wir Gutes anziehen, wenn wir an Gutes denken, und Schlechtes, wenn wir an Schlechtes denken – aber in der Konsequenz fahren Sie als Motorradfahrer künftig bitte ohne Helm, weil Sie durch den Helm den Gedanken an einen Unfall überhaupt erst hervorrufen und damit eher Gefahr laufen, Opfer eines Unfalls zu werden. Einverstanden? Den gesamten Journalismus könnten wir nebenbei gesagt vergessen, wenn wir nur noch über Blumenwiesen und Ponyhöfe berichten sollten.

Der Zwang zum schönfärberischen Trallala hat eine ganze Menge Nachteile:

- Schönfärberei macht unehrlich;
- Schönfärberei wirkt sektiererisch;
- Schönfärberei zerstört Bedeutungen;
- Schönfärberei macht die Kommunikation komplizierter;
- Schönfärberei vertuscht Probleme.

Weniger Verneinungen und doppelte Verneinungen

Sich positiv auszudrücken, heißt also zunächst, ganz einfach zu sagen, was ist. Und nicht zu sagen, was nicht ist. Dieser Ansatz lässt sich auch mathematisch herleiten: Wenn Minus mal Minus Plus ergibt, sind doppelte Verneinungen also positiv. In anderen Worten: Statt »nicht schlecht« zu sagen, sagen Sie »gut«, sofern Sie »gut« meinen. Meinen Sie nicht »gut«, sondern »mittelmäßig«, sagen Sie eben »mittelmäßig«. Jedenfalls sagen Sie nicht: »nicht schlecht«. Sehen Sie das Prinzip?

Sofort verschwinden damit schon mal sämtliche

Klartext-Tipp 79:

Vermeiden Sie doppelte Verneinungen – es ist zu mühsam, sie schnell auszurechnen. »Nicht unweit« soll »nah« heißen, es heißt aber »weit«. Schonen Sie die Rechenleistung der Leute!

vermeidbaren Verneinungen aus Ihrem Wortschatz, und so wird es leichter für die Menschen, Ihre Worte zu entschlüsseln. Schon der Ausdruck »nicht unweit« übersteigt die Rechenkapazität der meisten Gehirne: Mit »nicht unweit« meinen Politiker und Journalisten »nah«, obwohl es das Gegenteil bedeutet – »nicht unweit« ist »weit«. Es ist eben »nicht nah«, weil »unweit« nun einmal »nah« ist. Halten Sie für wichtig, was Sie sagen wollen? Dann lenken Sie die Aufmerksamkeit der Menschen besser auf Ihre Inhalte, statt sie mit solcherlei Spielchen aufzuhalten und ihnen unnötig Rechenaufwand abzuverlangen.

Und der Rechenaufwand ist mitunter enorm. Denn ist »nicht freigiebig« denn »geizig«? Nein – es kann auch »sparsam« heißen. Nur weil jemand nicht ständig andere zum Essen einlädt, muss er nicht geizig sein. Auf der anderen Seite ist »nicht unstrittig« ganz eindeutig »strittig«. Wie kommt das? Die Lösung ist ganz einfach. Es gibt – wieder einmal – zwei Arten von Adjektiven:

- Manche Adjektivpaare bilden Gegensätze, zwischen denen es nichts gibt. Hier gilt das Prinzip »Entweder, oder«. Ist etwas »nicht unstrittig«, dann ist es »strittig«, weil das Wort »unstrittig« alles ausschließt, was strittig ist. Ebenso ist eindeutig »unklar«, was »nicht klar« ist. Jemand ist entweder »schwanger« oder eben »nicht schwanger«. Es gibt nichts dazwischen. Wer »nicht volljährig« ist, ist ganz klar »minderjährig« – ohne jeden Zweifel.

- Andere Adjektivpaare bilden Gegensätze, zwischen denen es durchaus etwas gibt – Zwischenformen, Zwischentöne, weitere Richtungen. Hier gilt das Prinzip »Entweder, oder« nicht. Wer »nicht rechts« ist, ist noch lange nicht »links«, wer »nicht links« ist, ist noch lange nicht »rechts«. Ein »leeres Glas« ist noch lange kein »volles Glas«, es kann »halbvoll« oder »halbleer« sein, je nach Sichtweise. Und daher kann »nicht schlecht« auch »mittelmäßig« sein.

Es kommt also darauf an, was wir sagen! Gerade in den politischen Diskussionen der Gegenwart neigen zahlreiche Menschen zum Schwarzweißdenken nach dem totalitären Prinzip: »Wer nicht für uns ist, ist gegen uns«. Kritisiert jemand die israelische Palästinenserpolitik, hört er oft genug den Vorwurf, selbst gegen Israel oder gar gegen das Judentum zu sein – was natürlich ein völlig überzogener Fehlschluss ist, der nebenbei eine sachliche Auseinandersetzung verhindert. Manchen einfachen Gehirnen genügt es ja wie gesagt, dass jemand nicht raucht, um ihn mit Adolf Hitler auf eine Stufe zu stellen, was ebenfalls die Debatte vergiftet. Selbst im Alltag ziehen wir aus Verneinungen falsche Schlüsse: Wenn jemand sagt, er sei um halb eins »nicht nach Hause gegangen«, dann heißt das nicht, dass er in der Kneipe geblieben ist. Er kann auch woanders hingegangen sein. Oder er ist spitzfindig und ist zur Bushaltestelle gegangen und mit dem Bus nach Hause gefahren. Er ist eben nur »nicht nach Hause gegangen«. Mehr wissen wir nicht.

Sie sehen: Negative Aussagen, Umkehrschlüsse, Folgerungen aus dem Gegenteil – das ist dünnes Eis. Für die meisten Leute ist es äußerst schwer, schon aus einfachen Verneinungen schwindelfrei auf die positive Aussage zu schließen. Der Anspruch ist enorm. Doppelte Verneinungen zu entschlüsseln, ist vor dem Hintergrund fast nicht mehr leistbar – auch wenn das verwunderlich klingt. Aber es ist so.

Muten Sie den Leuten also möglichst wenige Verneinungen zu! Sagen Sie beispielsweise nicht ...

- »nicht schlecht«, wenn Sie »gut« oder »mittelmäßig« meinen;
- »nicht wenige«, wenn Sie »viele« meinen;
- »suboptimal«, wenn Sie »schlecht« meinen;
- »unpünktlich«, wenn Sie »zu spät« meinen;
- »unlängst«, wenn Sie »kürzlich« meinen;
- »unerlaubt«, wenn Sie »verboten« meinen;
- »unbeherrscht«, wenn Sie »impulsiv« meinen.

Selbstverständlich gibt es Grenzen: Der Titel »Nicht ohne meine Tochter« sagt definitiv etwas anderes als die Formulierung »Mit meiner Tochter« – obwohl es nur mit oder ohne Tochter geht. Aber wir haben hier eine emotionale Bedeutung im

Klartext-Tipp 80:

Vorsicht: Nicht bei allen Gegensatzpaaren ist die Verneinung des einen die Bestätigung des anderen. »Nicht leer« heißt nicht automatisch »voll«. Herauszufinden, welche Negativ-Aussagen nun eindeutig sind und welche nicht, ist für die meisten Menschen zu viel verlangt.

Subtext, zwischen den Zeilen. Die lassen wir stehen. Gehen Sie also nicht allzu mechanistisch vor, wenn Sie Wörter schreddern – Sie könnten relevante Nuancen mitschreddern. Wenn Sie Ihrer Aussage allerdings mit einem Ausdruck wie »nicht unwesentlich« einen verschmitzt-ironischen Unterton verleihen wollen, den der Begriff »wesentlich« nicht transportiert, sollten Sie berücksichtigen, dass Ihre Leser und Zuhörer eine doppelte Verneinung auseinanderrechnen müssen. Überlegen Sie, ob dieser Aufwand in einem gesunden Verhältnis zur rhetorischen Wirkung Ihrer Wortwahl steht – im Zweifel sollten Sie von der Doppelverneinung absehen und sich einfach ausdrücken. Schließlich ist es selten alles andere als unstrittig, dass kaum jemand ohne Schwierigkeiten doppelte Verneinungen entschlüsselt, oder stimmt das etwa nicht ohne Einschränkungen?

Negatives negativ sagen – Positives positiv

Ebenso, wie Sie das Schlechte durchaus beim Namen nennen dürfen, nennen Sie bitte auch das Gute beim Namen. Es geht mir nicht darum, dass wir das Negative betonen, sondern es geht mir darum, dass wir *alles* beim Namen nennen. Und nur weil es Klartext ist, wenn wir das Negative negativ formulieren, heißt das nicht, dass die Welt schlecht ist. Die Welt ist gut und schlecht – je nachdem, wie wir sie uns denken. Also lassen Sie uns gern auch das Gute beim Namen nennen!

Der Schönfärber hat einen Gegenspieler: den Schwarzmaler. Der Schwarzmaler weckt, ohne dass es nötig wäre, negative Assoziationen. Manche Schwarzmaler tun dies mitunter bewusst, oft aber auch, ohne es zu merken. Insgesamt bemühen viele Menschen negatives Vokabular, ohne sich über die entsprechend negative Wirkung ihrer Worte bewusst zu sein. Nehmen wir als Beispiel den Kollegen Dirk:

Dirk: *Das war nicht schlecht. Allerdings müssen wir darauf achten,*
         entweder dies oder das zu tun.

Den meisten Menschen erscheint dieser Satz gewöhnlich und normal. Dabei erzeugt er unnötig Druck und erzeugt ein unschönes Gefühl – der Satz wirkt also negativ, obwohl er gar nichts Negatives bewirken soll. Würde Dirk einfach ohne jede negative Rhetorik sagen, was Sache ist, wäre die Wirkung angenehmer:

Dirk: *Das war gut. Und nun schauen wir, dass wir uns für eine der beiden*
         Alternativen entscheiden.

Interessant finde ich: Indem Dirk andere Worte wählt, wird er nicht zum Schönfärber. Er verwendet lediglich positive Sprache im Sinne von »positiv« als Grundwort. Prüfen Sie doch einmal, ob Sie aus Gewohnheit negative Vokabeln nutzen, obwohl Sie nichts Negatives sagen wollen! Klassische Miesepeter-Wörter sind:

Klartext-Tipp 81:

Achten Sie darauf, nicht ungewollt negative Gefühle zu erzeugen und negative Assoziationen zu wecken. Positiv formuliert: Erzeugen Sie positive Gefühle und wecken Sie positive Assoziationen – sofern Sie nichts Negatives bezwecken.

- »allerdings«. Es impliziert Druck. Meistens lässt sich »allerdings« streichen oder durch »dabei«, »dazu«, »wobei« oder »wozu« ersetzen, und der negative Unterton löst sich in Luft auf: Aus »Allerdings habe ich eine Frage« wird »Dazu habe ich eine Frage« oder »Wobei ich eine Frage habe«.
- »aber«. Es schränkt den vorigen Gedanken ein oder verneint ihn. Meist lässt sich »aber« durch »und« ersetzen, und der negative Unterton verschwindet: Aus »Das war schnell, aber es geht noch schneller« wird »Das war schnell, und es geht noch schneller«.
- »obwohl«. Es schränkt den vorigen Gedanken ein. Meist lässt es sich durch »wobei« ersetzen, und auch hier löst sich der negative Unterton auf: Aus »Das machen wir, obwohl es eine Stunde dauert«, wird »Das machen wir, wobei es eine Stunde dauert«.

Konkret statt abstrakt formulieren

Zum Klartext gehört unbedingt konkretes Denken. Wer konkret denkt, formuliert auch konkret – schriftlich und mündlich. Erinnern Sie sich an die Zielscheibe auf Seite 19? Diese Zielscheibe gilt nicht nur für Ihren eindeutigen Ausdruck im Sinne von »Pflicht« statt »Verpflichtung«, im Sinne von »Anstand« statt »Anständigkeit« und im Sinne von »beantragen« statt »Beantragung durchführen«, sondern auch ganz einfach inhaltlich. Schenken Sie jemandem »Blumen« zum Geburtstag oder »zwanzig rote Rosen«? Die »Blumen« sind nicht in der Mitte der Zielscheibe – sie sind unkonkret. Die »zwanzig roten Rosen« dagegen treffen genau den Punkt.

Eine abstrakte Formulierung zu konkretisieren, ist ein wesentliches Element von Prägnanz. Je konkreter wir uns mit einem Wort ausdrücken, desto näher rücken wir an seine Bedeutung heran und treffen den Kern. Eine Punktlandung haben wir erzielt, wenn es keine Fragen mehr gibt in der Art: »Welche Maßnahmen genau?«, »Wie hoch genau?«, »Wie viel Geld genau?«

Stellen Sie sich einfach eine »Meinungsverschiedenheit« vor. Das Wort sagt zunächst nur, dass zwei oder mehr Menschen unterschiedlicher Meinung sind. Wir sagen damit streng genommen noch nicht, dass sie sich darüber auseinandersetzen. Tun sie es, sind wir mit dem Wort »Meinungsverschiedenheit« also nicht in der Mitte der Zielscheibe. Sicher – oft ist diese Distanz zum Kern der Sache gewollt. Aber wenn wir uns klar ausdrücken wollen, sagen wir nun einmal, was wir sagen wollen. Und nichts anderes. Denn wozu auch?

Denken wir weiter: Nehmen wir an, es sind zwei Menschen im Unternehmen, Kollegen, die unterschiedlicher Meinung sind. Und nehmen wir an, sie diskutieren über ihren Meinungsunterschied. Was ist nun genau Sache? Argumentieren sie, streiten sie? Geht es um die Sache, ist es Kompetenzgerangel? Ist die Auseinandersetzung zielorientiert, oder geht es nur um Macht?

> **Klartext-Tipp 82:**
> Konkret zu sein, bedeutet: Wir nähern uns dem, was Sache ist, möglichst weit an. Statt »Blumen« schenken wir »rote Rosen«. Auch haben wir nicht nur einen »Hund«, sondern wir haben einen »fünfjährigen Tatrahund-Rüden«. Was also wollen Sie exakt sagen? Sagen Sie es!

Auf diese Weise nähern wir uns einem Begriff an, der es dann trifft: Die Beziehung zwischen beiden ist geprägt von Feindschaft, Hass und Missgunst; oder der Streit ist nur die sichtbare Ausprägung eines schwelenden Konflikts; oder es geht beiden in der Sache nur darum, wie sie das Unternehmen weiterbringen.

Nutzen Sie also den riesigen Wortschatz unserer Sprache und spitzen Sie Gedanken im Sinne des elften Gebotes auf Seite 123 aufs Konkrete zu:

- Ist das Verhalten des Nachbarjungen nur unpassend oder ist es sogar ordinär? Benimmt er sich nur daneben, oder ist er auch taktlos oder unanständig? Ist er nur ungehobelt oder vor allem unkultiviert?
- Verschaffen Sie sich lauthals Gehör, oder schreien Sie jemanden an? Schreien Sie jemanden an, oder fahren Sie ihn an?
- Schimpft oder flucht jemand?
- Lügt jemand, irrt er sich nur, oder spekuliert er einfach?
- Stellen Sie nur Unregelmäßigkeiten fest, oder wittern Sie Betrug?
- Ist die neue Kollegin nur schwierig, oder ist sie hysterisch, launisch, empfindlich, bissig oder bösartig?
- Ist jemand ein Gefühlsmensch oder überempfindlich?
- Ist jemand empfindlich oder sensibel?
- Gab es zum »Essen Fisch mit Gemüse«, oder gab es zum »Abendessen gegrillten Zander mit gedünstetem Blumenkohl«?
- Hat jemand eine Frage an Sie oder vielmehr eine Bitte?
- Hat jemand eine Bitte, oder ist es vielleicht eine Anweisung?
- Ist ein Verhalten fragwürdig, illegitim oder illegal?
- Sind Sie gemeinsam weggegangen, oder waren Sie essen und tanzen?
- Widersprechen Sie jemandem nicht in allen Punkten, oder stimmen Sie ihm schlicht und einfach zu?
- Können Sie die Gedanken Ihres Gesprächspartners nicht nachvollziehen, oder erzählt er Quatsch?

Und wie gesagt: Natürlich dürfen Sie sich rhetorisch am Rand der Zielscheibe bewegen – Sie dürfen sich indirekt ausdrücken, wenn Sie dadurch subtil oder ironisch wirken wollen. Hier setzen wir voraus, dass es Ihnen um klaren Ausdruck geht. Wenn Sie bewusst dagegen verstoßen, ist das in Ordnung – Sie sollten nur wissen, dass Sie es tun.

Ideologiefrei formulieren

Im Vorwort zur ersten Auflage dieses Buches habe ich mich bereits gegen das »Gendern« ausgesprochen – also dagegen, die Sprache geschlechtsfrei zu gestalten. Und auch der Widerstand gegen das Denglisch kam dort bereits zur Sprache, also die Versuche, uns Begriffe wie »Facility Manager« auszutreiben, wenn es auch der »Hausmeister« tut. An dieser Stelle möchte ich meinen Protest auf einige weitere Versuche der sprachlichen Bevormundung ausweiten. Mein Hauptargument lautet: Wir leben in einem freien Land und dürfen reden und schreiben, wie wir wollen. Wenn es in Artikel 5 des Grundgesetzes heißt: »Jeder hat das Recht, seine Meinung in Wort, Schrift und Bild frei zu äußern und zu verbreiten«, dann sind Sprachvorschriften jeder Art verfassungswidrig. Wir sind frei, was unsere Worte angeht. Und diese Freiheit sollten wir uns nicht nehmen lassen.

Natürlich dürfen Sie gerne »StudentInnen« mit einem Großbuchstaben mitten im Wort schreiben oder meinetwegen auch mit einem Stern. Es ist eben nur falsch und zeigt der Welt Ihren Mangel an Sprachgefühl. Vielleicht ist es ja auch bald richtig – der »Duden« hat ja, wie erwähnt, inzwischen sogar den »Deppen-Apostrophen« akzeptiert. Dadurch wird dieses fürchterliche Deutsch aber nicht besser! Und natürlich dürfen Sie gerne auch »Professx« schreiben, wie es die für Geschlechtslosigkeit eintretende Professorin Antje Hornscheidt von der Humboldt-Universität zu Berlin macht – Sie machen sich damit eben nur im normalen Wirtschaftsleben lächerlich.

Klartext-Tipp 83:

Nehmen Sie sich in Acht vor Ideologen! Rechte Ideologen wie die radikalen Denglisch-Gegner wollen uns ebenso Vorschriften machen wie linke Ideologen mit dem »Gendern«.

Wenn Sie wollen, dass sich Wörter nicht mehr aussprechen lassen – na dann los! Auch dafür gilt die Freiheit von Artikel 5 GG. Die Rechten dürfen sagen, »das Fräulein« Alice Schwarzer sei »*ein* Feminist, *der* in Wuppertal geboren« sei. Die Linken dürfen »Alice SchwarzerIn« und »Schwarzer*in« schreiben. Die Kunst ist frei.

Bitte halten Sie sich vor Augen, dass Antje Hornscheidt sogar ihren Vornamen geschlechtsfrei verstanden wissen will: Sie nennt sich nicht »Antje«, sondern »Lann«. Tun Sie das auch, wenn Sie wollen. Ein freies Land toleriert Humbug. Ob jemand eine Frau ist, lässt sich rasch durch ein Gutachten feststellen, zu dem sogar Laien fähig sind. Es hängt nicht davon ab, ob jemand eine Frau sein *will*. Meine Katze bleibt auch dann eine Katze, wenn sie sich wie ein Hund benimmt.

Und es spricht überhaupt nichts dagegen, das generische Maskulinum zu akzeptieren: Das Wort »Studenten« schließt auch die Studentinnen ein – das ist Fakt. Wer das leugnet und behauptet, die Sprache sei hier frauenverachtend, begeht in erster Linie einen handwerklichen Fehler, denn die Aussage ist einfach falsch. Er beweist damit sprachliche Inkompetenz. Und zweitens beweist er, dass er sich von einer Ideologie leiten lässt statt von Logik. Sie sehen: Ich schreibe »er«.

Typisch deutsch: Goebbels-Rhetorik

Die Frage für mich ist: Sprechen und schreiben wir, weil wir eine Botschaft haben – oder verändern wir die Sprache, weil wir eine Ideologie verbreiten wollen? Vor dem Hintergrund der deutschen Geschichte wundert es mich massiv, dass wir Deutschen von Ideologie offenbar noch immer nicht genug haben.

Der Dresdner Philologe Victor Klemperer hat in seinem Buch »LTI« die Sprache der Nationalsozialisten erstmals relativ systematisch als ideologisch entlarvt (»LTI« ist die Abkürzung für »Lingua Tertii Imperii«, was so viel heißt wie »Sprache des Dritten Reiches«). Im Untergrund versteckt, sammelte Klemperer alles, was ihm an Texten in die Hände kam: Presseberichte, Flugblätter – Rundfunkreden notierte er mit. In »LTI« dokumentiert er, wie Propaganda mit der Manipulation von Sprache zusammenhängt; mit Umdeutungen bis hin zu offenkundigen Unwahrheiten wie der, dass der Beitrag zum »Winterhilfswerk« ein »freiwilliger« sei – bei einem so hohen sozialen Druck, dass es kaum jemand wagte, diesen »freiwilligen« Beitrag nicht zu entrichten. Klemperers Analyse der Nazi-Propaganda geht hin bis zu den Satzzeichen: Wenn die Nationalsozialisten von Neville Chamberlain (1869–1940) oder Winston Churchill (1874–1965) schrieben, dann waren das keine Staatsmänner, sondern »Staatsmänner« in Anführungszeichen. Durch diese ironische Markierung sprachen die Nazis den beiden Politikern ab, Staatsmänner zu sein – so wie auch die Medien des Springer-Verlags im Kalten Krieg der DDR die Existenz absprachen, indem sie konsequent von der »DDR« schrieben statt einfach von der DDR.

Stellen Sie sich nun einmal vor, jemand würde Ihnen vorschreiben, Tatsachen in Anführungszeichen zu setzen – wir befänden uns sofort auf dem Terrain der Propaganda. Und genau deswegen ist der Gesetzgeber Opfer von Propaganda, wenn er infolge konsequenter »politisch korrekter« Indoktrination nicht mehr von »Fußgängern« spricht, sondern von »zu Fuß Gehenden« wie in § 25 Abs. 2 StVO: »Benutzen zu Fuß Gehende, die Fahrzeuge mitführen, die Fahrbahn, müssen sie am rechten Fahrbahnrand gehen; vor dem Abbiegen nach links dürfen sie sich nicht links einordnen.« Dabei waren mit dem Wort »Fußgänger« auch Fußgängerinnen gemeint. Schließlich kann auch ein Mann eine »Koryphäe« oder eine »Niete« sein. Die Substantive »Koryphäe« und »Niete« sind weiblich. Na und?

Oder nehmen wir Joseph Goebbels (1897–1945), den Großmeister der Verdrehung von Tatsachen. Im Jahr 1943 veröffentlichte Goebbels im Eher-Verlag ein kleines Heftchen mit dem Titel »Dreißig Kriegsartikel für das deutsche Volk« – eine überschaubare Sammlung von Durchhalteregeln angesichts der drohenden Niederlage. Schon in Artikel 3 heißt es: »Dieser Krieg ist ein Verteidigungskrieg. Er ist uns von unseren Feinden aufgezwungen worden.« Das Gegenteil ist richtig: Die Nazis haben den Krieg begonnen, und es war ihre Entscheidung, ein Land nach dem anderen anzugreifen. Doch Propaganda blendet eben aus, was ihr nicht passt. Und sie bestimmt, was zu sagen ist und was nicht. In Artikel 13 schreibt Goebbels: »Wer über den Krieg und seine Aussichten spricht, soll

> **Klartext-Tipp 84:**
> Vorsicht vor »Narrativen«! Ein Narrativ ist eine konstruierte Wirklichkeit, die jemand mit seinen Worten erschaffen will. Hier könnten wir einem Demagogen auf den Leim gehen.

seine Worte stets so wählen, als wenn der Feind mithörte. Denn in vielen Fällen hört er tatsächlich mit; jede unbedachte Redewendung von unserer Seite gibt ihm neuen Mut und Auftrieb und wirkt deshalb kriegsverlängernd.«

Dem ideologischen Denken geht es also darum, was wir sagen und was wir nicht sagen. Was die Nazis betrifft, war deren Informationsverarbeitung äußerst selektiv. Daher bietet sich die Nazi-Propaganda so gut an zur Demonstration dessen, wie ideologisches Denken funktioniert. In seinem Buch »Davon haben wir nichts gewusst!« schreibt der Historiker Peter Longerich über die Stimmungsberichte des Sicherheitsdienstes der SS: »Die offiziellen Stimmungsberichte spiegeln daher in erster Linie die diskursiven Mechanismen unter dem NS-Regime wider: Sie wirkten mit an der Etablierung einer ›master narrative‹, einer ›herrschenden Erzählung‹, die alternative Diskurse nicht zulassen konnte.«

Fällt Ihnen etwas auf? Auch heute geht es oft genug um »Narrative« – ob im Politikjournalismus oder im Marketing. Das Bild im Kopf der Leute soll stimmen. Es geht nicht so sehr um die Wahrheit als vielmehr um die konstruierte Wirklichkeit.

Ein solches Narrativ ist es übrigens, zu behaupten, die zeitgenössischen Medien seien »Lügenpresse«. Es mag sein, dass deren Informationsauswahl selektiv ist, aber im historischen Rückblick waren – wie erwähnt – eher rechtsextreme Medien wie der »Völkische Beobachter« und »Der Angriff« Lügenpresse, da genau diese Medien den Leuten die abenteuerlichsten Lügen aufgetischt haben, wie zum Beispiel das weltfremde Gerede vom »Endsieg« noch 1945. Dass heutige Medien voller handwerklicher Mängel sind, steht für mich außer Frage. Dass sie aber systematisch lügen, halte ich für eine sehr fragwürdige Behauptung. Vielleicht plappern sie einfach nur unreflektiert die Narrative der derzeitigen Regierung und ihrer Partner in der EU nach, so wie das viele Medien in ihren Ländern jeweils tun?

Vorsicht vor sogenannten Narrativen

Ebenso ist es ein Narrativ, dass sich die deutsche Nation gegen alles Fremde abschotten sollte, weil sie im Niedergang begriffen sei. Die »Islamisierung des Abendlandes« ist ein solches Narrativ. Die Behauptung, sämtliche Zuwanderer seien hoch qualifizierte Fachkräfte und in jedem Fall eine kulturelle Bereicherung, ist ebenso ein Narrativ. Mit beidem will uns jemand politisch indoktrinieren. Auch die Behauptung, es diene der Gleichberechtigung von Mann und Frau, wenn wir alles Geschlechtliche aus der Sprache verbannen, ist ein Narrativ. All diese Narrative sind letztlich nichts als ideologisch motivierte Behauptungen. Unsere öffentliche Kommunikation ist voller Propaganda – von links und von rechts.

Vielleicht reagiere ich ja deshalb so allergisch, wenn ein Unternehmen mir eine Lüge auftischen will in der Annahme, nach x-facher Wiederholung würde ich glauben, Joghurt mache gesund. Ich weiß, wie Propaganda funktioniert, und darum glaube ich Unsinn auch dann nicht, wenn man ihn oft wiederholt. Bei solchen Versuchen, mir eine Meinung oder Haltung in den Kopf zu pflanzen, denke ich schlicht an die Propagandamethoden totalitärer Regime. Das Handwerk ist das Gleiche, und wir lernen es bei Goebbels: Was wir nicht wollen, schweigen wir tot, und was wir wollen, wiederholen wir so lange, bis das Volk daran glaubt. Wer das Spiel nicht mitmacht, erhält eine Sanktion. »Es ist ein alter Trick der politischen Kriegführung, ein Volk von seiner Regierung zu trennen«, schreibt Goebbels in seinem elften »Kriegsartikel für das deutsche Volk«. »Wer auf diese feindliche Kriegslist hereinfällt, ist entweder ein Dummkopf oder ein Verräter. (...) Keine Strafe ist hart genug, um ihn dafür zur Rechenschaft zu ziehen.« Und so steht in einem Nürnberger Luftschutzraum eben an der Wand: »Gerüchte verbreiten ist Landesverrat«. So ist das.

Wie Propaganda funktioniert, beschreibt übrigens auch schon Hitler auf Seite 522 in »Mein Kampf«. Er berichtet von seinen Anfängen bei Münchner Wirtshausreden: »Fast immer war es so, daß ich in diesen Jahren vor eine Versammlung von Menschen trat, die an das Gegenteile vom dem glaubten, was ich sagen wollte, und das Gegenteil von dem wollten, was ich glaubte. Dann war es die Aufgabe von zwei Stunden, zwei- bis dreitausend Menschen aus ihrer bisherigen Überzeugung herauszuheben, Schlag um Schlag das Fundament ihrer bisherigen Einsichten zu zertrümmern und sie schließlich hinüberzuleiten auf den Boden unserer Überzeugung und unserer Weltanschauung.« In seinem Buch »Hitlers Weg« schrieb der spätere Bundespräsident Theodor Heuß (1884–1963) bereits 1932 über Hitlers Propaganda: Sie »darf auf keinen Fall eine Argumentation aufnehmen, die dem gegnerischen Standpunkt auch nur ein Stück weit Gerechtigkeit angedeihen läßt – den ›deutschen Objektivitätsfimmel‹ gilt es gänzlich zu verneinen.« Propaganda ignoriert Fakten und Wahrheit, sofern sie der Sache nicht dienen.

Verstehen Sie, warum ich so empfindlich bin gegenüber Manipulationsversuchen? Wir erleben heute etwas Ähnliches. Mir ist es dabei völlig egal, ob das einseitige Gerede von rechts oder von links kommt oder ob Journalisten relevante Fakten verschweigen, die zur Meinungsbildung wichtig wären. Was dem Schwarzweißdenken entspringt, will ich weder hören noch lesen. Und Demagogen sollten wir entlarven und als solche bezeichnen.

Agitation von links: »Gendern« und Eigenheiten verschweigen

Die Philologin Antje Hornscheidt habe ich ja schon erwähnt. Lassen Sie uns kurz noch einmal schauen, weshalb die Sprache der politischen Korrektheit demagogisch und propagandistisch ist – und inwiefern sie unsere Sprache zerstört. In der »Deutschen Sprachwelt« (Ausgabe 63/Frühling 2016) argumentiert Heide Mende-Kurz, dass das Gendern das Sprachlautgefühl verschwinden lasse: Wenn die politisch korrekte Fraktion den Begriff »Publikum« statt »Zuschauer« empfiehlt, weil ein Publikum nicht männlich sei, gehe das Sprachgefühl verloren – denn »Zuschauer« bezeichnet den Menschen, egal welchen Geschlechts, und »Publikum« eine neutrale Menschenmenge. Hinzu kommt aus meiner Sicht: Den »Zuschauer« durch das »Publikum« zu ersetzen, zeugt von einem solchen technokratisch-unmusikalischen Zugang zur Sprache, dass ich mich frage, wie jemand mit so wenig Gefühl ernsthaft Einfluss auf die Sprache haben kann. Auf mich wirkt so ein Vorschlag ebenso legasthenisch wie ein »+« oder »&« in einem Text statt »und«.

Überlassen wir den politisch korrekten Technokraten das Feld, wird unsere Sprache in der Konsequenz massiv verarmen: Statt von »Flüchtlingen« sollen wir von »Flüchtenden« sprechen, weil irgendwelche Analphabeten in irgendwelchen Gender-Studies-Instituten glauben, die Silbe »ling« mache Menschen klein und passiv wie im Wort »Säugling«. Könnten die Genderer mir bitte einmal erklären, was an einem tonnenschweren »Findling« klein sein soll? Und was genau an einem »DVD-Rohling« oder an einem »Austern-Seitling« ist nun besonders klein, groß, passiv oder aktiv? Keine Ahnung. Übrigens: Denken wir die Genderei zu Ende, sind natürlich auch »Helfer« verboten, weil das Wort angeblich die Frauen ignoriert – und wir sagen »Flüchtendenhelfende« statt »Flüchtlingshelfer«. Hübsch, nicht?

Klartext-Tipp 85:

Die Gleichmacherei der politisch korrekten Linken ist ein Denkfehler: Menschen sind verschieden. Das ändert sich nicht, indem wir so tun, als seien alle Menschen gleich.

Neben dem Geschlecht verschweigt die linke Strömung auch weitere Eigenheiten von Menschen – beispielsweise Nationalitäten und kulturelle Eigenheiten. Denn die Linke geht davon aus, dass alle Menschen gleich seien und ihr kultureller Hintergrund keine Rolle spiele. Doch Menschen sind nicht gleich. Menschen sind verschieden, und ihre soziale Prägung motiviert sie oft zu dem, was sie tun. Ich finde es bedenklich, wenn jemand die Menschen gleichmachen will und die Unterschiede nivelliert. Gehört der Pluralismus nicht zu unserer Gesellschaft? Ich finde es auch in Ordnung, »Ausländer« zu sagen – warum nicht? »Ausländer« sind männliche und weibliche Menschen mit einer anderen Staatsangehörigkeit als derjenigen des Landes, in dem sie sind. Für die Schweizer sind die Deutschen »Ausländer«, und daran ist nichts herabsetzend. Sollen wir die Logik der Sprache ändern, nur weil manche Laien nicht verstehen, wie sie funktioniert? Ich bin dagegen. Wir lockern ja auch die Qualitätsstandards in der Zahnarztausbildung nicht, nur weil sie manche Leute überfordern. Sondern wer es nicht kann, fällt durch die Prüfung.

»Man« sagt man nicht! Warum nicht?

Neben den politisch korrekten Sprechvorschriften gibt es auch einige angebliche Tabus, die der Intellektualität des Bildungsbürgertums entspringen. Manche Schöngeister predigen beispielsweise, wir sollten auf das Wort »man« verzichten. Da frage ich mich: Was sagen diese Leute, wenn sie »man« meinen?

Manche Menschen finden das Wörtchen »man« so schlimm, dass sie uns das hölzerne Passiv als Alternative vorschlagen: Die Formulierung »wenn die Gemeinschaft zerstört wird« sei besser als »wenn man die Gemeinschaft zerstört«. Was für ein Humbug: Das Passiv verschweigt das Subjekt, das das Wort »man« bezeichnet. Und besser klingt das Passiv auch nicht. Eher störrischer. Weshalb sollten wir ein Wort nicht verwenden, das als »on« im Französischen und als »one« im Englischen ganz wunderbar funktioniert? Was ist der entscheidende Grund dafür, dass das Wort »man« nicht gut ist? Dass es unter Deutschlehrern verpönt ist? Diese Begründung ist dann doch wohl eher dünn.

Das Wort »man« ist in meinen Augen eher ein Glücksfall: Es erlaubt uns, die Allgemeinheit als handelndes Subjekt darzustellen, ohne uns mit dieser Allgemeinheit gemein zu machen, wie es das Ersatzwort

> **Klartext-Tipp 86:**
> Es ist Unsinn, Wörter abzulehnen, nur weil sie etwas sagen, was uns nicht gefällt.

»wir« tut. Der Satz »Das tut man nicht« sagt etwas anderes als »Das tun wir nicht«. Und er ist sowieso um Welten besser als der Passivsatz »Das wird nicht getan«.

Dennoch lehnen manche Menschen das Wort »man« ab. Ich vermute, sie tun es nicht, weil das Wort »man« nicht treffend wäre, sondern weil ihnen seine Bedeutung nicht passt. Sie wehren sich gegen Generalisierungen wie in dem Satz »Das tut man nicht«. Kann es sein, dass die »man«-Gegner Leute sind, die keine Verallgemeinerungen mögen? Da tötet jemand den Boten für die schlechte Nachricht: Die Sprache kann nichts für die Bedeutungen ihrer Wörter, sie stellt sie nur dar – und da gibt es eben auch das »man«. Zudem: Wenn es nun um Verallgemeinerungen geht, wenn wir also eine Verallgemeinerung zum Ausdruck bringen wollen, was sagen wir dann? Dann fehlt ein Wort! Wer gegen Krieg ist, denkt etwas kurz, wenn er einfach nur das Wort »Krieg« verbietet – erinnern Sie sich bitte an das Kapitel »Die Dinge positiv sagen«. Wir sind hin und wieder in der Situation, dass wir Unschönes benennen müssen – es verschwindet nicht, wenn wir es verschweigen. Genauso bezeichnet das Wort »man« eben pauschal die Allgemeinheit, ob es den Gegnern des Pauschalen nun passt oder nicht. Stellen Sie sich vor, jemand mag keinen Rosenkohl und würde Ihnen deswegen das Wort »Rosenkohl« verbieten. Das wäre schön schwachsinnig, finden Sie nicht?

Wie bereits erwähnt: Wir besiegen das Negative nicht, indem wir es verschweigen. Ebenso wenig schaffen wir Dinge aus der Welt, die wir nicht mögen, indem wir nicht darüber sprechen. Es gibt nun einmal Verallgemeinerungen, und dafür bietet sich das Wort »man« an. Wörter benennen nun einmal Dinge, und es ist den Wörtern selbst herzlich egal, ob wir ihre Bedeutungen mögen oder nicht.

Darum empfehle ich Ihnen, es mir gleichzutun: Ich lehne Wortverbote ab. Wenn ich »man« meine, sage ich »man«. Wenn ich »wir« meine, sage ich »wir«. Meine ich »Sie«, sage ich »Sie«, und meine ich »Käsekuchen«, sage ich »Käsekuchen«. So einfach ist das.

Warum sollen wir eigentlich nicht »eigentlich« sagen?

»Eigentlich« ist auch so ein Hass-Wort mancher Deutsch-Liebhaber. Ich finde das Wort »eigentlich« genial, weil man damit ziemlich treffend Nuancen formulieren kann. Wie auch bei »man« ist die Kritik an dem Wort »eigentlich« ideologisch. Die Gegner mögen die relativierende Wirkung des Wortes nicht, etwa in dem Satz »Eigentlich will ich Tierarzt werden«. Sie argumentieren, das Wort »eigentlich« verhindere, dass wir unseren Wunsch in die Tat umsetzen – sie argumentieren gewissermaßen motivationspsychologisch statt sprachlich und befinden sich damit auf einem völlig anderen Feld. Was die psychologische Wirkung von Worten betrifft, mögen die »eigentlich«-Kritiker Recht haben. Aber ist Sprache nicht dafür da, die Wirklichkeit darzustellen, statt sie zu leugnen oder zu färben, und sei sie eben auch einmal demotivierend? Wenn jemand »eigentlich« Tierarzt werden will, dann hält ihn offenbar etwas davon ab – etwas, auf

Klartext-Tipp 87:

Das Wort »eigentlich« gehört eigentlich verboten? Stimmt nicht! Das Wort »eigentlich« bringt Nuancen auf den Punkt, die ohne das Wort nicht ersichtlich wären.

das wir nicht kämen, stünde da nicht das Wort »eigentlich« im Satz. Wir sind nun mal umgeben von halbherzigen Entscheidungen und vagen Haltungen, und ich für meinen Teil will dafür auch Worte haben, so wie ich für alles Worte haben will, was es gibt. Ich will mir nicht verbieten lassen, die Realität zu beschreiben, die uns umgibt, selbst wenn sie diffus ist. Wie sehen Sie das?

Auch beim Wort »eigentlich« gilt: Für seine Bedeutung kann das Wort nichts. Das Wort »eigentlich« bezeichnet nun einmal genau die kritisierte Halbherzigkeit. Gehemmten Menschen steht dieses Wort ganz gut, und solche Menschen gibt es. Das Wort »eigentlich« bringt ihre Lebenssituation treffend zum Ausdruck. Es spricht also nichts dagegen, es auch einzusetzen.

Außerdem können Sie mit dem Wort »eigentlich« hübsche Spitzen landen, wenn sie den Spieß umdrehen: »Eigentlich wolltest du Tierarzt werden«, »Eigentlich wollten wir heiraten«, »Eigentlich bist du ganz in Ordnung«. Wollen wir uns diese Nuancen nehmen lassen?

Agitation von rechts: Denglisch ist verboten

Während von links die Genderei auf uns einprasselt und in guter kommunistischer Tradition die Menschen gleichmachen will, kommen von rechts nationalistische Töne. Die deutsche Sprache soll bitte deutsch bleiben. Es gibt keine »Briefings«, sondern »Einweisungen«. Man versendet keine »E-Mails«, sondern »Elektropost«. Das »Internet« heißt »Weltnetz«, und eine »Website« heißt »Weltnetzseite«, obwohl eine »Site« ja nun etwas anderes ist als eine »Seite«. Aber egal – es geht schließlich um Ideologie. Das Prinzip lautet: Ausländer raus – aus der deutschen Sprache. Also ist Denglisch des Teufels, ebenso wie andere Fremdwörter. In vielem ähneln die radikalen Denglisch-Gegner den erwähnten »Reichsbürgern«. Der »Reichsbürger« gendert eher nicht – dessen Deutsches Reich ist ur-deutsch und pflegt damit zwangsläufig eine äußerst preußisch-korrekte Sprache.

Wenn Sie mich fragen: Auch Denglisch ist nicht per se verboten – so, wie Sprache insgesamt nicht verboten ist. Vieles am Denglischen ist sogar sehr gut. Der Vollständigkeit halber: Denglisch ist der moderne Mix aus Deutsch und Englisch, bei dem wir beispielsweise »E-Mails checken« oder »die Performance verbessern«. Viele Sprachästheten bekämpfen das Denglisch – und darunter sind nicht nur Spinner, sondern auch viele gebildete Leute mit guten Argumenten. Zugleich wird das Denglisch immer häufiger und auch normaler, weil die Nationen und Kulturen auf dieser Welt mithilfe der englischen Sprache enger aneinanderrücken.

Systematisch betrachtet, gibt es drei Arten von Denglisch:

- englische Wörter in deutschen Sätzen wie »Ich checke meine E-Mails«;
- deutsch-englische Mixwörter wie »To-do-Liste«;
- an die deutsche Grammatik angepasste englische Vokabeln wie »gestylt«, »gecancelt« und »recycelt«.

Und Denglisch ist überall: Wir finden Dinge nicht mehr nur »cool« und benutzen »After Shave«, sondern sind auch »up-to-date« und »committen« uns zum »Multi-channel-Marketing«. Denglisch erobert immer mehr Raum: War der Begriff »Over-head-Projektor« im Deutschen vor Jahrzehnten manchen Menschen noch ebenso fremd wie später der »Computer« und heute vielleicht das »Cross-Media-Selling«, ist es nur eine Frage der Zeit, bis wir Unternehmen ebenso selbstverständlich »downsizen«, wie wir »Babys« bekommen und »Puzzle« spielen.

Sicher: Schön ist eine solche Sprache nicht, wenn wir uns zu etwas »com-mitten«. Schöner wäre es, wenn wir auf Deutsch sagen, dass wir uns dazu »beken-nen«. Gleichwohl sind wir frei, uns so auszudrücken, wie wir wollen. Wann Deng-lisch nun gut ist und wann schlecht, möchte ich von einer einfachen Frage abhän-gig machen. Gibt es ein deutsches Wort oder nicht?

Klartext-Tipp 88:

Verwenden Sie ruhig denglische Wörter, wenn ihre Bedeutung für Zuhörer und Leser klar ist.

Denglische Wörter sind oft treffender als deutsche

Nehmen wir das Wort »Street Credibility«. Dieses Wort wäre mit »Straßenglaub-würdigkeit« vielleicht in seiner Grundbedeutung hinreichend übersetzt, aber dabei fehlt der ganze Rattenschwanz an Assoziationen, den das amerikanische Wort »Street Credibility« auf den Straßen von Manhattan und Chicago ausmacht. Das deutsche Wort träfe die Bedeutung kaum. Also sage ich »Street Credibility«. Auch das von Marketingleuten gerne bemühte Substantiv »Awareness« bündelt in meinen Augen auf so geniale Weise die Gedanken von Anwesenheit, Aufmerksam-keit, Bewusstsein und Wahrnehmung, dass die Übersetzungsvorschläge »Bewusst-sein« und »Kenntnis« aus meinem 1660 Seiten starken Langenscheidt-Englisch-Wörterbuch schlicht nicht ausreichen. Ich kenne kein Wörterbuch, das uns den ganzen, differenzierten Assoziationsraum von Bedeutungen übersetzt, aber es wäre gewiss dicker. Und wenn mir schon für »Awareness« kein passendes Wort im Deutschen einfällt, sage ich eben »Awareness«. Das ist meine Meinung.

Aber selbst wenn es ein adäquates deutsches Wort für einen denglischen Begriff gibt, hält mich das nicht unbedingt davon ab, den denglischen Begriff zu verwenden: Ich sage mal »Computer« und mal »Rechner«; beide Wörter sind für mich so reine Synonyme wie »Tischler« und »Schreiner«. Ihre Assoziationen und Nebenbedeutungen sind gleich. Ein »Rechner« ist nichts Schlechteres oder Besseres als ein »Computer«. Ebenso sage ich »Unique Selling Proposition« oder kurz »USP«, und zwar in englischer Aussprache – obwohl ich auch das Wort »Alleinstellungsmerkmal« verwenden könnte. Das tue ich auch manchmal, aber meistens sage ich »USP«. Warum? Weil es kürzer ist.

Und auch das ist wieder meine Meinung. Sie dürfen das anders machen, wenn Sie wollen – es ist Geschmackssache. Wenn wir über Aktiv statt Passiv sprechen, ist das Handwerk, aber ob Sie »Computer« sagen oder »Rechner«, ist in meinen Augen vollkommen gleichgültig. Die Hauptprobleme in der Sprache der meisten Menschen und Unternehmen ist nicht das Denglisch, sondern es sind die Passivsätze und Nominalstilkonstruktionen. Insofern befinden wir uns hier bei einem – Vorsicht, Denglisch! – »Nice-to-have«. Wogegen ich mich wehre, ist lediglich der ideologisch motivierte Anspruch, uns das Denglische zu verbieten. Dass Denglisch nicht sehr schön ist und dass dabei manche schönen deutschen Wörter in Vergessenheit geraten – darin pflichte ich den Kritikern bei. Wir müssen anderen kein Denglisch nachplappern, sondern wir können und dürfen auch selbst überlegen, ob sich eine Formulierung auf Deutsch nicht einfacher treffen lässt.

Die üblichen Einwände gegen Denglisch

Die Einwände gegen Denglisch sind in aller Regel zwei:

* Nicht jeder verstehe die denglischen Begriffe.
* Wenn es für einen denglischen Begriff ein deutsches Wort gebe, solle man das deutsche Wort verwenden, um die Sprache vor Unterwanderung durch fremdsprachliche Elemente zu schützen.

Beide Argumentationen dürfen wir hinterfragen: Englisch verstehen weltweit mehr Menschen als Deutsch, und das gilt auch für denglische Wörter wie »Marketing« und »USB-Stick«. Auch innerhalb der deutschsprachigen Bevölkerung werden wir solche Wörter am besten so einsetzen, dass unsere jeweilige Zielgruppe uns versteht. Was spricht dagegen, bei der Google-Suche »Hit« statt »Treffer« zu sagen? An das englische Wort »Hit« als Synonym für »Schlager« haben wir uns doch auch gewöhnt! Nebeneffekt: Zig Millionen Menschen mehr verstehen uns dadurch. Und das ist wunderbar, denn das Deutsche ist nun mal eine seltene Sprache: Weit mehr Menschen sprechen Französisch, Englisch, Chinesisch und Spanisch. Mit unserer Minderheitensprache sollten wir also ein wenig flexibel sein. Und wenn manche Deutsche ein Wort wie »awareness« nicht verstehen, entgegne ich: Lernt Englisch! Es gehört sowieso zu den Haupt-»Skills«.

Nationalsprachen sind sicher ein kulturelles Gut, und ich bin dafür, seltene Sprachen wie das Rätoromanische und das Sorbische zu retten und das Erbe zu pflegen. Auch bin ich dafür, das Deutsche als Kultur zu erhalten. Zugleich zweifle ich an der These, das Deutsche sei im Niedergang begriffen. Zugleich: Was wir in den vergangenen zwanzig bis dreißig Jahren erleben, ist zunehmende Verständigung zwischen Völkern – und das finde ich wundervoll. So, wie wir fremde Länder besuchen, besuchen fremde Wörter unsere Sprache. Gut fände ich es, wenn wir die babylonische Sprachverwirrung international abbauen. Wie schön außerdem sind Wörter wie »Rendez-vous«, »Apotheke« und »Design«! Und überall auf der Welt freue ich mich, wenn Bahnunternehmen ihre Durchsagen für ausländische Reisende verständlich machen. Wenn das bei der Deutschen Bahn mit sächsischem Akzent geschieht – na und?

Gutes Denglisch, schlechtes Denglisch

Wann also ist Denglisch empfehlenswert, wann nicht? Hier haben Sie meine persönliche Vorliebe. Pfui ist Denglisch, wenn es auf Übersetzungsfehlern beruht:

- Ein »Bodybag« ist nun mal ein Leichensack und kein Kleidungsstück. Hier sorgt Denglisch vor allem international für Verwirrung.
- Die »US-Administration« ist kein adäquates Wort für »US-Regierung«, weil das Fremdwort »Administration« im Deutschen nicht »Regierung«, sondern »Verwaltung« heißt – ähnlich falsch wäre die Übersetzung von »billion« (»Milliarde«) in »Billion«.

Auch rate ich Ihnen von Denglisch ab, wenn es das Verständnis schmälert, in den Menschen Misstrauen weckt oder unfreiwillig komisch ist:

- Wenn Sie vor ihrer deutschsprachigen Belegschaft sprechen und der Hausmeister plötzlich »Facility Manager« ist, werden Sie Lacher und Misstrauen ernten: Ihre Belegschaft spürt, dass Ihnen Sprachkosmetik wichtiger ist als Ihr Job.
- Es ist lächerlich, in einem deutschen Satz das englische Wort »strategy« zu verwenden, statt »Strategie« zu sagen.

Gegen das »Handy«, Lieblingshassobjekt der Denglisch-Gegner, wettere ich im Übrigen nicht. Auch wenn das Substantiv in Großbritannien und in Nordamerika keiner versteht – es birgt wenigstens keine Verwechslungsgefahr. Wären die Sprachnationalisten konsequent, müssten sie ohnehin die deutschen Städte Porta Westfalica und Saarlouis umbenennen und die Wörter »Creme«, »Bar«, »fair« und »Pommes frites« ächten.

Viel ärgerlicher als das »Handy« finde ich, wie bereits erwähnt, Begriffe wie »in 2009«, »Sinn machen« und »einmal mehr«. Sie zei-

Klartext-Tipp 89:
Vermeiden Sie Denglisch, wenn es nur der Wichtigtuerei dient.

gen schlicht, dass jemand unfähig war, die englischen Ausdrücke »in 2009«, »to make sense« und »once more« ins Deutsche zu übersetzen – es sind falsche Anglizismen. Phasenweise sind solche Wendungen modern, dann verschwinden sie wieder – beispielsweise war 2014 das Jahr der Phrase »Am Ende des Tages«. Jeder Geschäftspartner erzählte irgendwann, »am Ende des Tages« gehe es darum, dass das Projekt Spaß macht, also Geld fließt. Ebenso entlarven sich Luftpumpen mit dem ewigen »liefern«: »Jetzt muss Müller liefern.« Ja, was denn? Das Verb »liefern« ist transitiv, das heißt, es verlangt zwingend ein Objekt. Solche Phrasen sind für meine Begriffe die wirklich ärgerlichen Einflüsse von Denglisch.

Die Abneigung gegen die Art vieler Menschen, ihr nichtssagendes Geschwätz durch scheinbare Fachbegriffe auf Denglisch aufzumotzen, treibt viele Denglisch-Gegner um. In diesem Punkt bin ich mit diesen Denglisch-Kritikern einer Meinung. Und darum bekommen Sie hier den wichtigsten Tipp für den Umgang mit Denglisch: Lassen Sie es bleiben, wenn es nur der Wichtigtuerei dient.

Ansonsten lesen Sie sich doch einfach mal durch die folgende unvollständige Liste von Denglisch-Vokabeln. Und fragen Sie sich als Denglisch-Gegner: Hat der Kampf dagegen wirklich Sinn?

Account, Action, Advanced level, Aftershave, Airbag, Air Conditioning, Airline, Anchorman, anyway, Apartment, App, Application, App Store, Art Director, Assessment Center, Attachment, ausloggen, Autoresponder, Avatar, Award, Awareness, B2B, B2C, Baby, Background, Backup, Backstage, Band, Barbecue, Basement, Bashing, Basics, Beamer, Beginner level, Benchmark, Bestseller, Blackbox, Blackout, Bluetooth, Boarding, Bodybuilding, Bodyguard, Body-Lotion, Bookmark, Boom, Box, Boygroup, Brainstorming, Break-Even-Point, Briefing, Broker, Browser, Brunch, Bug, Buggy, Bullshit-Bingo, Burger, Burnout, Business, Button, Bypass, Byte, Cache, Call-Center-Agent, canceln, Cartoon, cash, Cashflow, casual, Catering, CD-Player, Champions League, Channel Management, Charts, Chat, checken, Checker, Check-in, Check-out, Checkliste, Checkpoint, Cheeseburger, City, City-Call, clever, Clown, Coach, Cockpit, Cocktail, Comedy, Comeback, Comic, Commitment, Computer, Conditioner, Connection, Consultant, Consulting, Container, Content, Cookie, Copyright, cool, Cornflakes, Corporate Design, Corporate Identity, Couch, Countdown, Counter, covern, Crack, Crash, Crew, Customer Service, Date, Dating, Deadline, Deal, Dealer, Design, Desktop, Disclaimer, Discman, Discount, Display, Domain, Dope, Doping, down, Download, Dressing, Drink, Drummer, Dumping, duty free, DVD-Player, easy, E-Commerce, Edutainment, einloggen, E-Learning, Elevator Pitch, E-Mail, Emoticon, Energy-Drink, Entertainer, Entertainment, Equal-Pay-Day, Equipment, Establishment, Event, Explorer, Facility Manager, Fail, fair, Fake, faken, Fan, Fashion Victim, Fast Food, Feature, Feedback, Feeling, Finetuning, Fingerfood, fifty-fifty, Firewall, First Lady, fit, Flair, Flash, Flight Radar, Flirt, Flop, Foul, Freak, Freecall, Freeclimbing, Freemail, Free-TV, Freeware, full-response-fähig, Fulltime, Fun, Gag, Gaming, Gangster, gendern, Gentleman, Global Player, Golden Goal, Greenhorn, Groupie, Gym, Hacker, Handout, Handicap, Happening, Happy-end, Hardcover, Hard-Disc-Recorder, Hard Rock, Hardware, Headline, Heavy Metal, Highlight, High-tech, Hipster, Hit, Hobby, Homebanking, Homeoffice, Homepage, Hooligan, Hotline, Hot Pants, Hot spot, Housekeeping, Hype, Icon, Image, inbound, Incentive, indoor, Inhouse-Seminar, Insider, Inline-Skating, Interface, Internet, Interview, Intranet, Involvement, iPad, iPhone, iPod, Jackpot, Jeans, jetten, Jetset, Job, Jogging, Joint, Joint Venture, Joke, Joystick, Junk-Mail, Junkie, Just-in-time-Logistik, Key Account Manager, Keyboard,

Keynote-Speaker, Kick, Kidnapper, Kids, Killer, Kiss-and-ride, Kit, Know-how, Label, Lady, Landing Page, Laptop, Laser, Laserpointer, Last-Minute-Angebot, Launch, Layout, Leadership, Lean-Management, Leasing, Level, Lifestyle, light, Link, Live-Schaltung, Lobby, Location, Log-in, Longseller, Look, Loser, Lounge, Lover, Makeup, Mailing, Mainstream, Management, Manager, Manpower, Marketing, Match, Meeting, Mister Right, Mobbing, Model, Morning-Show, MP3-Player, Multiple choice, Multitasking, Musical, Must-have, Nerd, Newcomer, New Economy, News, Newsgroup, Newsletter, Nice-to-have, Nine-to-five-Job, No-Go, Notebook, offline, okay, Oldtimer, online, Onlinebanking, open air, Opener, outbound, outdoor, outen, Outfit, Outlet-Center, Output, Outsourcing, Overall, Overhead-Projektor, Page-Impression, Panel, Paper, Paperback, Park & Ride, Party, Password, Patchwork-Familie, Pattern, Pay-TV, Peer Group, Performance, Petting, Photo shooting, Piercing, Pink, Pipeline, Pitch, Playback, Plot, Plug-in, Pole Position, political correctness, Pool, Popstar, Pop-up, Poster, Power, Prepaid-Karte, Presenter, Print, Producer, Pro-motion, Provider, Public Relation, Publicity, Pullover, Punk, pushen, Puzzle, Quicky, Quiz, Rallye, Ranking, Reality-TV, Real Life, Receiver, Recycling, Relaunch, relaxen, Release Party, Response, Room Service, Rush Hour, Safe, Sale, Sandwich, Science Fiction, Screen, Screensaver, Screenshot, scripten, scrollen, Security, Selfie, Self-mademan, Server, Service, Service Point, Session, Set, Set-top-Box, Sex-Appeal, Shampoo, Shareholder, Shareholder Value, Shareware, Shitstorm, Shockwave, Shootingstar, Shopaholic, Shopping, Show, Showmaster, Shredder, Shuttle-Service, Single, Single choice, Singletasking, Skateboard, Skinhead, Slang, Slash, Slogan, Slow Motion, Smalltalk, Smiley, Smoothie, SMS, Snack, Sneakers, Snowboard, soft, Softdrink, Software, Song, sorry, Sound, Soundtrack, Spam, Special Effect, Sponsor, Spot, Spray, Sprint, Squash, Stakeholder, Stand-by, Standing Ovations, Star, Statement, Steak, Sticker, Story, straight, Streaming, Streetart, Streetworker, Stringtanga, Striptease, Stunt, stylen, Subwoofer, Support, surfen, Survival, SUV, T-Bone-Steak, T-Shirt, Talkshow, Tape, Team, Teamplayer, Teaser, Teenager, Terminal, Thriller, Ticket, Toast, Toaster, To-do-Liste, Tool, Top, topless, Top Ten, Touchscreen, tough, Tower, Track, Trackpad, Trademark, Training, Tramper, Trek-king, Trenchcoat, Trial-and-error, Trip, tunen, Tuner, Turnaround, Twin Card, Twin Towers, twittern, U-Turn, Understatement, Unique Selling Proposition, unplugged, Update, Upgrade, up-to-date, USB-Stick, User, User-ID, VIP, Walkman, Warm-up, Webinar, Webmaster, Website, Wellness, Win-Win-Situation, wireless, Workaholic, Work-out, Workshop, World Cup, Yellow Press, Yuppie, zappen, zippen.

Wie Sie Spannung erzeugen

Über die Kunst, in Wortbeiträgen jeder Länge ein Hitchcock zu sein – und einige Tricks, wodurch die Menschen an Ihren Lippen oder an Ihrem Text kleben werden.

Betriebsversammlung. Die Lage sieht schlecht aus. Der Geschäftsführer steht am Pult. Quälende Ruhe. Der Geschäftsführer hebt an:

»Wenn ...«

... und macht eine Pause von fünf Sekunden. Ein Saal voller Menschen wartet gespannt, was nun folgt. Schon ein einziges Wort kann Spannung erzeugen. Es gibt zwei Arten von Spannung:

- Sie erwarten ein Ereignis, und es tritt nicht ein (diese unerträgliche Spannung ohne absehbares Ende im Sinne Alfred Hitchcocks nennt sich »Suspense«): Wann geschieht etwas Schlimmes? Es könnte jederzeit sein. Diese Spannung kann einem endlos vorkommen.
- Sie erleben eine konkrete Bedrohung (diese kurzfristige Spannung, die sich bald lösen wird, nennt sich »Tension«): Das Schlimme geschieht entweder, oder es geschieht nicht – und das entscheidet sich innerhalb überschaubarer Zeit. Das dramaturgische Modell dahinter ist die »Ticking Clock«. Ziehen Sie diese Art der Spannung künstlich in die Länge, verliert sie ihre Kraft.

Beide Formen von Spannung können Sie beim Sprechen erzeugen. Das Wörtchen »Wenn« erzeugt »Tension«, und das gleich dreifach:

- Spannung Teil eins: Wir wissen, dass gleich etwas folgen muss, und warten darauf.
- Spannung Teil zwei: Wir wissen durch das Wort »wenn«, dass eine Bedingung folgt: Wenn was? Und wir warten auf die Information, ob die Bedingung uns betrifft oder nicht.

- Spannung Teil drei: Wir wissen durch das Wort »wenn«, dass nach der Bedingung auch eine Folgerung kommen muss: Dann was? Wir warten auf die Information, was folgt und ob uns die Folgerung betrifft.

Diese dreifache Gefühlsdusche gelingt uns nicht, wenn wir einen Satz pathetisch mit dem Wort »Ich ...« oder »Sie ...« beginnen und danach verheißungsvoll schweigen. Da greift nur die langweilige Spannungsstufe eins: Wir wissen, dass etwas folgen muss, und warten darauf. Die emotional auf die Folter spannenden Elemente der Bedingung und der Folgerung gibt es hier nicht.

Zugleich besteht »Suspense«, und zwar aufgrund der Lage des Unternehmens: Alle wissen, dass die Stimmung schlecht ist und dass die Geschäftsführung darauf möglicherweise reagieren wird, aber eben nur möglicherweise. Gibt es einen reinigenden Regen oder hält die Chefetage die Unklarheiten aufrecht?

Lösen wir nun die Spannung aus dem Wort »wenn« auf – fünf Sekunden sind die Grenze des Zumutbaren als Pause in einem Satz. Es folgen die nächsten Wörter aus dem Munde des Geschäftsführers:

»... hier irgendjemand meint, ...«

Damit ist Teil eins der von dem Wort »wenn« erzeugten Spannung aufgelöst, weil Worte folgen. Doch die Spannungskurve geht nicht auf Null, weil die Frage nach der Bedingung (Spannung Teil zwei) noch im Raum steht. Wir fragen uns: Wenn jemand *was* meint? Und: Sind wir dieser »Jemand«? Welche Folgerung wird auf uns zutreffen? Die »Suspense« besteht weiter. Nach weiteren drei Sekunden Pause fährt der Geschäftsführer fort:

»... dass Sie hier alle ...«

Kurzfristig ist die Spannung wieder gelöst, weil Worte folgen, aber nun wird es unerträglich, denn wir wissen, dass es um uns geht – leider nur haben wir noch immer keine konkrete Vorstellung davon, inwiefern. Allerdings: Wir wollen es wissen! Was sagt der Chef über uns? Wird er uns in die Pfanne hauen?

»... schlechte Arbeit gemacht haben die vergangenen Monate, ...«

Oha, es wird konkret, es wird existenziell, jetzt spricht er über die Qualität unserer Leistungen: Die Spannung ist extrem, weil alle nun wissen wollen, welche Äußerung der Geschäftsführer über die Belegschaft macht. Je nachdem, gibt es aus dramaturgischer Sicht nur zwei mögliche Ausgänge:

- Entweder auflösende Entspannung, gerne begleitet von Freudentränen, Lachen und einander um den Hals fallenden wildfremden Menschen;
- oder der ultimative Aufstand der Massen und ein tobender Pöbel, der den Geschäftsführer lyncht und durch die Straßen der Stadt schleift.

Sie sehen: Es geht um Extreme, um extreme Empfindungen und klare Ausgänge von Spannungsbögen. Ich weiß doch, wie unzufrieden Sie sind, wenn Sie nach einem Film mit halbherzigem Schluss aus dem Kino kommen – also muten auch Sie Ihren Lesern und Zuhörern ausschließlich runde Storys mit klarem Ausgang zu.

Wollen Sie wissen, wie es weitergeht? Was der Geschäftsführer nun sagt? Sehen Sie: So funktioniert Spannung. Und weil wir hier in einem Buch sind und die Betriebsversammlung mit dem Geschäftsführer erfunden ist, darf ich Ihnen sagen: Es ist egal, wie es weitergeht. Wir befinden uns lediglich in einem Modell für einen dramaturgisch geschickten Spannungsablauf. Der Punkt ist: Spannung ist reine Gefühlssache. Sie können sie sogar erzeugen, wenn konkret gar nichts vorliegt. Aber gut – damit wir hier eine Auflösung haben:

Klartext-Tipp 90:

Unterscheiden Sie zwei Arten von Spannung: Bei »Tension« erwarten wir ein Ereignis. Bei »Suspense« fürchten wir, dass irgendetwas geschieht, wissen aber nicht, was. Dramaturgisch am kraftvollsten ist »suspense«.

»... dann hat er sich entweder geirrt oder ist ein verdammter Lügner!« (Jubel im Saal, stehender Beifall)

So funktioniert Spannung. Mit den Mitteln der Dramaturgie können Sie nicht nur in Reden Menschen begeistern, sondern sie auch im persönlichen Gespräch in Ihren Bann schlagen. Mein Appell an Sie: Bitte verwenden Sie diese Werkzeuge nur dazu, unsere Welt besser zu machen – von Demagogen war ja bereits die Rede.

Hollywood I: Erzählen Sie eine Geschichte

Wenn es Ihnen gelingt, den Kern Ihrer Botschaft in einer Geschichte zu erzählen, beherrschen Sie einen rhetorischen Kniff, den nur wenige Menschen beherrschen. Die meisten Menschen erzählen völlig abseitiges und abwegiges Zeug, weil sie mal irgendwo gelesen oder gehört haben, dass »Storytelling« zu jeder Rede gehört. Geschichten sind zwar für jeden Redebeitrag eine wunderbare Würze, aber nur, wenn sie passen.

Die Kunst besteht im Grunde darin, die passenden Analogien zu finden. Ich erinnere mich an den Vortrag einer Dame, die ihren Blick übers Meer schweifen lässt. Dabei steht sie nicht am Strand, wie man das so vermuten könnte, sondern sie steht auf einer Klippe. Das Meer unter ihr schillerte bei strahlendem Sonnenschein in den unterschiedlichsten Grün-, Türkis- und Blautönen – und das war ihr Thema, es ging um Farben. Leider nur wählte sie die Worte: »Ich schaute in den Abgrund.« Und damit öffnete sich im Kopf der Zuhörer natürlich ein völlig anderes Szenario als das beabsichtigte. Schade! Dabei war die Botschaft gar nicht negativ.

Es geht also nicht darum, einfach irgendeine Geschichte zu erzählen, nur um eine Geschichte zu erzählen. Bevor Sie eine Geschichte aus einem völlig anderen Kontext erzählen oder die falschen Metaphern wählen, lassen Sie es lieber bleiben.

Klartext-Tipp 91:

Beim Storytelling haben Geschichten die Funktion von Gleichungen oder Fabeln. Es geht dabei nicht darum, eine Geschichte eins zu eins wiederzugeben, sondern sie auf ihre Aussage hin zuzuspitzen. Was soll Ihre Geschichte sagen?

Eine gute Geschichte trifft exakt und sagt genau das, was sie sagen soll. Wenn es um einen Blick auf die Farbenvielfalt in der Natur geht, hat ein »Abgrund« in der Geschichte nichts verloren. Es ist theoretisch sogar egal, ob wir von einer Klippe auf das Meer blicken oder von der Reling eines Schiffes aus.

»Aber ich darf doch nicht lügen!«, denken Sie jetzt vielleicht. Richtig. Sie sollten bei der Wahrheit bleiben. Aber wenn Sie auf einer Klippe stehen und das Wort »Abgrund« für sich behalten, lügen Sie nicht. Und vielleicht erinnern Sie sich an das Wesen der Fabel? Möglicherweise haben Sie davon in der Schule gehört. Eine Fabel skizziert ein Geschehen, aus dem wir eine Erkenntnis fürs Leben ableiten können. Gewiss kennen Sie die Geschichte »Der Hase und der Igel« aus der Grimmschen Märchensammlung. Denken Sie, da haben tatsächlich ein Hase und ein Igel einen Wettlauf gemacht, und der Igel hat den Hasen übertölpelt? Nein – der Sinn der Geschichte war von Anfang an ausschließlich der Transport einer Erkenntnis. Und jetzt kommt es: Das wissen auch alle. Insofern dürfen wir beim Storytelling voraussetzen, dass unser Publikum um den Modellcharakter unserer Geschichten weiß. Nur stimmen sollten sie eben – nicht nur, weil Ihre Leser und Zuhörer gnadenlos prüfen, ob Ihre Worte plausibel sind. Wenn Sie zu einer Grönland-Reise einen wilden Pinguin hinzudichten, der sich Ihnen auf einer Wanderung angeschlossen hat, wird Ihnen das auf die Füße fallen: Auf der nördlichen Erdhalbkugel gibt es Pinguine nur in Zoos.

Also: Welche Analogien finden Sie in den Geschichten, die Ihr Leben bisher geschrieben hat? Das Sprichwort, dass das Leben die besten Geschichten schreibt, trifft hundertprozentig zu – denn etwas, was wirklich geschieht, ist Tatsache. Lügen – oder freundlich gesagt: erfundene Geschichten – hinken irgendwann, weil wir beim Prüfen des Geschehenen irgendwann an eine Logikgrenze stoßen. Wenn jemand mit einem Geländewagen einen Hang herabstürzt – wie kann er dann später wieder auf derselben Ebene auftauchen, auf der die Handlung begonnen hat, ohne irgendwann wieder nach oben geklettert zu sein? Ein klarer Hinweis auf eine Fiktion – hier im Film »Jurassic Park«. Lügen haben eben kurze Beine. Zugleich ist es in Ordnung, wenn Sie die Sonne beim Blick aufs Meer ein wenig aufdrehen, damit sich Ihr Publikum die Farben besser vorstellen kann – aber die Situation selbst haben Sie so erlebt, und dabei kamen Sie auf die Gedanken, die Sie Ihrem Publikum mitteilen wollen.

Wichtig ist zuerst also nicht: Was haben Sie schon Schönes oder Spannendes erlebt, oder welche guten Witze kennen Sie? Sondern es geht nur darum, was Sie sagen wollen – und dann suchen Sie die passenden Storys und Gags dazu. Es ist Quatsch, die Geschichte vom Hasen und vom Igel zu erzählen, wenn es um Geschwindigkeit geht. Es hat aber Sinn, sie zu erzählen, wenn es um Täuschungsmanöver und um Inszenierung geht. Denn genau darin liegt ihre Aussagekraft. Wie zuvor erwähnt: Alles, was wir sagen, unterwerfen wir einem Sinn. Wir wählen weder Wörter, nur weil wir sie kennen, noch erzählen wir Storys, nur weil sie uns einfallen. Das Ergebnis wäre nur ein Krampf, in dem wir verzweifelt versuchen, unseren Worten oder Geschichten eine Aussagekraft aufzuzwingen, die sie im Zweifel nicht haben. Zielorientierte Kommunikation funktioniert genau andersherum: Erst überlegen wir unsere Botschaft, und dann suchen wir Worte und Modelle.

Keine oberflächlichen US-Prediger-Geschichten!

Mit »Geschichten erzählen« meine ich übrigens auch nicht diese ausufernden Storys mancher amerikanischer Prediger, die wie hyperaktive Animateure ihr von hohen rhetorischen Drehzahlen gesättigtes Publikum mit noch höheren Drehzahlen zu Begeisterungsstürmen verführen wollen. In Europa wirkt es eher lächerlich, wenn Sie Ihren Wortbeitrag in dieser Art beginnen:

Guten Tag, liebe Leute, schön, euch alle hier zu sehen! Hey, ihr seid ein tolles Publikum. Yeah, yeah, yeah! Also, als ich heute Vormittag auf dem Weg hierher war, ist mir etwas Verrücktes passiert. Ihr werdet nicht glauben, was mir heute Vormittag auf dem Weg hierher passiert ist!

Die Probleme an dieser Art zu sprechen sind vielseitig:

- Ein kultiviertes Publikum mag es selten und durchschaut es schnell, wenn man ihm vorschreibt, was es zu denken und zu fühlen hat (»Sie werden nicht glauben ...«).
- Wenige Menschen lassen sich gerne auf eine dermaßen billige Weise auf die Folter spannen: Rhetoriker dieser Art versuchen, mit »Tension« statt »Suspense« die Erwartung des Publikums so weit zu steigern, dass es fürs Publikum unerträglich wird – in Wahrheit ist diese Form der Spannung aber hohl und erzeugt bei kultiviertem Publikum Verdruss und Langeweile.
- Diese Art der Rhetorik besteht aus sehr vielen Versprechen, auf deren Einlösung ein Publikum nicht allzu lange warten will – und beginnt der Redner seine Versprechen einzulösen, weiß das Publikum noch sehr genau, was er ihm zu Beginn versprochen hat. Wer Mogelpackungen liefert, also mehr verspricht, als er bringt, fliegt schnell als oberflächlich auf.
- In Europa handeln Sie sich schnell den Vorwurf ein, »zu amerikanisch« zu sein, weil Sie mit dieser Art der Rhetorik die Karikatur der US-Rhetorik abliefern. Das europäische Publikum wird schnell misstrauisch, wenn Sie auch nur das geringste Indiz dafür liefern, oberflächlich zu sein.

Ich selbst habe generell übrigens gar nichts gegen US-Rhetorik. Nicht, weil ich den Prediger-Stil mögen würde – das nun wirklich nicht. Ich weiß nur, dass der generelle Vorwurf der Oberflächlichkeit in vielen Fällen ein europäisches Vorurteil ist: Sehr viele amerikanische Rhetoriker sind sehr gut, heben sich von dem Prediger-Stil und seinem überfrachteten und übertriebenen Wir-sind-alle-gut-drauf-Overkill ab und bringen mehr Substanz als manche europäische Laberbacke.

Welche Geschichten sind gut?

Es geht also darum, eine gute Geschichte zu wählen. Gute Geschichten ...

- haben einen Aufhänger. Was ist gerade geschehen, was haben Sie oder andere erlebt?
- haben einen klaren Bezug zu Ihrer Botschaft. Aber Vorsicht vor Gleichnissen biblischer Art – diese wirken oft oberlehrerhaft und erzeugen beim modernen Publikum Befremden und Abneigung.
- sind kurz und klar.
- haben zwei Kontrahenten: einen Helden und einen Anti-Helden, die miteinander kämpfen.
- eignen sich für ein breites Publikum und berühren weder Nischen- noch Tabuthemen.

Im Rahmen eines Seminars zur Identifikation von Mitarbeitern mit Unternehmenszielen könnte folgende kleine Erzählung die richtige Geschichte sein:

Nehmen wir zum Beispiel den Lagerarbeiter Sven Svensson. Der war Freitag und Montag krankgeschrieben. Dann legt die Personalreferentin dem Personalchef die Zeitung hin: Svensson hat am Sonntag für seinen Fußballverein drei Tore geschossen. Die alte Petze, denken Sie? Holt der Personalchef den Svensson in sein Büro und konfrontiert ihn damit. Was sagt der Svensson? »Ich kann doch meinen Verein nicht im Stich lassen!«

Diese Geschichte hat alles, was wir brauchen:

- Aufhänger ist das Identifikationsseminar: Handle ich gegenüber meinem Arbeitgeber loyal und verantwortungsvoll oder nicht?
- Der Bezug zur Botschaft ist klar: Würden Mitarbeiter nur ebenso ihrem Arbeitgeber gegenüber Verantwortung wahrnehmen wie gegenüber ihren Hobbys!
- Die Geschichte ist kurz und klar, hat Zug und erzählt keine leeren Worte Marke »Sie werden nicht glauben, was dann geschah« – und wenn sie zu Ende ist, ist sie auch zu Ende erzählt.
- Svensson und Personalchef haben verschiedene Motive.
- Jeder versteht die Botschaft: Svensson ist nicht an sich illoyal.

Übrigens halten sich gute Geschichten an die Regeln dieses Buches – und vor allem an das Gesetz, nichts Unwichtiges zu erzählen. In keiner guten Erzählhandlung tauchen Banalitäten auf, die keine Relevanz für die Entwicklung der Handlung haben – sie entsprechen der Redundanz, dem Überflüssigen. Ebenso wenig, wie gute Drehbuchautoren abschweifen, lassen sich gute Rhetoriker vom Kern ihrer Botschaft und von ihrem Weg zum Ziel abbringen.

Hollywood II: Mit Erdbeben anfangen und steigern

Es ist schon fast eine Binsenweisheit: Beginnen Sie immer außergewöhnlich und mit einem Knaller. Ganz gleich, ob Sie eine Rede vor

Klartext-Tipp 92:
Überlegen Sie erst, was Sie sagen, damit Sie nicht mit Gestammel beginnen.

tausend Leuten halten oder an einem Meeting teilnehmen. Sie schlagen niemanden in Ihren Bann, wenn Sie mit seichtem Geblubber beginnen. Und Sie haben verloren, wenn Sie Ihre Rede mit Formulierungen wie »Ähm, äh, also dann sage ich jetzt mal ein paar Worte« einleiten. Solche Phrasen gehören ab sofort auf den Index. Wie gesagt: Es ist ein Irrtum, wir würden Einleitungen brauchen.

Haben Sie stattdessen den Mut, mit Substanz zu beginnen. Unsere Wahrnehmung ist durch die immer kürzeren Schnitte im Fernsehen sowieso auf Anfänge ohne Umschweife geeicht. Die meisten Menschen brauchen keine Aufwärmphase mehr, bevor es zur Sache geht. Und je stärker Sie sich auf Ihr Ziel konzentrieren oder auf das Ziel eines Meetings, desto wichtiger ist es für Sie, Stellung zu beziehen. Verraten Sie der Welt, was Sie denken! Sie will es wissen.

Es ist also kein Problem, wenn Sie mit Ihrer Story beginnen, mit der Kernaussage dessen, was Ihnen am Herzen liegt: Das Wichtigste muss sowieso nach vorne. Und Sie haben einen starken Anfang.

Klartext-Tipp 93:

Beginnen Sie immer mit einem Knaller. Erzählen Sie das Unwahrscheinliche und Unerwartete.

Haben Sie auch den Mut, mit Statements zu beginnen. Mit Aussagen, die provokant im Raum stehen. Haben Sie keine Angst, dass man Sie belächelt oder Ihre Gedanken wegargumentiert – das geschieht, aber es sollte Sie nicht erschüttern. Gehen Sie davon aus, dass ein starker Anfang die Menschen beeindruckt. Sie beweisen damit, dass Sie von sich und Ihren Worten überzeugt sind – und solches Selbstbewusstsein ringt anderen Respekt ab.

Heute Abend will ich Sie dazu bringen, Ihren Appetit aufs Büffet für zwanzig Minuten zu vergessen.

Die Regel hinter diesem Ansatz lautet: »Mit einem Erdbeben anfangen und dann langsam steigern!« Das riet einst der Hollywood-Filmproduzent Samuel Goldwyn (1879–1974) seinen Drehbuchautoren. Was nach maßloser Übertreibung klingt, ist halb so wild und funktioniert nicht nur beim Film, sondern auch in schriftlichen und mündlichen Texten. Sie können tatsächlich mit einem Erdbeben beginnen – das entspricht dem Unerwarteten – und auf dieses Erdbeben noch eins draufsetzen.

»Ich trink' nur noch schnell mein Bier aus ...«

Eine schöne Filmszene, anhand der sich das Prinzip »Mit einem Erdbeben anfangen und dann langsam steigern!« verdeutlichen lässt, findet sich in dem Film »Das erstaunliche Leben des Walter Mitty« von Ben Stiller aus dem Jahr 2013 – einer meiner Lieblingsfilme. Walter Mitty (Ben Stiller) ist auf der Suche nach dem Fotografen Sean O'Connel (Sean Penn). In einer Karaokebar in Grönland erfährt er, dass der Fotograf gerade auf einem Fischkutter in Richtung Island unterwegs ist. In der Bar trifft Mitty einen Betrunkenen, der Bier aus einem schätzungsweise zwei

Liter fassenden Glasstiefel trinkt und sich als Helikopterpilot herausstellt – er will gleich zu dem Boot rausfliegen, um Ersatzteile für den Bordfunk zu liefern. Das Schiff ist also per Funk nicht erreichbar. Mitty hat nun die einzigartige Chance, O'Connel zu treffen, aber er muss sein Leben dafür einem betrunkenen Piloten anvertrauen. Zugleich wird der Pilot gleich aufbrechen. Wir haben es also mit einer »Ticking Clock« zu tun: Mitty muss sich jetzt entscheiden – sonst ist es zu spät. Und es zieht ein Sturm auf: Die Gefahr wird noch größer. Das ist das Erdbeben, mit dem die kurze Episode der Spannungsentwicklung beginnt.

Auf dieser Basis entspinnt sich in der Bar folgender Dialog:

Mitty: *Hm. Sie fliegen jetzt gleich da raus?*
Pilot: *Ich trink' nur noch schnell mein Bier aus.*
Mitty: *Das Wetter sieht ja nicht so toll aus.*
Pilot: *Allerdings.*
Mitty: *Da scheint ein Unwetter aufzuziehen.*
Pilot: *Ja.*
Mitty: *Braut sich zusammen.*
Pilot: *Ja.*
Mitty: *Also, Sie trinken noch Ihr Bier aus, und dann bedienen Sie 'ne Maschine?*
Pilot: *Ja. Ich bin ein bisschen nervös wegen dem Sturm. Deshalb zieh' ich mir vorher ein paar Bierchen rein.*

Zu dem, was wir sehen – der Pilot trinkt Bier aus einem riesigen Stiefel – kommt immer mehr, was wir zuvor nicht wussten, und es wird

Klartext-Tipp 94:

Nehmen Sie sich einen Aspekt heraus und gehen Sie auf dessen Gegenteil ein – so geht Witz.

immer schlimmer: Der Pilot trinkt sich Mut für den Flug an, und es ist auch nicht sein erstes Bier heute. Da er von »ein paar Bierchen« spricht, ist es mindestens das dritte, und dass er zu einem Stiefel »Bierchen« sagt, macht es auch nicht unbedingt besser. Das ist das Samuel-Goldwyn-Prinzip rein mit Worten umgesetzt. Wenn Sie nun gespannt sind und wissen wollen, ob Walter Mitty mitfliegt oder nicht, sehen Sie, wie gut dieses Prinzip des Spannungsaufbaus funktioniert. Aber ich will es nicht verraten – schauen Sie sich den Film an. Er hat es verdient.

Erwartungen aufnehmen und sie mehrfach enttäuschen

Ein Erdbeben zu steigern, heißt also: Es kommen immer mehr unerwartete Dinge ans Licht, und alle sorgen für Verblüffung. Wenn Ihr Publikum eine Erwartung hat, können Sie diese enttäuschen, und entsteht daraus eine weitere Erwartung, enttäuschen Sie diese wieder. Das sollten Sie auf humorvolle Art tun – nach dem Prinzip: »Schatz, wie war dein Tag?« – »Jetzt geht es erst mal um die Nacht!« Wir nehmen einen Aspekt, der im Raum steht, und drehen ihn einfach um. Oder wir machen aus einem »Bierchen« eben ganz nebenbei mindestens drei »Bierchen«.

Das lässt sich auch aufs Geschäftsleben übertragen, auf Reden und geschriebene Texte. Stellen wir uns vor, ein Trupp Unternehmensberater stürmt ein Unternehmen. Sie sind einer von dieser Armee. Ihr erster Auftritt vor den Beschäftigten dort könnte so aussehen:

»Ich kann Sie sehr gut verstehen, wenn Sie mir gegenüber skeptisch sind, meine Damen und Herren. Ich kenne das Gefühl, wenn ein externer Berater eintrifft, um meine tägliche Arbeit auseinanderzunehmen.«

In dieser Position verkünden Sie das Unerwartete: Die Anwesenden haben Angst vor Ihnen – doch Sie bestätigen nicht die Gründe für diese Angst, sondern nehmen der Angst den Wind aus den Segeln. Indem Sie sich mit den Arbeitnehmern gleichsetzen – denn Sie haben die gleiche Erfahrung ja schon gemacht –, erkennen Ihre Zuhörer, dass Sie ihnen Verständnis entgegenbringen. Dies ist unerwartet und das Erdbeben zu Beginn. Sie haben die Menschen in Ihren Bann gezogen.

»Als die Leute von der Consulting-Firma Schnüffel und Prüf einmal bei meinem vorvorigen Arbeitgeber die Bücher auseinandergenommen haben, war ich einer der renitentesten Leute.«

Sie haben auf das Erdbeben eins draufgesetzt und angefangen, eine Geschichte zu erzählen: Die Leute staunen darüber, dass Sie sich als jemanden darstellen, der schon einmal Opfer einer Consulting-Aktion waren. Sie plaudern anscheinend aus dem Nähkästchen!

»Und wissen Sie was?«

Sie verwenden eine Formel, die ein freundschaftliches Verhältnis herstellt und Spannung erzeugt.

»In meinen Büchern haben die nichts gefunden!«

Sie haben den Bogen zurück zu Ihrer Aufgabe gezogen – Ihre Zuhörer wissen nun, dass Sie mit gesundem Selbstvertrauen ausgestattet sind.

»Und darum mache ich diesen Job heute selbst.«

Sie haben Ihre Kompetenz erklärt.

»Und weil mir Ihr Management gesagt hat, dass es sich bei Ihnen durchweg um gute Leute handelt, …«

Sie sorgen bei den Anwesenden für Aufatmen und schmeicheln Ihnen mithilfe der wichtigsten Referenz, ihrem Arbeitgeber.

»… möchte ich Ihnen vorschlagen, dass wir wie Kollegen mitein- ander umgehen.«

Klartext-Tipp 95:
Greifen Sie Erwartungen auf und enttäuschen Sie sie auf humorvolle Art.

Hollywood III: Spät rein und früh raus

Eine wichtige Regel der Hollywood-Dramaturgie heißt »Spät rein und früh raus«. Dahinter steckt ein einfacher Gedanke: Stellen Sie sich vor, eine Handlung dauert zehn Sekunden, Sie aber erzählen davon nur die mittleren fünf. Die ersten zwei und die letzten drei Sekunden lassen Sie weg. Das heißt: Sie steigen spät ein in die Handlung und steigen früh wieder aus. Spät rein, früh raus! Mit dieser Regel gelingt es Dramaturgen und Regisseuren, Handlungen zu straffen und uns zugleich unwesentliche Details zu ersparen. Mit dieser Methode gewinnt auch jeder Text an

Qualität und Spannung – egal ob ein Witz, ein Diskussionsbeitrag oder eine Rede, oder ob etwas Schriftliches.

Es genügt, den Kern einer Handlung zu erzählen

Wenn Sie beispielsweise erzählen wollen, wie jemand einen Tabakladen überfällt, könnte die Erzählung aus folgenden Bildern bestehen (ein »Bild« ist in der Filmsprache ein durchgängiges Geschehen an einem Handlungsort):

1. Bild: Küche. Täter blickt in seinen Kühlschrank: leer.
2. Bild: Flur. Täter blickt in das Portemonnaie in seiner Jacke: leer.
3. Bild: Nahaufnahme: Eine Hand in Lederhandschuh rammt ein Magazin in den Griff einer Pistole.
4. Bild: Tabakladen innen. Mann hinter der Kasse hebt die Hände.
5. Bild: Kneipe innen. Barkeeper reicht dem Täter ein Bier.

Diese Geschichte ist nach Hollywood-Maßstäben vollständig: Sie hat ...

- eine Hauptfigur (den Täter);
- ein Motiv, zu dessen Erklärung zwei Bilder genügen (der Täter ist pleite);
- ein Ziel (er will Geld);
- einen Konflikt (Kräftemessen mit dem Mann im Tabakladen);
- und eine Auflösung (Täter hat Geld).

Dennoch ist diese Geschichte in etwa dreißig Sekunden erzählt, weil sie der Regel »Spät rein und früh raus« gehorcht. Sie müssen nicht erzählen, ...

- wie der Täter den Kühlschrank auf- und zumacht;
- wie der Täter von der Küche in den Flur geht;
- wie der Täter seine Waffe aus dem Schrank holt;
- wie der Täter zum Tabakladen geht;
- wie der Mann hinter der Kasse dem Täter das Geld gibt;
- wie der Täter flieht;
- wie der Täter in die Kneipe geht;
- wie der Täter ein Bier bestellt.

Sicher können Sie all diese Dinge auch im Kino so erzählen. Aber Ihre Zuschauer würden es als langatmig empfinden, weil Sie damit massiv die Mediengewohnheiten gegen den Strich kämmen. Die Menschen sind Kürzungen gewöhnt. Dramaturgie ist heute meist sehr radikal: Nichts, was keine Rolle spielt, findet statt. Stattdessen sind die Dinge, um die es geht, hart aneinander montiert und finden Schlag auf Schlag statt, hintereinander weg.

Schneiden Sie Ihre Worte wie einen Film!

Was wir dann im Kino sehen, ist nicht die ganze Masse an Rohmaterial, die der Kameramann aufgenommen hat. Sondern es ist das Ergebnis der Montage, des Schnitts. Auch wenn Sie den Mund aufmachen, sollten Sie Ihre Gedanken so montieren, dass sie wie im Hollywood-Kino spannend werden. Zwischen den Gedanken in Worten von Menschen befinden sich oft genau solche Übergänge, wie sie im Drehbuch für einen Hollywood-Film gestrichen würden. Analog zu dem Beispiel mit dem Tabakladen-Überfall müssen Sie beim Bericht über Ihre Städtetour von Prag über München nach Rom und Paris nicht die Bahnfahrten oder Flüge zwischen diesen Städten nennen. Sie sagen, was wichtig ist, mehr nicht, und steigen möglichst spät in die Handlungen ein und gehen möglichst früh wieder raus. Unser Beispielkollege Kurt macht das nicht. Wenn wir ihm zuhören, werden wir nach zehn Sekunden ungeduldig und fragen uns, wann er endlich zum Punkt kommt:

»Jetzt würde ich euch gerne mal meine Meinung dazu sagen. Ich bin ja noch nicht

Klartext-Tipp 96:
Texte funktionieren wie Filme.

lange bei euch, aber ich finde es nicht fair, dass ihr Manuela jetzt als eine hinstellt, die euch belügt oder sonst wie unzuverlässig ist. Ich kenne sie noch ganz gut von der Süßkram Factory, die Niederlassung in Bochum, da hatten wir mal eine ganze Weile miteinander zu tun, weil wir den Export für Asien koordiniert haben. Und ich muss euch sagen: Manuela ist wirklich eine Gute. Als Manuela erklärt hat, sie würde das Projekt gerne übernehmen, hat sie das in der Gewissheit getan, dass sie das Projekt auch zu Ende bringt. Sie hatte das OK vom Vorstand für Etat-Entscheidungen. Die hat sie getroffen. Sie hat Geld ausgegeben. Und zwar für die Dinge, die sie für

richtig gehalten hat. Dass sie diese Entscheidungen treffen durfte, war
ausdrücklich gesagt worden. Jetzt ist sie krank. Manuela hat nicht irgend-
einen Schnupfen, sondern einen Bandscheibenvorfall. Seit einer Woche ist
sie weg, und solange lag ihr Projekt brach. Jetzt wissen wir, dass es eine
Weile dauert, bis sie wieder da ist. Also übernimmt Marc das Projekt. Und
Marc regt sich darüber auf, dass Manuela Geld für einen Entwurf für die
Website ausgegeben hat, den er selbst niemals angeleiert hätte. Der Etat
wird dadurch nicht größer. Jetzt kann Marc Manuelas Idee stoppen, weil er
jetzt der Chef ist. Wäre Marc von Anfang an Chef gewesen, hätte er ge-
nauso gehandelt wie Manuela: Er hätte das Geld für die Dinge verwendet,
die er für richtig erachtet hätte. So schwachsinnig sie in den Augen anderer
auch wären.«

Gähn! Jede Menge Text. Ja doch, er kennt Manuela schon, und zwar von der Süßkram Factory – das mag zwar ebenso richtig sein wie die Arbeit für Asien, aber all
das ist in diesem Zusammenhang völlig unwesentlich. Also weg mit dem Schmonz!
Wir wollen nicht wissen: Was macht die Süßkram Factory? Sondern wir wollen
wissen: Was sagt Kurt zu dem Stress mit Manuela? Her mit dem Rotstift:

»Ich finde es nicht fair, dass ihr Manuela als unzuverlässig hinstellt.
Manuela hat das Projekt in der Gewissheit übernommen, dass sie es zu
Ende bringt. Sie hat Geld ausgegeben. Dass sie diese Entscheidungen
treffen durfte, war ausdrücklich gesagt worden. Jetzt ist sie krank. Also
übernimmt Marc das Projekt. Wäre Marc von Anfang an Chef gewesen,
hätte er genauso gehandelt wie Manuela: Er hätte das Geld für die Dinge
verwendet, die er für richtig erachtet hätte.«

Kurt erreicht sein Ziel auch in dieser knappen Form – was wir gestrichen haben,
war nur erläuterndes Beiwerk. Auch Manuelas Bandscheibenvorfall gehört im
Detail raus – sicher ist er für Manuela bedeutsam, aber in diesem Zusammenhang
spielt er keine Rolle. Das hat nichts mit Gefühllosigkeit zu tun – ansonsten müssten
wir ständig sämtlicher Lebewesen gedenken, die auf dieser großen weiten Welt
unser Mitgefühl verdienen. Der Punkt ist schlicht: Thema verfehlt! Hier geht es
nicht um die Story »Manuela ist krank«, sondern um die Story »Marc soll Manuela
keinen Vorwurf machen«.

Hollywood IV: Säen und ernten

Eine gute Dramaturgie gehorcht noch einem weiteren Gesetz: »Säen und ernten«. Wieder gilt das Prinzip schriftlich und mündlich: Wenn Sie einen Gedanken »säen«, können Sie später einen Gedanken »ernten« – ob in einem geschriebenen Text oder in einem Vortrag. Indem Sie »säen«, legen Sie sozusagen das Fundament für eine spätere Folgerung oder auch nur Wiederholung. Dadurch wirken Texte schlüssig. Der bekannteste Einsatz des Prinzips ist es, wenn Sie einen Gedanken vom Anfang am Ende noch einmal aufnehmen: Sie haben ihn zu Beginn »gesät«, und am Ende »ernten« Sie ihn. Der Bogen zwischen beiden Punkten überspannt dann Ihren kompletten Text. Doch auch im Text können Sie solche Bögen spannen – diese Bögen sind dann entsprechend kleiner, weil weniger Zeit zwischen dem »Säen« und dem »Ernten« vergeht.

Dabei ist es wichtig, dass Sie etwas Gesätes auch wieder aufnehmen – sonst wirkt der Text konstruiert. Und das ist ganz interessant, denn es ist gerade das Unkonstruierte, das Willkürliche und Beliebige, das einen Text konstruiert wirken lässt. Am besten zeigt sich das im Film: Taucht im Verlauf einer Filmhandlung eine Pistole auf, können Sie davon ausgehen, dass diese Pistole später eine Rolle spielen wird. Käme sie nicht zum Einsatz, wäre sie ein sogenanntes »totes Motiv«. Zwischen dem ersten Erscheinen der Pistole und ihrem Einsatz zieht sich ein unsichtbarer, aber spürbarer Bogen – ein Spannungsbogen. Bei dieser Spannung handelt es sich nicht um »Tension«: Niemand steht mit der Pistole jemandem gegenüber

Klartext-Tipp 97:
Unvermittelte Gedanken wirken konstruiert.
Konstruierte Gedanken wirken plausibel.

und droht ihm akut. Sondern es handelt sich um »Suspense«: Wir wissen von der Pistole und ahnen nur, dass etwas kommt – ob es eine handfeste Bedrohung ist oder ein plötzlicher Schuss aus dem Hinterhalt, wissen wir nicht. Und haben Sie als Dramaturg in einer Thriller-Handlung die Pistole nicht zuerst eingeführt (das Motiv »gesät«), dann beklagen sich Kinozuschauer darüber, das plötzliche Erscheinen der Pistole sei »konstruiert«. Dabei besteht die Konstruktion gerade darin, die Pistole zuerst beiläufig ins Geschehen einzuführen, um genau damit zu verhindern, dass ihr plötzliches Erscheinen später unvermittelt wirkt.

Säen Sie Gedanken und ernten Sie sie

Wie bei der Pistole warten wir bei jedem gesäten Gedanken, wann Sie das Motiv ernten. Und damit erzeugen Sie in jedem noch so kurzen Text »Suspense« – auch wenn Sie mit oder vor Menschen sprechen. Stellen wir uns vor, Anita sagt zu Beginn einer Produktpräsentation:

Meine Tochter Emily übrigens fragt mich oft: Wenn der Große Bär am Himmel steht, können wir dann dort einmal hinfliegen? Und beim Einschlafen sage ich ihr: Ja, Emily, wir werden einmal dort hinfliegen. Auf einer schlummerblauen, schönen, schnellen Sternschnuppe.

Damit hat Anita mehrere Gedanken gepflanzt, die ihre Zuhörer später nicht mehr hinterfragen, sondern als gegeben hinnehmen werden:

- Tochter Emily;
- die Gedankenwelt eines Kindes;
- Großer Bär;
- schlummerblaue Sternschnuppen.

Und aus diesem Fundus kann sich Anita später bedienen, wie sie will:

Und wenn Sie dann in Ihrem neuen Cabrio an einer Autobahnauffahrt aus der Kurve heraus beschleunigen, dann fühlen Sie sich so schlummersternschnuppenglücklich wie Emily auf einer Reise zum Großen Bären.

Da Anita den Gedanken beim Säen bereits etabliert hat, wird sie Lächeln und Lachen ernten – ein Zeichen dafür, dass ihr Publikum etwas wiedererkannt hat. Irritierte Fragen zum Zusammenhang (»Wie kommen Sie denn jetzt auf den Großen Bären?«) hat sie nicht zu befürchten, denn sie hat den Gedanken etabliert, also gesät. Anders als wenn sie mit diesen neuen Gedanken unvermittelt käme – dann würden die Zuhörer den Aufhänger vermissen und das Ganze als »konstruiert« empfinden, obwohl gerade Anitas durchdachte und geplante Worte eine Konstruktion sind. Und da Anita die Schlummer-Sternschnuppe mit ihrer Tochter Emily verknüpft hat, bekommt ihre Werbebotschaft außerdem noch etwas so dermaßen

Unschuldig-Kindliches, dass das Gemüt dagegen kaum noch protestieren kann. Und richtig professionell wird es, wenn Sie Ihre Texte mit lauter kleinen Bögen durchziehen – denn je mehr Bögen Sie haben, desto dichter werden Ihre Worte. Und das gilt, wie gesagt, sowohl schriftlich als auch mündlich.

Bindewörter – gut oder pfui?

Deutliche Bögen können Sie natürlich ganz einfach mit Bindewörtern schaffen. Ob Sie Bindewörter einsetzen oder nicht, ist Geschmackssache. In meinen Augen gibt es weder den Zwang zu Bindewörtern noch ein Verbot. Für beide Positionen gibt es gute Argumente:

- Bindewörter sind prima, weil durch sie jeder erkennt, an welchem Geländer entlang er denken soll und wo Ihre Bögen verlaufen.
- Bindewörter sind blöd, weil sich bei guter Sprache die Anschlüsse von allein ergeben und die Bögen auch ohne Signalwörter klar sind.

Beides ist richtig. Es ist nicht nötig, daraus ein Dogma abzuleiten. In manchen Fällen sind Bindewörter gut, weil sie den Dümmeren helfen, Ihnen zu folgen, und manchmal sind sie über-

Klartext-Tipp 98:

Nutzen Sie Bindewörter – damit bekommen Sie Zug in Ihren Text. Seien Sie aber sparsam damit und vor allem vorsichtig mit abgenutzten Phrasen wie »indes«.

flüssig, weil sich die Gedanken von selbst ergeben. Letztlich ist es Geschmackssache. Was finden Sie besser?

- Ohne Bindewort: »Durch die Digitalisierung brauchen die Leute jetzt weniger Zeitungen. Die Verlage und Druckereien müssen Leute entlassen.«
- Mit Bindewort: »Durch die Digitalisierung brauchen die Leute jetzt weniger Zeitungen. Daher müssen die Verlage und Druckereien Leute entlassen.«

Bindewörter können sich auf Voriges beziehen: »daher«, »darum«, »insofern«, »mit diesem/r«, »so«, »seitdem«, »nachdem«. Gedanklich führen sie Ihre Zuhörer in die Vergangenheit zurück statt nach vorne. Man könnte sagen, diese Bindewörter bremsen ein wenig den Fluss Ihrer Worte.

Direkter und weniger problematisch sind Bindewörter, die sich auf etwas Folgendes beziehen, das Ihre Zuhörer erwarten: »wenn«, »obwohl«, »weil«, »denn«, »indem«, »bis«, »bevor«, »ehe«, »inzwischen«, »und«, »oder«, »ob«, »wie«, »aber«, »doch«, »anstatt«, »als«, »dass«. Mit diesen Bindewörtern kommt Zug in den Text, wenn beispielsweise Kollegin Sandra erzählt:

Morgen kommen die Agenturleute. Dass das Ganze ein Erfolg werden muss, hat der Chef vorgegeben. Inzwischen ist er so weit, dass er das Ganze nur noch vom Tisch haben will. Und um hier keinen weiteren hysterischen Anfall erleben zu müssen, nicken wir den Kram einfach ab. Anstatt sich jetzt hier mit den Details aufzuhalten, ziehen wir das eben mal schnell durch. Bis wieder Ruhe eingekehrt ist in diesem Irrenhaus.

Die Überleitungen bestehen allesamt aus Bindewörtern mit Bezug auf Folgendes. Und das erzeugt Spannung: Wir warten darauf, was nach dem »dass«, dem »inzwischen«, dem »und um«, dem »anstatt« und dem »bis« kommt. Besonders starke Spannung erzeugen Bindewörter, die lexikalisch eine Ergänzung verlangen, denn dann wartet das Publikum auf den zweiten Teil:

- »zwar« (ein »aber« muss folgen);
- »entweder« (ein »oder« muss folgen);
- »sowohl« (ein »als auch« muss folgen);
- »weder« (ein »noch« muss folgen);
- »nicht nur« (ein »sondern auch« muss folgen),
- »je« (ein »desto« oder »umso« muss folgen).

Viele dieser Wörter sind zwar hinsichtlich ihrer Primärbedeutung überflüssig – doch wenn sowieso ein »aber« kommt, können wir uns das »zwar« zuvor sparen. Doch auch diese Wörter will ich Ihnen nicht verbieten, nur weil man sie streichen könnte: Um Spannung zu erzeugen, sind sie gut, denn sie schaffen Bögen.

Vorsicht vor »indes«!

In der Kiste »journalistische Schaumschlägerei« findet sich auch das Bindewort »indes«. Ich selbst würde es auf den Index setzen. Das Wort »indes« heißt so viel wie »inzwischen« und dient vor allem Politikjournalisten als Überleitung zwischen Dingen, die nur im weitesten Sinne in einem Zusammenhang stehen:

Der US-Präsident besuchte Iraks Hauptstadt Bagdad. Indes starben fünf US-Soldaten bei einem Autobombenanschlag im Süden des Landes.

Äußerst weit hergeholt – und eine Floskel ist das »indes« auch. Halten Sie es, wie Sie wollen – Sie sollten jedenfalls wissen, dass es abgenudelt ist.

Sparsam umgehen mit Pronomina ...

Die Mikrovariante des Säens und Erntens findet sich auf der Ebene sehr kleiner Wörter: der Pronomina oder Fürwörter. Ein Pronomen (»pro Nomen«, also »für das Nomen«) fungiert als Stellvertreter. »Er« ist ein Personalpronomen, das Wort steht also für eine Person. Wer gemeint ist, ist klar, wenn Sie kurz vorher die Person erwähnt haben:

> **Klartext-Tipp 99:**
> Setzen Sie Pronomina (»es«, »sie«, »das«, »ihn«) nur ein, wenn ihr Bezug glasklar ist.

Unser Sohn hat schon wieder eine Eins. Er ist wirklich ein guter Schüler.

Wenn Sie Personalpronomina oder auch Wörter wie »der«, »die«, »das«, »dieses« und so weiter recht nah hinter ihren Bezugswörtern platzieren, werfen Sie lauter kleine Bögen und ziehen dadurch Ihre Zuhörer durch Ihren Redebeitrag:

Im neuen Geschäftsjahr werden wir unseren Umsatz verdoppeln. Das gelingt uns durch unsere neuen Socken: Die finden erstmals in der Geschichte der Bekleidungsindustrie in der Waschmaschine beim Schleudern vollautomatisch wieder zusammen.

Das Wort »das« zu Beginn des zweiten Satzes bezieht sich auf den Gedanken »Wir werden unseren Umsatz verdoppeln«. Das Wort »die« zu Beginn des dritten Satzes bezieht sich auf »unsere neuen Socken«. Drei Sätze, verbunden durch zwei Bögen. Allerdings sollten Sie mit Personalpronomina sparsam umgehen und sie nur einsetzen, wenn ihr Bezug für jeden klar ist. Kennen Sie diese Leute, die fast ausschließlich in Pronomina sprechen, so dass man sie nicht mehr versteht?

Verena:	(wedelt mit Papier): *Zahlt das eigentlich auch der Kunde?*
Anja:	*Was?*
Verena:	*Na den Konferenzraum?*
Anja:	*Welchen Konferenzraum?*
Verena:	*Den für das Projekt von Hans und seiner Gruppe.*
Anja:	(ungeduldig) *Hans und seine Gruppe haben derzeit mindestens vier Projekte. Welches meinst du?*

Verena gibt Pronomina statt Informationen von sich: Zahlt »das« eigentlich auch der Kunde? »Das«? Was? Sie zwingt ihre Mitmenschen so zum Rätselraten, und wer mit ihr arbeitet, muss ihr jede Information einzeln aus der Nase ziehen. Oft sind Pronomina auch dadurch mehrdeutig, dass sie sich auf mehrere Substantive im vorigen Satz beziehen können:

Silke:	*Gestern waren Maria und ich bei Lisa von der Agentur zum Mittagessen. Die ist vielleicht eine Zicke!*

Worauf bezieht sich das Wort »Die« im zweiten Satz? Wer ist eine Zicke? Maria oder Lisa? Beides ist denkbar, also ist die Formulierung kein Klartext. Streng genommen bezieht sich »die« auf das zuletzt genannte Wort, das der grammatischen Form entspricht – also auf die »Agentur«. Die Agentur wird aber kaum gemeint sein, also bezieht sich »Zicke« auf das nächstmögliche sinnvolle Wort, also auf »Lisa«. Das ist die Regel. Aber wenn Silke die Regel nicht kennt, könnte sie auch Maria meinen.

Eine echte Bereicherung für Silkes Rhetorik und eine Entlastung für die Menschheit wäre es, würde Silke dieses Bedeutungsdefizit erkennen, es mit Bedeutung füllen und sagen, was sie meint:

Silke: *Gestern waren Maria und ich bei Lisa von der Agentur zum Mittagessen.*
Diese Maria ist vielleicht eine Zicke!

... außer mit Possessivpronomina!

Ein wahrhaftes Zaubermittel für
dichtere Sprache sind Possessivpronomina: »ihr Projekt«, »sein
Job«, »unser Unternehmen«. Das
Wort »Possessivpronomen« ist
verwandt mit »possession«, also
»Besitz«. »Mein«, »dein«, »un-

Klartext-Tipp 100:

**Je mehr Possessivpronomina Sie einsetzen
(»sein«, »Ihr«, »unser«), desto dichter wird
Ihr Text.**

ser« – das sind Possessivpronomina oder auch besitzanzeigende Fürwörter. All
diese Formulierungen machen Bezüge klarer und geben Ihrem Text schriftlich und
mündlich Konsistenz. Schauen wir uns zwei Varianten an:

Silke: *Wir erwarten von Praktikanten, dass sie das im Praktikum erworbene*
Wissen über das Unternehmen für sich behalten. Auch die Erfahrungen
mit dem Unternehmen fallen unter diese Schweigepflicht, sofern sie
Aussagen der Mitarbeiter über das Unternehmen betreffen.

Silke: *Wir erwarten von unseren Praktikanten, dass sie ihr im Praktikum*
erworbenes Wissen über unser Unternehmen für sich behalten. Auch
ihre Erfahrungen mit unserem Unternehmen fallen unter diese
Schweigepflicht, sofern sie Aussagen unserer Mitarbeiter über unser
Unternehmen betreffen.

Dass Possessivpronomina Texte dichter machen, erklärt sich ganz einfach: Sobald
Sie »das Unternehmen« oder »das Wissen« sagen, vermutet unser Gehirn zunächst
einen neuen Gedanken und fragt sich: Welches Unternehmen? Sagen Sie dagegen
»unser Unternehmen« und »ihr Wissen«, dann merkt unser Gehirn, dass sich beide
Wörter auf Gedanken beziehen müssen, die schon etabliert (»gesät«) sind. Das
Gehirn fühlt sich auf vertrautem Terrain und ist eher gewillt, Ihren Worten zu
folgen. Und die entstehenden Bögen erhöhen die Spannung, indem sie die Gedanken zusammenziehen. Sagen Sie daher nicht ...

- »Carolin hat den Job super gemacht«, wenn Sie auch sagen können: »Carolin hat ihren Job super gemacht«.
- »Das ist gut für das Unternehmen«, wenn Sie auch sagen können: »Das ist gut für unser Unternehmen« oder »Das ist gut für Ihr Unternehmen«.

Plausibilität ist glaubwürdiger als Wahrheit

Mit dem Prinzip »Säen und ernten« werfen Sie im Grunde nur Gedanken auf, die Sie später aufnehmen. Ein unvermittelter Gedanke ist wie eine Frage: Wir warten auf seine Bedeutung. Mit dramaturgischen Bögen beantworten Sie diese Fragen und ordnen allen Gedanken Bedeutungen zu. Dadurch werden Ihre Worte dichter, und Sie erreichen bei Ihren Zuhörern das erwähnte Gefühl der Plausibilität.

Plausibel sind Ihre Worte nicht dann, wenn Sie »alles« erzählt haben – das geht nicht, weil jedem Gedanken tausende potenzielle andere Gedanken folgen. Sondern plausibel sind Ihre Worte, wenn Sie jeden aufgeworfenen Gedanken erklären und schlüssig machen. Je stärker Sie die Gedanken in Ihren Worten miteinander verknüpfen, desto plausibler wirken Ihre Worte. Letztlich kommt es auch bei der Wahrheit darauf an, ob sie plausibel ist:

- Eine Wahrheit ist unglaubwürdig, wenn Sie sie nicht plausibel präsentieren: Möglicherweise ist es ja wahr, dass Sie nur deswegen mit einem Abteilungsleiter der Konkurrenz telefoniert haben, weil Sie sich über einen gemeinsamen Konkurrenten austauschen wollten. Nur klingt das leider nicht plausibel, und Ihr Chef geht davon aus, dass Sie gegenüber Ihrem Arbeitgeber nicht loyal sind.
- Eine Unwahrheit ist glaubwürdig, wenn Sie sie plausibel präsentieren: Natürlich sind Sie nicht gemeinsam mit der Kollegin aus dem Marketing noch mal über die Präsentation für Montag drübergegangen, sondern eher über die Kollegin. Aber weil es einfach nicht plausibel ist, dass Sie ausgerechnet mit der Freundin Ihres Chefs etwas anfangen, stehen Sie nicht im Verdacht. So dreist ist schließlich niemand ...

Wie Sie gut rüberkommen

Über die Kunst, authentisch zu sein und Menschen abzuholen, über die Frage, wie Sie positiv im Gedächtnis der Menschen bleiben, über fasche und richtige Arroganz und darüber, wie Sie einen Draht zu Ihrem Publikum herstellen.

Sie kennen das: Sie sprechen mit jemandem oder hören jemandem zu, der ...

- nur seine Gedanken berücksichtigt;
- Skepsis und Widerspruch nicht zu spüren scheint;
- anderen nicht zuhört;
- stattdessen schon seine nächsten Äußerungen zurechtlegt;
- Dinge von sich gibt, die Sie nicht interessieren;
- nicht auf Unmutssignale reagiert.

Solchen Leuten zuzuhören, macht kaum Spaß. Mir jedenfalls. An sich ist nichts gegen Solonummern zu sagen: Im Zirkus schauen wir dem Clown gerne zu und erwarten nicht, dass er besonders auf uns und unsere Bedürfnisse eingeht. Im Gespräch, bei einem Seminar oder einer Rede ist dieses Feedback von den Zuhörern zurück zum Sprecher allerdings elementar. An Leuten, die ständig auf Sendung und nur scheinbar auf Empfang sind, wundert uns weniger ihr Egoismus als eher ihre Unfähigkeit, zu erkennen, dass die Menschen genau spüren, was läuft.

> **Klartext-Tipp 101:**
> **Seien Sie Sie selbst! Wenn Sie Ihre Persönlichkeit oder Teile davon leugnen, merken das die Menschen.**

Gute Rhetoriker dagegen sind empathisch und gehen auf die Gedanken ihrer Zuhörer ein, statt es ihnen nur vorzuspielen. Dadurch kommen sie gut rüber – eines der Ziele von Rhetorik. Und in der Tat: Nicht nur Ihre Story soll ankommen, sondern auch Sie selbst. Sie sind dann erfolgreich mit Ihren Worten, wenn die Menschen Ihnen folgen, Ihnen glauben und Ihnen gerne wieder zuhören wollen. Die Geheimnisse der besten Wirkung auf Menschen sind:

- Seien Sie souverän: Auf jede Reaktion reagieren Sie mit Contenance.
- Seien Sie verbindlich: Ihre Worte sind klar, bestimmt und erheben den Anspruch auf Gültigkeit.
- Seien Sie zuverlässig: Ihre Taten entsprechen Ihren Worten.
- Seien Sie unbeirrbar: Weder schweifen Sie vom Thema ab, noch lassen Sie sich von abseitigen Gedanken anderer ablenken.
- Seien Sie menschlich und proaktiv: Kippt ein Zuhörer vom Stuhl, unterbrechen Sie Ihren Vortrag und klären, dass sich jemand um den Zuhörer kümmert – und auch in jeder anderen Situation übernehmen Sie die Verantwortung für das Geschehen und greifen ein.
- Seien Sie kommunikativ: Gehen Sie auf die Menschen zu.

Seien Sie Sie selbst!

Wenn Sie Menschen für sich und Ihre Ideen gewinnen wollen, lautet die wichtigste Regel: Seien Sie Sie selbst! Authentizität ist enorm wichtig. Und es ist Quatsch, Authentizität nur zu inszenieren, wie es manche Rhetorikangebote tun. Gerade diese Inszenierungen schaden dem Begriff »Authentizität« so sehr – und darum finden ihn auch so viele Menschen ausgelatscht. Doch bei Authentizität geht es nicht um eine Attitüde, also nur um den Anschein, authentisch zu sein, der sich mit einstudierten Gesten üben lässt. Sondern es geht um die Darstellung Ihres Wesens. Es geht darum, dass Sie mit sich selbst übereinstimmen, wenn Sie sprechen, und nicht nur so tun als ob. Es geht darum, dass Ihre Worte mit Ihren Gedanken, Ihrem Stil, Ihrer Persönlichkeit eins sind, und dass Sie die daraus entstehende Sicherheit und Souveränität nach außen ausstrahlen.

Authentisch werden Sie durch Klartext!

Authentizität erwerben Sie nicht, indem Sie vor dem Spiegel die Gesten authentischer Menschen üben. Authentizität lässt sich weder trainieren noch kaufen. Authentizität ist ein Urteil Ihrer Zuhörer. Wenn Sie sich selbst treu sind und Ihre Worte Ihrer Person und Ihrer Haltung entsprechen, spüren die Menschen das. Dann wirken Sie von ganz alleine authentisch – weil die Menschen spüren, dass Sie mit sich und Ihren Worten im Reinen sind. Sie sprechen schließlich Klartext!

Damit möchte ich nicht sagen, Körpersprache sei nicht wichtig. Sicher wirken Sie mit offenen Armen offener und mit geschlossenen Armen geschlossener, und es gibt tatsächlich sehr gute Körpersprache-Tipps.

Zugleich entsprechen diese Körperhaltungen inneren Haltungen – sie stellen

Klartext-Tipp 102:

Authentizität lässt sich nicht vor dem Spiegel trainieren. Authentizität ist ein Urteil Ihrer Zuhörer. Sie können authentisch sein, aber nicht so tun, als seien Sie es – das merken die Leute.

sich von alleine ein, wenn Sie sich einfach nur natürlich verhalten. Warum auch sollten wir uns die gestischen Feedbacks unserer Körpersprache abtrainieren? Sie sind doch Spiegelbilder unserer Verfassung: Wenn Sie ärgerlich sind, ist es in Ordnung und Ihrer Authentizität förderlich, wenn Sie auch ärgerlich wirken. Eine andere Frage ist es, wie Sie Ihren Ärger wegbekommen: Nicht, indem Sie an seiner Gestik herumoperieren. Sondern indem Sie erst Ihre Haltung ändern und dann dadurch automatisch Ihre neue Haltung ausstrahlen. Ohne Schauspieltraining.

Rhetorik fürs Sprechen, Psychologie für die Sicherheit

Einer der größten Irrtümer im Zusammenhang mit der Rhetorik ist der, mit ihrer Hilfe könnten impulsive Menschen zahm und schüchtere Menschen selbstsicher werden. Dieses Denken ist fatal. Ein schüchterner Mensch gewinnt in einem üblichen Rhetorikkurs vielleicht einen oberflächlichen Anschein von Selbstvertrauen, wenn er auf der Bühne mit den Gesten der Starken und Stabilen hantiert – aber er wirkt zunächst einmal unglaubwürdig und alles andere als authentisch. Ähnlich wie bei dem unfreundlichen Kollegen, von dem sich die Leute nach seinem Besuch des Rhetorikkurses für dumm verkauft fühlen, spüren es die Menschen, wenn da vorne ein Schüchterner im Habitus eines Selbstsicheren eine Show abzieht. Zwingt ein Rhetoriktrainer einen Schüchternen, seine Schüchternheit mit ein paar Körpersprache-Übungen abzulegen, handelt er in meinen Augen verantwortungslos. Ein stabiles Selbstbewusstsein entspringt einem gesunden Selbst und keinem Gefuchtel vor der Kamera. Zumal diese armen Opfer solcher Rhetoriktherapien vor Publikum oft wie nasse Hunde wirken.

Bitte trennen Sie daher strikt zwei Dinge:

- Besser zu sprechen, ist eine Frage der Rhetorik.
- Sicherer zu werden, ist eine Frage der Psychologie.

Klartext-Tipp 103:

Die Gesten erfolgreicher Redner abzukupfern, macht Sie nicht authentisch. Authentisch sind Sie, wenn Ihre Worte Ihrer Haltung entsprechen und Sie Klartext reden.

Dass viele Menschen beides vermengen, mag daher kommen, dass gute Rhetoriker oft selbstbewusst sind. Dennoch hat es wenig Sinn, durch rhetorische Kniffe oder starke Gesten zu Selbstbewusstsein und Selbstvertrauen zu gelangen. Ebenso wenig verhilft Zwiebelschneiden zu Traurigkeit. Arbeiten Sie daher bitte an beidem separat: Ihre Selbstsicherheit fördern Sie mithilfe eines Experten, der etwas von Psychologie versteht. Ihren Ausdruck schulen Sie mithilfe eines Experten, der etwas von Rhetorik und vor allem von Sprache versteht.

Zur Authentizität gehört außerdem, dass Ihre Körpersprache Ihrer inneren Haltung entspricht. Warum sollten Sie lächeln, wenn Ihnen nicht nach Lächeln zumute ist? Warum sollten Sie den dicken Max machen, wenn Sie zurückhaltend sind? Sicher weiß ich, dass viele Menschen sich nicht so einfach zur Authentizität entscheiden können. Doch ich wünsche Ihnen von ganzem Herzen, dass Sie nicht von Berufs wegen eine Show abziehen müssen, denn das merken die Leute. Sind Sie Sie selbst, werden sich Ihre normale und authentische Haltung und der passende mimische und gestische Ausdruck ohne Künstelei von alleine einstellen. Die Basis für eine selbstbewusste Performance ist innere Stabilität.

Spielen Sie keine Rolle!

Um authentisch zu sein, sollten Sie es auch ablehnen, Rollen zu spielen. Sicher gibt es soziale Rollen, die wir automatisch spielen – die meine ich nicht. Seien Sie ruhig Hausfrau und Mutter, Nachbar, Kollegin, Leiter eines Meetings, Chefin oder Freund. Sich in sozialen Rollen der Situation gemäß zu verhalten, ist in Ordnung und normal: Wenn Sie Ihrer Schwiegermutter in ein- und derselben Minute fürs Möbelschleppen absagen und sie um Geld anpumpen, schlagen Sie vermutlich einen anderen Ton an, als wenn Sie einen Mitarbeiter zusammenfalten. Dennoch sind Sie in jeder dieser sozialen Rollen authentisch und Sie selbst. Lehnen Sie Rollen ab, in denen Sie fremde Figuren spielen:

* die Ergriffene, obwohl Sie gleichgültig sind;
* den Verständnisvollen, obwohl Sie nicht verständnisvoll sind;
* die Tolerante, obwohl Sie intolerant sind;
* den Großzügigen, obwohl Sie knauserig sind;
* die Geduldige, obwohl Sie ungeduldig sind;
* den Aufmerksamen, obwohl Sie abwesend sind;
* die Kompromissbereite, obwohl Sie kompromisslos sind;
* den Kritikfähigen, obwohl Sie kritikresistent sind.

Gehen Sie davon aus, dass die Menschen hinter Ihrem Schauspiel Ihre wahre Haltung erkennen! Wollen Sie ergriffen, verständnisvoll und tolerant sein, obwohl Sie es nicht sind, sollten Sie sich diese Haltungen erarbeiten und nicht nur deren gestischen Ausdruck.

Und selbst wenn Sie auf der Bühne stehen und eine Rede halten, bedeutet das nicht, dass Sie sich aufführen müssen wie der Romeo oder die Julia einer Schultheatergruppe. Trotz des Höhenunterschiedes zwischen Ihnen und Ihren Zuhörern bleiben Sie Sie selbst. Wenn Sie nicht als Schauspieler die Bühne betreten, um eine Rolle zu spielen, wollen die Menschen Sie selbst erleben, Ihre Gedanken und Ihre Gefühle. Und dabei geht es wieder um eine stabile innere Haltung. Wenn Sie in sich ruhen und wissen, wer Sie sind und wofür Sie stehen, brauchen Sie keine Rolle zu spielen. Ob Sie polternd auftreten oder zurückhaltend, ist keine Frage von Schauspielerei, denn wenn Sie authentisch sind, müssen Sie weder das Gepolter noch die Zurückhaltung spielen. Gestische Ausdrücke entspringen der Dynamik der Situation.

Versuchen Sie niemals, jemand anders zu sein!

Der nächste Gedanke ergibt sich von selbst: Versuchen Sie niemals, wie jemand anders zu sein – und wenn Sie noch so tolle Vorbilder und Mentoren haben. Gute Schüler lösen sich irgendwann von ihren Meistern, und sie können sie meist auch nur dann überholen. Dazu ist Authentizität nötig und nicht, dass Sie Ihren Mentor imitieren. Wenn Sie zu lange an Ihren Vorbildern festhalten, werden Sie ein langweiliges Abbild eines anderen Menschen, den Sie nie überholen werden, weil Sie nur einen Teil des Vorbild-Charakters imitieren können.

Konzentrieren Sie sich lieber auf Ihre Persönlichkeitsmerkmale und Ihren Stil, verstärken Sie das Gute daran und arbeiten Sie einen

Klartext-Tipp 104:
Lösen Sie sich irgendwann von Ihren Vorbildern.

Charakter heraus, der selbstbewusst, selbstbestimmt und authentisch ist. Wenn Sie dann mit Menschen sprechen oder eine Bühne betreten, wirken Sie von alleine authentisch und glaubwürdig.

Und auch wenn Sie noch so oft hören, dieser oder jener Typ sei derzeit »gefragt« – der kompromisslose Machertyp, die eloquente Businessfrau, der schräge Komiker: Bitte vergessen Sie diesen Unsinn. Sie sind nur Sie selbst, und Sie wirken umso glaubwürdiger, je stärker Sie sich selbst treu bleiben. Auf dieser Basis können Sie mehr tun und erreichen, als wenn Sie sich verstellen. In einer Rolle werden Sie vielleicht eine Weile erfolgreich sein, aber irgendwann werden Sie an eine unsichtbare Mauer stoßen und es völlig unbegreiflich finden, dass Sie nicht weiterkommen. Nicht ehrlich zu sich selbst zu sein, ist eine Erfolgs- und Karrieregrenze. Menschen, die nicht wissen, wer sie sind, ...

* lernen die falschen Berufe;
* nehmen die falschen Jobs an;
* heiraten die falschen Menschen;
* sind in ihrem Leben unzufrieden und unglücklich;
* wirken auf andere nicht authentisch;
* sind für andere nicht glaubwürdig;
* sagen Dinge, die nicht zu ihnen passen;
* sagen Dinge, hinter denen sie nicht stehen;
* lassen Gelegenheiten entscheiden, statt selbst Ziele zu verfolgen.

Sobald Sie die Erwartung ablehnen, einem bestimmten »gefragten« Typen zu entsprechen, werden die Menschen Sie mit Ihrer Persönlichkeit akzeptieren. Und möglicherweise sind Sie dann der Trendsetter – weil Sie sich eben nicht in bisherige Formen pressen lassen. Die wirklich spannenden Leute – ob es Schreiber oder Sprecher sind – sind nonkonform und machen ihr Ding.

Menschen unterscheiden zwischen Fiktion und Wahrheit

Dass Menschen erkennen, ob Sie echt oder unecht sind, hat auch einen ganz einfachen wahrnehmungspsychologischen Hintergrund: Menschen erkennen auch in anderen Bereichen meist sofort, ob etwas wahr oder erdichtet ist. Probieren Sie es mit dem Fernseher aus: Zappen Sie im Zwei-Sekunden-Takt durch die Programme und entscheiden Sie sofort, ob Sie in der kurzen Zeit etwas Erfundenes oder Reales sehen. Sie werden feststellen: Sie erkennen es sofort! Joghurt-Werbung? Erfunden! Krisen-Bericht? Real! Anhand des Verhaltens der Menschen stellen Sie sofort scharf, ob jemand eine Rolle spielt oder er selbst ist.

Klartext-Tipp 105:
Verkaufen Sie niemanden für dumm.

    Am besten erkennen Sie an, dass Sie anderen nichts vormachen können. Gehen Sie einfach davon aus, und Sie stoppen automatisch Ihre Überlegungen, wie Sie Menschen täuschen können. Verkaufen Sie einfach niemanden für dumm.

Selbstbewusst oder arrogant?

Authentizität auf Basis eines gesunden Drahtes zu sich selbst bedeutet oft Selbstbestimmung, Unabhängigkeit und Unbeirrbarkeit – allesamt begehrenswerte Eigenschaften, die schnell Neid erzeugen. Menschen mit diesen Eigenschaften wirken auf andere oft beeindruckend: Sie haben etwas, was anderen Leuten fehlt. Wer die Authentizität nicht erkennt oder selbst noch nie selbstbewusst war, fragt sich manchmal, was in aller Welt dem Gegenüber dieses unglaubliche Selbstbewusstsein verleiht. Auf weniger starke Menschen wirkt eine stabile Persönlichkeit oft unheimlich: Sie fühlen sich auf einer niedrigeren Stufe und werfen dem anderen aus dieser Sicht heraus vor, er oder sie sei arrogant.

    Für mich sind Sie nicht arrogant, wenn Sie als selbstbewusster Mensch selbstbewusst auftreten. Es wäre eher unauthentisch, wenn Sie sich zurückhielten, nur weil Ihr starkes Selbstbewusstsein weniger starke Menschen überfordert. Ebenso wie die Authentizität ist Arroganz oft nur ein Urteil unserer Umwelt und weniger eine wirkliche Eigenschaft unseres Charakters. Viele erfolgreiche und selbstbewusste Menschen leiden unter dem Vorwurf. Untereinander bezeichnen sich selbstbewusste Menschen selten als arrogant – für mich ein Zeichen, dass der

Vorwurf der Arroganz selten objektiv ist, und dass zur Arroganz mindestens zwei gehören. Untereinander empfinden sich selbstbewusste Menschen eher als Seelenverwandte – und stabile, erfolgreiche Menschen gönnen einander ihren Erfolg.

Jenseits dieser falschen Vorwürfe von Arroganz, die auf mangelndem Selbstwertgefühl der Kritiker beruhen, können Sie natürlich auch wirklich arrogant sein. Zum Beispiel, indem Sie folgende Äußerungen tun:

Sie sind nur der Hausmeister.

Durch das Wort »nur« degradieren Sie Ihr Gegenüber und machen ihm Ihre Geringschätzung klar. Dabei ist der Mann nicht »nur« der Hausmeister, sondern er ist der Hausmeister! Und als solcher macht er seinen Job. Das Wort »nur« bezeichnet einen Statusunterschied inklusive negativer Bewertung.

Zudem begegnen wir uns im Leben öfter mal. Vielleicht kennen Sie das Phänomen, dass manche Mitarbeiter in Konzernen unglaublich stolz auf ihren Arbeitsplatz sind, obwohl das Unternehmen von außen betrachtet eines von vielen ist. Und oft ist intern massiv der Wurm drin. Da lebt so ein Mitarbeiter also vom Glanz der Unternehmensmarke und kommandiert externe Dienstleister wie Leibeigene herum. Die Geringschätzung gegenüber den Selbstständigen ist äußerst weit verbreitet. In vielen Unternehmen scheint man zu denken: Diese kleinen, unwichtigen Dienstleister wollen doch etwas von uns! Einen Auftrag! Dabei bucht kein Unternehmen etwas, was es nicht braucht – es geht also nicht um joviale Großzügigkeit. Und wissen Sie, was mitunter geschieht? Manchmal verliert so ein Mitarbeiter seinen Konzernjob. Der Glanz der Marke ist plötzlich weg. Macht sich so jemand selbstständig, wird es oft bitter. Denn auf dem Markt der Selbstständigen ist er erst mal ein Niemand, weil er für nichts steht.

Also: In meinen Augen ist jegliche Form von Arroganz aus Statusmotiven heraus ärmlich und dumm. Lassen Sie diese Arroganz also bleiben und würdigen Sie andere Menschen, ihre Position, ihren Job, ihre Zeit und ihre Prioritäten. Eine starke Persönlichkeit braucht keine Arroganz, sondern agiert auf Augenhöhe.

Klartext-Tipp 106:

Hinterfragen Sie die gängige Meinung, Arroganz gehe von demjenigen aus, dem man die Arroganz vorwirft. Zur Arroganz gehören oft zwei. Zugleich gibt es natürlich Arroganz: wenn sich jemand tatsächlich über einen anderen erhebt.

Erkennen Sie, wofür Sie stehen!

Ja, ich finde, Menschen sollten für etwas stehen. Wofür Sie selbst stehen, lässt sich mit meinem Buch »Mach dein Ding!« vielleicht besser entwickeln, aber Sie sehen, dass wir hier eine Schnittstelle beschreiben zwischen der Arbeit an einem Text und einer individuellen Aussage, mit der Sie draußen am Markt erfolgreich sind. Ob Sie selbstständig sind oder angestellt: Damit die Welt sich für Ihre Worte interessiert, sollten Sie tatsächlich für etwas stehen. Wer kommuniziert, braucht eine Positionierung. Der Marketing-Begriff »Positionierung« ist ein etwas umständliches Substantiv und sagt mehr als nur »Position«: »Positionierung« bedeutet, sich an die richtige Position zu stellen. Eine Positionierung definiert, wo Sie stehen auf dem Markt. Und da sich der Markt ständig bewegt, korrigieren gute Leute ständig ihre Positionierung – es geht also mehr um ständige Bewegung als um einen Zustand.

Eine Positionierung bedeutet nichts anderes als das Versprechen, dass Sie genau die Erwartungen erfüllen, die Sie in den Leuten wecken: Sie haben sich für eine Position entschieden, auf der Sie fortan agieren. Sind Sie ...

- der Kabarettist mit den starken Übertreibungen? Dann erwarten wir, dass Sie auf die Pauke hauen.
- der beste Aufreißer der Stadt? Dann erwarten wir keine feste Beziehung.
- der ewige Student? Dann erwarten wir keine Disziplin.
- der Bewegungscoach? Dann sollten Sie fit sein.
- der IT-Experte? Dann sollten Sie Mac ebenso kennen wie Windows.

Eine Positionierung sollte also glaubwürdig sein – es sind Erwartungen damit verbunden, die wir nicht enttäuschen sollten.

Klartext-Tipp 107:
Stellen Sie Konsistenz her: Sagen Sie, was Sie tun, und tun Sie, was Sie sagen.

Idealerweise sagen Sie, was Sie tun, und Sie tun, was Sie sagen. Sich für eine Positionierung zu entscheiden, bedeutet zugleich keine Fixierung für die Ewigkeit. Sie können sie jederzeit verändern. Natürlich sind Sie dabei stets Sie selbst. Denn die Menschen sehnen sich ja vor allem nach Plausibilität, also nach Ihrem schlüssigen Verhalten.

Authentizität bedeutet also, dass Sie innerhalb Ihrer Positionierung konsistent bleiben – und das nicht nur in Ihren Worten, sondern auch in Ihren Taten:

- Wer behauptet, unkonventionell zu sein, wird dadurch glaubwürdig, dass er unkonventionelle Dinge tut. Es genügt nicht, es zu sagen.
- Der gutsituierte Familienvater wird dadurch zu einer glaubwürdigen Figur, dass er bei seiner Tochter auf gute Manieren besteht.

Glaubwürdigkeit entsteht durch Konsistenz in der Person. Wenn Sie am Ende der Suche nach dem Kern Ihrer Persönlichkeit zu der Erkenntnis gelangen, dass Sie ein ganz schön schräger Vogel sind, dann hat es nun mal keinen Sinn, den Schwiegermutterliebling zu spielen und das Bedürfnis nach klaren Worten zu unterdrücken. Wozu auch? Weil Sie von anderen gehört haben, der aalglatte Typ sei gefragt? Was für ein Unsinn: Sie würden sich nur verdrehen und gegen Ihr Gefühl handeln. Und wenn Sie ein Spießer sind, können Sie auf Bad Guy machen, so viel Sie wollen – man wird Ihnen nicht glauben. Und wissen Sie was? Das macht auch gar nichts. Sie sind viel stärker, wenn Sie verstärken, was Sie ohnehin schon sind.

Klartext-Tipp 108:
Suchen Sie Ihre Positionierung und werden Sie ihr gerecht.

Fragen Sie sich also, ...

- ob Sie bislang Rollen spielen und darin vorgeben, jemand anderes zu sein, und welche Rollen das sind.
- ob Sie diese falschen Rollen weiterhin spielen wollen oder müssen.
- wie Sie es erreichen, diese Rollen nicht mehr zu spielen.
- in welchen sozialen Rollen Sie sich authentisch fühlen und ehrlich zu sich selbst sind.
- was für einen Charakter Sie haben und was Sie wollen.
- was die Story dieses Charakters ist und was ihn im Wesen ausmacht.
- welche Inhalte und Botschaften für diesen Charakter wichtig sind.

Wer ist Ihr Publikum?

Sobald Sie wissen, wer Sie sind und wie Sie positioniert sind, geht es an die Frage: Wer ist Ihr Publikum? Denn bevor Sie den Mund aufmachen oder etwas schreiben, sollten Sie wissen, an wen Sie sich richten. Davon hängt ab, ob Ihre Kommunikation funktioniert. Auch wenn Sie sich auf Ihr Publikum einstellen, bedeutet das nicht, dass Sie in eine Rolle verfallen. So wie Sie in verschiedenen sozialen Rollen wie »Kollege«, »Nachbar« und »Partner« Ihre Authentizität nicht verlieren, obwohl Sie sich jeweils anders verhalten, finden Sie gegenüber verschiedenen Arten von Lesern und Zuhörern die jeweils angemessene Form. Ihr Publikum hat möglicherweise besondere Erfahrungen oder folgt bestimmten Denkmustern. Darauf Rücksicht zu nehmen und diese Denkweisen in die Kommunikation mit einzubeziehen, ist keine Schauspielerei, sondern Empathie.

Kennen Sie Ihr Publikum oder nicht?

Die wichtigste Frage bei der Analyse Ihres Publikums ist einfach: Richten Sie sich an Menschen, die Ihnen bekannt sind oder die Ihnen nicht bekannt sind? Wenn Sie sich an ein bekanntes Publikum richten, etwa bei einer Familienfeier oder in einem Brief, ist das etwas völlig anderes, als wenn Sie sich an ein unbekanntes Publikum richten, etwa wenn Sie einen Beitrag für eine Zeitung schreiben oder eine Rede auf einer Kundenveranstaltung eines mittelständischen Unternehmens halten. Im einen Fall kennen Sie den Humor der Leute, im anderen Fall nicht. Es besteht also vor allem bei unbekanntem Publikum Fettnapfgefahr. Sie wissen nicht, ob die Leute Ihren groben Humor verstehen, in dem Sie selbstverständlich auch die allerderbsten Zoten und Grobheiten nur lieb meinen.

Der wesentliche Unterschied zwischen bekanntem und unbekanntem Publikum ist: Sie kennen die Denkmuster bekannter Menschen besser als die Denkmuster unbekannter Menschen und können daher besser auf sie einwirken.

Klartext-Tipp 109:

Unterscheiden Sie, ob Sie Ihr Publikum kennen oder nicht. Bei unbekanntem Publikum ist Vorsicht geboten – es versteht möglicherweise Ihren Humor und Ihre Ironie nicht.

Sie wissen, auf welche Weise diese Menschen die Wirklichkeit mit ihrem Denken abgleichen:

- Wenn Ihre Zuhörer jede Kleinigkeit bedenken, werden Sie deren Liebe zum Detail würdigen können und besser damit umgehen.
- Wenn Ihre Zuhörer grob und zynisch sind, können Sie zu härteren Witzen greifen.
- Wenn Ihre Zuhörer leicht verletzlich und schnell beleidigt sind, können Sie die wichtigsten Auslöser für solche Reaktionen vermeiden.
- Wenn Ihre Zuhörer egozentrisch und unsensibel sind, dürfen Sie sie auch mal härter anfassen.

Sofern Sie Ihr Publikum kennen, sollten Sie vorher darüber nachdenken, was sie bereits wissen, welche Meinungen sie vertreten, welchen Glaubensrichtungen sie angehören, inwiefern sie kulturell besonders geprägt sind und wie sie emotional reagieren. Und wenn Sie Ihr Publikum nicht kennen, sollten Sie damit rechnen, dass die Leute auf alles Mögliche auf jede denkbare Art reagieren könnten.

Selbstverständlich sind auch bekannte Menschen für Überraschungen gut: Vielleicht fühlt sich ein Mensch auch nach mehreren Jahren Freundschaft durch eine Bemerkung Ihrerseits verletzt – und Sie fallen aus allen Wolken, weil sie nicht wussten, welche religiösen Gedanken er hegt und wie verletzlich er in dieser Hinsicht ist. Auch der Umgang mit bekannten Menschen erfordert natürlich Respekt und Rücksicht auf deren Wissen, Meinungen, Glauben und Gefühle.

Kennt Ihr Publikum Sie oder nicht?

Auch die umgekehrte Frage ist wichtig: Kennt Ihr Publikum Sie?

Wenn Ihre Zuhörer Sie nicht kennen, ist es Ihre Aufgabe, dafür zu sorgen, dass sie sich mit Ihnen und mit der Situation wohl fühlen. Es ist an Ihnen, sich den Menschen als Gesprächspartner oder Redner zu empfehlen, so dass sie alles an Ihnen akzeptieren. Gehen Sie einfach davon aus, dass Sie Regie führen und für den Erfolg Ihres Gespräches verantwortlich sind. Nehmen Sie diese Verantwortung einfach an sich – nebenbei verstärken Sie damit Ihre souveräne Ausstrahlung.

Wenn Ihr Publikum Sie kennt, haben Sie einen deutlichen Vorteil: Sie müssen Ihre Denkweisen nicht erst aufwendig einführen und bekannt machen. Sie können sofort loslegen – die Leute wissen, was sie erwartet. Allerdings sind auch die Erwartungen anderer an Sie umso klarer, je besser sie Sie kennen. Üblicherweise erwarten die Menschen von uns das, was sie von uns gewohnt sind oder was unserer Positionierung entspricht: Vom Komiker erwarten sie Witze, vom Kämpfer Kampf, vom Zyniker Zynismus, vom Kumpeltypen lockere Sprüche, vom Ratgeber Ratschläge und vom Blödel Blödsinn. Bevor Sie losreden, sollten Sie also wissen, was die Menschen von Ihnen erwarten – siehe auch das Thema »Positionierung«.

Wie denkt Ihr Publikum?

Menschen denken verschieden. Wenn Sie Ihr Publikum kennen, ist es umso besser: Sie können sich leichter auf die Denkweisen der Leute einstellen. Sprechen Sie mit oder zu Menschen, die ...

- wissensorientiert sind? Dann zählen Fakten und Beweise.
- meinungsorientiert sind? Dann zählen Meinungen und Argumente.
- religiös oder ideologisch sind? Dann zählen Glaubenssätze.
- gefühlsorientiert sind? Dann zählen Emotionen und Intuition.

Sie sehen selbst: Eine Meinung können wir nicht beweisen, wir können nur in ihrem Sinne argumentieren. Ebenso wenig lassen sich Glaubenssätze begründen. Wenn Sie wissen, wie Ihre Zuhörer, Zuschauer oder Leser denken, welche Denkweise ihnen wichtig ist, können Sie sich darauf einstellen. Dann werden Sie beispielsweise nicht versuchen, religiöse Menschen oder Ideologen mit Beweisen oder Meinungen von ihrem Denken abzubringen. Ebenfalls würden Sie nicht versuchen, einen Wissenschaftler mit Glaubenssätzen von etwas Irrationalem zu überzeugen.

Klartext-Tipp 110:

Überlegen Sie, ob Ihr Publikum Sie kennt, und wie es tickt.

Stellen Sie einen Draht her!

Wenn Sie eine Verbindung zu Ihren Zuhörern herstellen wollen, sind äußerliche Veränderungen an der Sprache nur Kosmetik. Sicher: Sie können sich im Sprachduktus ebenso auf Ihre Zuhörer einstellen wie mithilfe Ihrer Kleidung. Übliche Rhetoriktrainer legen diesbezüglich höchsten Wert auf Perfektion. Ich nicht. Nichts gegen gute Kleidung! Aber auch die teuersten Klamotten und die schickste Frisur bringen Ihnen nichts, wenn Sie Unsinn erzählen. Und wenn jemand unmöglich gekleidet ist, hat er es am Anfang vielleicht ein wenig schwerer damit, die Herzen der Menschen zu gewinnen und ihre Gehirne zu öffnen – aber mit den richtigen Worten hat er die Menschen nach einiger Zeit dann doch auf seiner Seite.

Wenn es um den Draht zum Publikum geht, würde ich an Ihrer Stelle dem Gedanken an den »ersten Satz« und den »richtigen Auftritt« ein wenig von seiner Macht nehmen. Wie oft vergeigen Menschen den Einstieg und retten die Situation später doch noch! Ich habe es selten erlebt, dass der verhunzte Anfang ein großes Problem war – Sie haben doch genug Zeit und Gelegenheit, um das schiefe Bild zu korrigieren. Bei einem Fehler am Anfang blicken die Leute vielleicht ein wenig schief, aber mit der Zeit erleben sie, dass der Sprecher ein guter Mensch ist und vergessen den Patzer. Ich bin überzeugt: Wenn Sie nicht innerhalb von fünf Minuten die Menschen in Ihren Bann gezogen haben, liegt es in den allermeisten Fällen an Ihrem Thema – nicht an Ihrer Kleidung. Ebenso überzeugen Sie mit Substanz mehr als mit Sprachkosmetik. Ob Sie nun jedes Mal »Redakteurinnen und Redakteure« sagen, ist im Grunde egal. Auch ob Sie »Handy« oder »mobiles Endgerät« sagen, ist nicht wirklich ausschlaggebend dafür, ob Ihr IT-Publikum Ihnen zuhört. Die Frage ist, ob Sie etwas Brauchbares zu sagen haben. Einen Draht zu den Menschen stellen Sie mit Inhalten her.

Klartext-Tipp 111:
Den Draht zu Ihrem Publikum stellen Sie in allererster Linie durch Inhalte her.

Beim Schriftlichen ist das ein wenig anders gelagert: Ein schlechter Einstieg bewirkt durchaus, dass die Leute einen Text weglegen. Beim Fernsehen bewirkt er, dass die Leute wegschalten. Aber auch hier gilt: Wenn Sie Substanz liefern und das bereits zu Beginn klar wird, bleiben die Leute dabei.

Erzeugen Sie am Anfang Zustimmung

Um den Zugang zu den Gehirnen Ihrer Zuhörer zu bekommen, sollten Sie zur Sicherheit schon zu Beginn Ihres Wortbeitrags oder Ihrer Rede Zustimmung erzeugen und nicht erst am Ende. Das gelingt Ihnen, indem Sie den Menschen Dinge sagen, die ihnen vertraut sind – so »säen« Sie am einfachsten Gedanken der Zustimmung, die Sie später »ernten« können. Wenn Sie das tun, nehmen Ihnen die Menschen im weiteren Verlauf auch kritischere Gedanken ohne Widerstand ab.

Klartext-Tipp 112:
Wenn Sie zu Beginn in einigen Punkten Zustimmung erzeugen, folgen die Menschen später leichter Ihren kritischen Gedanken.

Seien Sie nicht nur Sender, sondern auch Empfänger!

Mit den richtigen Worten können Sie Ihre Botschaft vermitteln und Ihre Meinungen überzeugend rüberbringen, aber damit werden Sie nur ein guter *Sender*. Damit die Menschen Ihnen folgen, Ihre Meinung übernehmen und damit Sie auf welche Weise auch immer Ihr Ziel erreichen, müssen Sie auch ein guter *Empfänger* sein. Es geht um die Fähigkeit, Feedbacks zu empfangen und zu verstehen – und zwar vollständig, mit allen Signalen, inklusive Abneigung und Misstrauen. Und es geht darum, dass Sie dieses Feedback verarbeiten und darauf schnell und richtig reagieren.

Klartext-Tipp 113:
Sie sollten nicht nur ein guter Sender sein, sondern auch ein guter Empfänger.

Damit Sie wissen, woran Sie bei Ihren Zuhörern sind, sollten Sie sich Ihres Feedbacks versichern. Sinnvolles Feedback besteht aus fünf Schritten:

- Sie sagen etwas.
- Die Menschen hören und verstehen Sie.
- Die Menschen signalisieren Ihnen, dass sie Sie verstehen.
- Sie verstehen, dass die Menschen Sie verstehen.
- Sie signalisieren, dass Sie verstanden haben, dass die Menschen verstanden haben.

Alle diese fünf Punkte sind wichtig. Fehlt einer, gibt es Probleme: Erhalten Sie von der Kneipenbedienung kein Feedback auf Ihre ständigen Zeichen, müssen Sie davon ausgehen, dass sie Sie nicht wahrnimmt. Wenn Sie dann direkter oder lauter werden und die Bedienung zickig reagiert mit den Worten: »Ich habe Sie schon gesehen!«, dann können Sie davon ausgehen, dass sie nichts von Feedbacks versteht. Sie verdient Note sechs in einer der wichtigsten Disziplinen im Umgang mit Menschen: Feedbacks zu geben.

Missverständnisse lauern bei unklaren Feedbacks ohne Ende: Es besteht die Gefahr, dass ...

- die Menschen Sie nicht verstehen.
- die Menschen Sie nur teilweise verstehen – sie verstehen etwa die Sachebene, aber nicht den Appell.
- Sie das Feedback der Menschen nicht verstehen.
- Sie das Feedback der Menschen nur teilweise verstehen – Sie verstehen etwa, dass Ihre Botschaft angekommen ist, nicht aber, dass Sie durch Ihre Performance unangenehm wirken.
- Ihre Zuhörer nicht wissen, ob Sie ihr Feedback erhalten haben.

Und um diese Fehler auszuschließen, sollten Sie auf vier Ebenen zuhören.

Hören Sie auf vier Ebenen zu!

Ein guter Empfänger werden Sie, indem Sie bewusst auf den vier Schulz-von-Thunschen Ebenen zuhören:

- Was sagt Ihr Gegenüber auf der Sachebene? Um welchen Inhalt geht es? Was ist seine vordergründige Story, wenn Sie ihn wörtlich nehmen? Sagt er, was er meint, oder was er nicht meint? Um zu verstehen, wie jemand auf der Sachebene kommuniziert, sind oft Fragen nötig – damit arbeiten Sie sich an seine Story heran, wenn er es schon nicht selbst tut.
- Was sagt Ihr Gegenüber auf der Appellebene? Welchen Willen, welche Aufforderung verpackt es möglicherweise in seiner vordergründigen Story? Gibt es eine Story hinter der Story? Erkennen Sie an, dass auch Gesten und Laute Botschaften übermitteln: Wer nicht oder gar unruhig

auf seinem Stuhl hin- und herrutscht, will Ihnen möglicherweise sagen, dass Sie endlich zum Punkt oder zum nächsten Gedanken kommen sollen. Achten Sie auf diese Feedbacks und respektieren Sie, dass Menschen diese Signale oft nur indirekt geben.

- Was sagt Ihr Gegenüber auf der Beziehungsebene? Welches Verhältnis zwischen Ihnen bringt es zum Ausdruck? Augenverdrehen, Seufzen und hilflose Blicke zu Nebensitzern wollen Ihnen sagen, dass man Sie für so unsensibel hält, dass Sie die Menschen leiden lassen, ohne es zu merken. Sensibilisieren Sie sich für diese Signale, so dass Sie überlegen können, wie Sie Ihren Kommunikationsstil verbessern.

- Was sagt Ihr Gegenüber auf der Selbstoffenbarungsebene? Was gibt es durch seine Worte von sich preis, auf welche Charaktereigenschaften können Sie dadurch schließen?

Hören Sie diese Dinge! Sehen Sie diese Dinge! Zuzuhören bedeutet mehr als nur »Ähem«, »Ja« und »Verstehe« zu sagen – und ist mehr als das sogenannte »Spiegeln«, bei dem Sie die Körpersprache Ihres Gegen-

Klartext-Tipp 114:

Nehmen Sie sich vor dem »Spiegeln« in Acht: Wenn Sie die Körpersprache Ihres Gegenübers nachäffen, ist das so ziemlich das Gegenteil von Wertschätzung und einer guten Wahrnehmung. Seien Sie ehrlich in Ihren Feedbacks, dann brauchen Sie so einen Budenzauber nicht.

übers nachmachen und glauben, das merke niemand. Lassen Sie sich auf die Zeichen Ihres Gegenübers ein, und erkennen Sie Inhalt und Absicht! Nur wenn Sie auf allen vier Kanälen zuhören und richtig reagieren, können Sie Missverständnisse rechtzeitig erkennen und vermeiden und auch Angriffe und Intrigen abwehren:

- Kommen Sie endlich zum Punkt, wenn man Sie schon seit Minuten dazu nonverbal auffordert.

- Lassen Sie die Menschen nicht leiden, wenn Sie Anzeichen für Leiden unter Ihren Zuhörern erkennen.

- Tun Sie nicht so, als hätten Sie die Weisheit mit Schöpfkellen gefressen, wenn Sie Abneigung spüren.

Richtig zuzuhören, fördert nicht nur die Kommunikation und verbessert Ihren Draht zu den Menschen. Sie beugen damit auch unglücklichen Situationen vor: Manch ein Firmenvertreter an seinem Messestand ist so auf Verkaufen und Senden geeicht, dass er es nicht merkt, wenn ein Konkurrent ihn ausfragt statt ein potenzieller Kunde. Schlecht zugehört! Schlecht wahrgenommen! Gerade im Verkauf halte ich es für wichtig, die Bedürfnisse der Leute zu erfragen – vielleicht kennen Sie ja jemanden, dessen Produkt gerade eher gefragt ist als Ihres, und Sie empfehlen es? Indem Sie Ihrem Gesprächspartner helfen, seine Probleme zu lösen, bleiben Sie ihm eher angenehm in Erinnerung, als wenn Sie ihm auf Biegen und Brechen Ihr Zeug verticken wollen.

Klartext-Tipp 115:

Wenn Sie ein schlechter Zuhörer sind, geben Sie Ihrem Gegenüber einfach die doppelte Redezeit wie die, die Sie selbst beanspruchen.

Im Zweifel weniger reden und mehr zuhören

Zum Thema Zuhören noch ein Holzlatten-Tipp: Um in Gesprächen besser zuzuhören, können Sie Ihre Redezeiten kontrollieren. Üblicherweise geben Rhetorikexperten uns ein Drittel der Zeit und gestehen unserem Gesprächspartner zwei Drittel zu. Dadurch wird sich zwar kein ignoranter Mensch plötzlich für seine Mitmenschen interessieren. Aber der Trick zwingt uns wenigstens, anderen Leuten Redezeit einzuräumen. Reißen Sie sich dann halt zusammen und warten nicht nur seine Redezeit ab und legen sich schon Ihre nächsten Worte zurecht, sondern hören Sie zu!

Klartext-Tipp 116:

Hören Sie zu, statt sich schon beim Zuhören Ihre nächsten Argumente bereitzulegen. Ihre Argumente werden nicht treffen, weil sie sich nicht auf das beziehen, was Ihr Gegenüber sagt. Das hören Sie nämlich nicht, wenn Sie nicht zuhören. Hören Sie also wirklich, wirklich zu.

Bieten Sie Nutzen!

Seit einigen Jahren zeichnet sich bei Unternehmen ein Trend ab, den man als merkwürdig bezeichnen müsste: Unternehmen wollen Nutzen. Als wäre der früher nicht nötig gewesen! Firmen buchen weniger Trainer und Coachs, die sinnfreies Motivationstheater machen und lustig auf der Bühne herumtollen, sondern immer mehr Leute, die konkrete Dinge zu sagen haben und einen klaren Nutzen vermitteln. Die Frage nach dem Motivationsseminar lautet meist nicht mehr: »Und? Wie war's?«, sondern: »Und? Was hat es gebracht?« Je konkreter die Antwort, desto besser waren Sie, und desto eher will man Sie wieder hören. Wer nichts zu sagen hat, hat es in der Szene der Vortragsredner zunehmend schwer – und das ist auch gut so.

Das Gleiche gilt fürs geschriebene Wort – für Bücher, für Zeitschriftenbeiträge, für Blogeinträge und Facebook-Postings. Das liegt daran, dass Zeit immer wertvoller wird. In den Unternehmen arbeiten immer mehr Leute am Limit. Was die Weiterbildung und die Ratgeberliteratur betrifft, sollten Inhalte also pointiert sein – wie immer, wenn es um Sprache geht.

Bringen Sie verwertbare Substanz!

Wenn Sie mit Ihren Inhalten erfolgreich sein wollen, sollten Sie daher nicht nur sprechen und schreiben können und Ihr Thema beherrschen, sondern den Menschen auch dabei helfen, aus Ihren Worten anderweitige Vorteile zu ziehen:

- Als Marketingmanager sollten Sie nicht nur schicke Logos, elegante Sätze und vielsagende Fotos aus sogenannten Bilderwelten herauspusten, sondern der Öffentlichkeit auch klar sagen, worin der Nutzen Ihrer Marke konkret besteht. Wenn Sie gut sind, haben Sie nicht nur die Ziele Ihres Auftrag- oder Arbeitgebers im Kopf, sondern betrachten den Markt auch aus Kundensicht. Dann können Sie die besten Strategien entwickeln, um den tatsächlichen Nutzen Ihrer Marke bekanntzumachen.
- Als Politiker sollten Sie nicht nur Phrasen von Verantwortung und Sicherheit in die Säle rufen, sondern auch konkret verraten, wie Sie Ihre Verantwortung im Zusammenhang mit einer Krise wahrnehmen und wer für den Schaden aufkommt – damit beeindrucken Sie die Öffentlichkeit

durch ungewohnten Pragmatismus und zeigen Ihren Nutzen. Zeigen Sie Ihre Bereitschaft, mehr zu tun, als nur warme Worte in die Kameras zu sprechen, und bringen Sie Ihre Worte in Einklang mit Ihren Taten.

- Als Teamleiter sollten Sie nicht nur von einem »Wir-Gefühl« faseln, von dem Sie auf dem letzten Führungskräfte-Incentive-Wochenende beim Lach-Yoga gehört haben, bei dem sich Ihr tyrannisch geführtes Unternehmen für wenige Tage als nett und freundlich ausgegeben hat. Sondern Sie sollten den Menschen auch Tipps dafür geben, wie sie sich selbst als Teil eines Teams wohlfühlen und ihre Fähigkeiten mit der richtigen Mischung aus Forderung und Spaß einsetzen können.

Geben Sie immer mehr als andere!

Besonders erfolgreich sind Sie mit Ihrer Rhetorik, wenn Sie stets mehr Nutzen geben als andere. Verschenken Sie Know-how mit vollen Händen! Hören Sie damit auf, die Leute mit sinnlosen Werbegeschenken zuzuschütten, die deren Schreibtische vermüllen. Damit versucht das Mittelmaß, die Aufmerksamkeit der Menschen zu gewinnen – mangels Substanz. Machen Sie dabei nicht mit: Es hat keinen Sinn, mit Lautstärke gegen Lautstärke anzubrüllen. Viel sinnvoller sind konkrete Tipps und Alltagshilfen, mit denen Sie sich wirklich vom Mittelmaß Ihrer Konkurrenz abheben. Falls Sie also wissen, ...

Klartext-Tipp 117:

Geben Sie reale, gute, konkrete Tipps.

- wie man sich ohne Drogen für zehn Minuten vom Stress erholen kann,
- wie man die Website des Konkurrenten bei Google runterreißt,
- wie man im Fernsehen eine gute Figur macht,
- wie man einem Hund das Betteln abgewöhnt,

... dann sagen Sie es Ihren Gesprächspartnern und Zuhörern! Und gewöhnen Sie die Leute daran, dass Sie jedes Mal etwas mehr bieten als andere. Wenn Sie bei jeder Gelegenheit mindestens einen brauchbaren Tipp einfließen lassen, den sonst keiner hat, prägen Sie sich im Gedächtnis der Menschen als jemand ein, den man immer brauchen kann und der einem immer hilft.

Merken Sie, wann Schluss ist!

Ob geschrieben oder gesprochen: Üblicherweise zermartern sich die Menschen ihre Köpfe über den ersten Satz. Überall redet man ihnen ein, der erste Satz sei der wichtigste. Logisch, denn wir hören ja auch überall, es ginge vor allem um den ersten Eindruck, obwohl der sich noch in aller Ruhe korrigieren lässt. Wichtiger finde ich daher den letzten Eindruck – denn den können Sie nicht korrigieren. Der letzte Eindruck bleibt. Denn was Ihre Zuhörer von Ihrem Redebeitrag oder von Ihrem geschriebenen Text mitnehmen, ist vor allem das Ende.

Denken Sie bitte einmal an den Film, den Sie zuletzt im Kino gesehen haben: Erinnern Sie sich an die Anfangssequenz oder an den Regiefehler in der Mitte? Oder erinnern Sie sich eher an das Ende? Darum geht es. Die meisten Menschen erinnern sich nicht besonders gut an den Anfang und den Mittelteil – der Schluss bleibt eher im Gedächtnis hängen. Der letzte Eindruck zählt!

Klartext-Tipp 118:
Das Ende eines Textes ist mindestens so wichtig wie der Anfang – ob geschrieben oder gesprochen.

Wann ist Ihr Wortbeitrag zu Ende?

Um ordentlich abzutreten, sollten Sie wissen, wann Schluss ist. Doch woher wissen Menschen eigentlich, dass ein Text zu Ende ist? Daran, dass Sie fertig sind mit Sprechen? Eine spannende Frage mit einfacher Antwort: Menschen empfinden einen Text als rund, wenn alle aufgeworfenen Fragen beantwortet sind. Wenn alle Bögen geschlossen sind und Sie alles »geerntet« haben.

Und dennoch hören manche nicht auf zu reden. Sie trauen sich nicht, Schluss zu machen. Sie haben Angst vor der Stille. Während sie sprechen, schweben sie auf einer Gedanken- und Textwolke, die sie über die Zeit hinwegrettet. Sie haben sich darauf vorbereitet anzufangen, sie haben sich darauf vorbereitet zu sprechen und auf Bemerkungen ihrer Zuhörer zu reagieren. Nur auf den Schluss haben sie sich nicht vorbereitet. Gegen Ende kommt ihnen plötzlich der Gedanke in den Sinn, dass sie nun gleich fertig sind – aber was kommt dann? Menschen werden sie anstarren, vielleicht applaudieren, vielleicht auch nicht. Und vor lauter Angst und

Unsicherheit reden sie weiter. Sie wiederholen ihre letzten Gedanken so oft, bis endlich etwas geschieht – jedenfalls glauben sie das. Es wird nämlich so lange nichts geschehen, solange der Sprecher spricht:

Karl: *Und das ist genau das, was ich vorhin schon gesagt habe. Wir stellen das ja immer wieder fest. (Pause.) Also, wenn zum Beispiel ein Luchsfrosch eine Luchsfröschin trifft. Bei Menschen ist das ja ähnlich. (Pause.) Ja, ähm, wie gesagt. Ähm. (Pause.) Also. Ja?*

Karl hängt in der Luft. Es geschieht nichts, denn außer im Fernsehen oder in Talkrunden gibt es keinen Regisseur oder Moderator, der die Sendung abbricht. Karl ist der Chef, und er versagt in dieser Rolle. Wenn Sie sprechen, gilt entsprechend: Nur Sie haben die Regie inne, nur Sie pfeifen das Spiel ab. Und solange Sie als Sprecher nicht Schluss machen, ist auch für Ihre Zuhörer nicht Schluss. Die applaudieren erst, wenn Sie den Schluss deutlich markiert haben. Und was geschieht, wenn jemand seinen Wortbeitrag so in die Länge zieht? Er zerstört die Wirkung! Ist es nicht schade, wenn alle Ihre Argumente und Gedanken nun unter einem schlechten Ende leiden? Zumal Sie mit einem misslungenen Schluss alles in Frage stellen, was Sie zuvor erfolgreich vermittelt haben! Wenn Sie ...

Klartext-Tipp 119:

Wenn Ihre Zuhörer einen Gedanken begriffen haben, hören Sie auf zu reden. Wenn etwas klar ist, bringen Sie dafür keine Beispiele mehr. Wer überzeugt ist, braucht keine Argumente mehr.

- den Menschen noch Wissen vermitteln, obwohl sie längst verstanden haben, wirken Sie langatmig – denn warum wiederholen Sie sich?
- den Menschen noch Meinungen und Argumente vermitteln, obwohl sie längst überzeugt sind, wirken Sie unglaubwürdig – denn wo ist der Haken, wenn Sie jetzt noch meinen, argumentieren zu müssen?

Der beste Abgang gelingt Ihnen mit dem Trick, mit einem kurzen Hauptsatz oder einem knalligen Ausdruck zu enden. Lassen Sie Ihren Beitrag nie mit Nebensätzen ausplätschern. Sagen Sie am Ende Ihres Wortbeitrages also nicht:

Insofern denke ich also, wären wir gut beraten, wenn wir Hansjörg noch mal in den Vorstand wählen würden.

Sondern sagen Sie besser:

Eines ist klar: Hansjörg gehört in den Vorstand. Danke.

Klartext-Tipp 120:

Haben Sie Mut zum Schluss! Enden Sie niemals mit einem Nebensatz oder einem langen Hauptsatz. Enden Sie immer mit einem kurzen Hauptsatz oder Ausdruck.

So enden Sie mit einem starken Impuls, einem rhetorischen Ausrufezeichen. Und haben Sie keine Angst vor dem Ende: Das Hollywood-Prinzip »Früh raus« bedeutet auch, dass Sie Ihren Text nicht aus Angst vor der Stille in die Länge ziehen müssen und noch Details nachliefern, die längst klar sind. Darum: Haben Sie den Mut zu einem klaren, kurzen Ende. Das gilt für gesprochene und geschriebene Texte und macht souverän. Haben Sie Mut zum Schluss!

Schlusswort: Weniger reden, mehr sagen

Rhetorik ist die Kunst zu sprechen. Und Menschen sprechen umso besser, je prägnanter sie sich ausdrücken. Eine Erkenntnis, die sich in unserer Gegenwart nur langsam durchsetzt: Trotz brennender Probleme in Politik und Wirtschaft regiert das Geschwätz. Die wenigsten Menschen kommen zum Punkt.

Vielleicht geht es Ihnen nach der Lektüre dieses Buches ja wie mir? Ich kann mich bei den Nachrichten kaum noch auf den Inhalt konzentrieren, so sehr lenken mich die gängigen Floskeln ab. Mir fällt es auch immer schwerer, mich auf die Gedanken von Unternehmen einzulassen, die mich mit sprachlichen Luftblasen beeindrucken wollen. Die Politik langweilt mich, weil sie um den Pokal in der Disziplin spielt, möglichst viel zu reden und wenig zu sagen.

Sicher: Es macht ein gutes Gefühl, wenn »kein Grund zu übertriebener Sorge« besteht. Ein gutes, trügerisches Gefühl. Genauso können Sie auch Valium nehmen – denn Grund zur Sorge besteht offenbar, nur eben nicht zu übertriebener Sorge. Es ist Sprache, die uns die Augen verschließt.

Für »Rhetorik« dagegen halten die Menschen es, wenn jemand ihnen erzählt, wie viele Zentimeter Abstand Gesprächspartner zueinander haben sollten. Oder dass wir einander »spiegeln« sollen.

Doch ich habe Hoffnung: Ich begegne immer mehr Menschen, die von den aalglatten Rhetorik-Tricksern genug haben. Und nicht zuletzt der Zeitdruck zwingt Unternehmen und auch Menschen in ihrem Privatleben zu Prägnanz und Kürze. Die Leute wissen, dass Substanz eine Frage der Klarheit und der Wortwahl ist, und dass gute Sprache darin besteht, mit wenigen Worten viel Konkretes zu sagen.

Ich denke, wir sollten uns auf die Rhetorik als sprachliche Disziplin zurückbesinnen, um die Sprache wieder wahrhaftiger und klarer nutzen zu können. Von daher freue ich mich, dass Sie dieses Buch gelesen haben. Ich hoffe, es hat Ihnen Spaß gemacht und Ihnen etwas gebracht. Ich wünsche Ihnen, dass Sie fortan Klartext sprechen und schreiben. Wer weiß: Vielleicht wird die Welt sogar besser, wenn wir uns nicht mehr einseifen, sondern miteinander Klartext reden? Ich denke, es geht um eine große Sache: Die Menschen sollen einander wieder verstehen.

Literatur

Baum, Thilo: 30 Minuten für gutes Schreiben. GABAL, Offenbach 2004

Baum, Thilo: Das Buch der 1000 Gebote. So funktioniert das Leben. MIDAS, Zürich 2015

Baum, Thilo: Denk mit! Erfolg durch Perspektivenwechsel. STARK, Hallbergmoos 2012

Baum, Thilo: Mach dein Ding! Der Weg zu Glück und Erfolg im Job. Eichborn 2010

Baum, Thilo und Laschkolnig, Martin (Hg.): Die Bildungslücke. Der komprimierte Survival-Guide für Berufseinsteiger. Börsenmedien, Kulmbach 2012

Borbonus, René: Respekt. Wie Sie Ansehen bei Freund und Feind gewinnen. Econ, Berlin 2011

Brafman, Ori und Rom: Kopflos. Wie unser Bauchgefühl uns in die Irre führt – und was wir dagegen tun können. Campus, Frankfurt am Main 2008

Braun, Roman: Die Macht der Rhetorik. Besser reden – mehr erreichen. Redline Wirtschaft, Frankfurt am Main/Wien 2001

Brown, Paul B. und Davis, Alison: Your attention, please. How to Appeal to Today's Distracted, Disinterested, Disengaged, Disenchanted and Busy Audiences. Adams Media, Avon, Massachusetts 2006

Dornseiff, Franz: Der deutsche Wortschatz nach Sachgruppen (1. Auflage 1934). 8. Auflage. Walter de Gruyter, Berlin/New York 2004

Duden: Wer hat den Teufel an die Wand gemalt? Redensarten – wo sie herkommen, was sie bedeuten. Dudenverlag, Berlin 2014

Duden: Wortfriedhof. Wörter, die uns fehlen werden. Dudenverlag, Berlin, Mannheim, Zürich 2013

Edmüller, Andreas und Thomas Wilhelm: Manipulationstechniken. Erkennen und abwehren. Haufe, München 1999

Forward, Susan: Emotionale Erpressung. Wenn andere mit Gefühlen drohen. Goldmann, München 1998

Frädrich, Stefan: Das Domino-Prinzip. Droemer Knaur, München 2009

Gitomer, Jeffrey: Little Green Book of Getting Your Way. Financial Times Press, New Jersey 2007

Goebbels, Joseph: Dreißig Kriegsartikel für das deutsche Volk. Zentralverlag der NSDAP Franz Eher Nachf., München/Berlin 1943

Goleman, Daniel: Emotionale Intelligenz. Hanser, München/Wien 1995

Hendlmeier, Wolfgang: Handbuch der Frakturschriften. Geschichtliches, Beispiele, Künstler, Anbieter. Delbanco Frakfturschriften, Cottbus 2014

Henscheid, Eckhard: Dummdeutsch. Reclam, Stuttgart 1993

Heuß, Theodor: Hitlers Weg. Union, Stuttgart 1932

Hitler, Adolf: Mein Kampf. 176.-177. Auflage. Zentralverlag der NSDAP Franz Eher Nachf., München 1936

Klemperer, Victor: LTI. Notizbuch eines Philologen. Reclam, Leipzig 1975

Longerich, Peter: »Davon haben wir nichts gewusst!« Die Deutschen und die Judenverfolgung 1933–1945. Pantheon, München 2006

Moss, Christoph: Deutsch für Manager. Fokussierte Stilblüten aus der globalisierten Welt der Sprach-Performance. Frankfurter Allgemeine Buch, Frankfurt am Main 2008

Quatember, Andreas: Statistischer Unsinn. Wenn Medien an der Prozenthürde scheitern. Springer Spektrum, Heidelberg 2015

Schulz von Thun, Friedemann: Miteinander reden. Rowohlt, Reinbek 1981

Schneider, Wolf: Deutsch für Profis. Goldmann, Hamburg 1999

Tracy, Brian: Speak to win. How to present with power in any situation. American Management Association, New York 2008

Watzlawick, Paul: Die erfundene Wirklichkeit. Wie wissen wir, was wir zu wissen glauben? Piper, München 1981

Wilkinq, Dirk (Hg.): »Reichsbürger«. Ein Handbuch. Demos – Brandenburgisches Institut für Gemeinwesenberatung. Potsdam 2015

Zimmer, Dieter E.: Unheimliche Großmäuler. Warum ständiges Übertreiben schadet. In: Die Zeit, 18. Juni 1993